2024

中国居民收支与生活状况报告

国家统计局住户调查司 编著

中国统计出版社
China Statistics Press

图书在版编目(CIP)数据

中国居民收支与生活状况报告. 2024 / 国家统计局住户调查司编著. —— 北京 : 中国统计出版社, 2024.11. —— ISBN 978－7－5230－0599－6

Ⅰ. F126.2

中国国家版本馆 CIP 数据核字第 2024YV7751 号

中国居民收支与生活状况报告 2024

作　　者/国家统计局住户调查司
责任编辑/冯诗萌
执行编辑/杜络维
封面设计/李雪燕
出版发行/中国统计出版社有限公司
通信地址/北京市丰台区西三环南路甲 6 号　邮政编码/100073
发行电话/邮购(010)63376909　书店(010)68783171
网　　址/http://www.zgtjcbs.com
印　　刷/三河市双峰印刷装订有限公司
经　　销/新华书店
开　　本/787×1092mm　1/16
字　　数/852 千字
印　　张/18.75
版　　别/2024 年 12 月第 1 版
版　　次/2024 年 12 月第 1 次印刷
定　　价/148.00 元

《中国居民收支与生活状况报告 2024》
编辑委员会

前 言

党的十八大以来，在以习近平同志为核心的党中央坚强领导下，各地区各部门深入贯彻以人民为中心的发展思想，着力提高城乡居民收入水平，改善城乡居民生活状况，逐步增进人民福祉。为更好地满足研究制定城乡统筹政策和民生政策的需要，国家统计局每年开展全国住户收支与生活状况调查、脱贫县农村住户监测调查、农民工监测调查和农民工市民化进程动态监测调查等调查项目，全面、准确、及时地反映全国和各地区城乡居民的收入、消费和生活状况，以及脱贫县农村居民、农民工等重点群体的收入、消费和生活状况，并监测居民收入分配格局和不同收入层次居民的生活质量。

《中国居民收支与生活状况报告2024》根据上述调查的调查数据，对全国及各省(市、区)居民以及脱贫县农村居民和农民工等重点群体的收入、消费和生活状况进行全面描述和分析，客观反映城乡居民收入和消费的增长情况、居民生活质量的变化和居民收入分配格局的现状。本书共分为三个部分。第一部分为总体报告，主要是通过最新的年度数据来反映全国居民收入、消费、居住条件、生活设施和基本公共服务改善的总体情况。总体报告具体包括3篇，分别为：《2023年居民收支与生活状况》《2023年脱贫县农村居民收支状况》和《2023年农民工就业及生活状况》。第二部分为专题报告，主要是收录基于时间序列数据的居民收支和生活状况综合分析以及与居民收支相关的专题分析研究成果，侧重于一些重点时间节点以来的居民收支和生活状况的变化情况分析以及聚焦重点群体和热点问题的分析。专题报告具体包括4篇，分别为：《党的十八大以来居民收支稳步增长 人民生活条件显著改善》《党的十八大以来农村居民收支持续较快增长 生活质量显著改善》《党的十八大以来全国农民工就业形势整体稳定》和《住户收入宏微观统计差异及国际比较》。第三部分为地区分报告，共32篇，涵盖了2023年31个省(自治区、直辖市)及新疆生产建设兵团的居民收支和生活状况报告，全面反映分地区居民收入和消费的水平和结构、收支增长特点以及生活质量情况。

限于水平和经验，本报告难免有不足之处，真诚欢迎大家提出批评和建议。

2024年9月

目 录

第一部分 总体报告

第二部分 专题报告

第三部分 地区分报告

第一部分　总体报告

2023年居民收支与生活状况

2023年，在以习近平同志为核心的党中央的坚强领导下，各地区各部门认真贯彻落实党中央、国务院决策部署，坚持稳中求进工作总基调，完整、准确、全面贯彻新发展理念，加快构建新发展格局，全面深化改革开放，加大宏观调控力度，着力扩大内需、优化结构、提振信心、防范化解风险，我国经济回升向好，民生保障有力有效，居民收入和消费保持恢复性增长态势，居民生活水平进一步提高。2023年，全国居民人均可支配收入名义增速从上年的5.0%提高到6.3%，扣除价格因素后的实际增速从上年的2.9%提高到6.1%。居民消费支出较快增长，全国居民人均消费支出名义增速从上年的1.8%提高到9.2%，扣除价格因素后的实际增速从上年下降0.2%转为增长9.0%。

一、居民收入实现稳定增长

2023年，随着新冠疫情防控实现平稳转段，经济持续恢复向好，在居民就业形势总体平稳，农民工就业形势好转的带动下，居民收入实现稳定增长，增长速度与经济增长基本同步，农村居民收入增速快于城镇居民。

（一）全体居民收入持续恢复性增长

2023年，全国居民人均可支配收入39218元，同比名义增长6.3%，扣除价格因素影响，实际增长6.1%，名义和实际增速分别比上年快1.3个和3.2个百分点。从2013—2023年的时间序列数据看，2023年全体居民人均可支配收入的水平已接近4万元，是2013年收入水平的2.14倍。分阶段看，2013—2019年，居民收入增速较快，年均实际增长7.1%；受新冠疫情影响，2020—2023年，居民收入增速放缓，年均实际增长4.8%。随着稳就业政策持续落地见效，特别是接触型、聚集型服务业较快恢复带动就业空间拓展，为居民收入稳定增长打下坚实基础，2023年，居民收入实现恢复性增长。

表 1　2013—2023 年居民人均可支配收入水平和增速

年　份	人均可支配收入水平（元）	名义增速（%）	实际增速（%）
2013 年	18311	10.9	8.1
2014 年	20167	10.1	8.0
2015 年	21966	8.9	7.4
2016 年	23821	8.4	6.3
2017 年	25974	9.0	7.3
2018 年	28228	8.7	6.5
2019 年	30733	8.9	5.8
2020 年	32189	4.7	2.1
2021 年	35128	9.1	8.1
2022 年	36883	5.0	2.9
2023 年	39218	6.3	6.1

（二）居民收入增长与经济增长基本同步

党的十八大以来，党中央高度重视民生改善，各地区各部门多措并举增加居民收入，努力实现居民收入增长与经济增长同步。2013—2023 年，全国居民人均可支配收入累计实际增长 94.4%，年均实际增长 6.2%；同期，不变价国内生产总值年均增长 6.1%，居民收入增长与经济增长基本同步。2023 年，全国居民人均可支配收入实际增长 6.1%，国内生产总值不变价增速为 5.2%，居民收入实际增速比国内生产总值不变价增速快 0.9 个百分点。

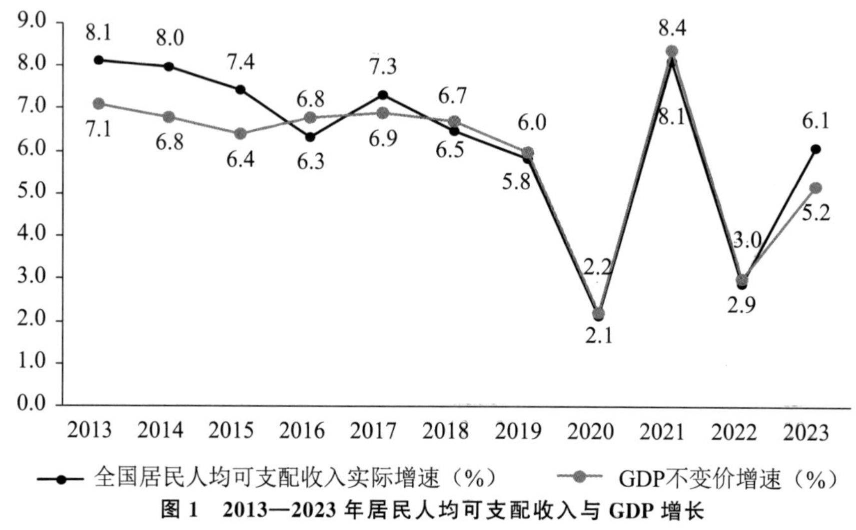

图 1　2013—2023 年居民人均可支配收入与 GDP 增长

（三）工资性收入和经营净收入增长较快

分收入四大项看，工资性收入和经营净收入增速有所加快。2023 年，各地切实增强经济活力，持续落实落细稳就业政策，受此带动，居民从就业活动中得到的收入增长相对较快。人均工资性收入22053元，同比[①]增长7.1%，增速快于上年2.2个百分点，快于全国居民人均可支配收入增速0.8个百分点，占居民人均可支配收入的比重达到56.2%。人均经营净收入6542元，同比增长6.0%，增速快于上年1.2个百分点，占居民人均可支配收入的比重为16.7%，其中，人均第三产业经营净收入较快恢复性增长11.3%。人均财产净收入3362元，增长4.2%，增速慢于上年0.7个百分点，占居民人均可支配收入的比重为8.6%。人均转移净收入7261元，增长5.4%，增速与上年基本持平，保持平稳增长态势，占居民人均可支配收入的比重为18.5%。

表2　2023年居民人均可支配收入分项水平及增速

全国及分城乡	工资性收入		经营净收入		财产净收入		转移净收入	
	水平（元）	增速（%）	水平（元）	增速（%）	水平（元）	增速（%）	水平（元）	增速（%）
全国	22053	7.1	6542	6.0	3362	4.2	7261	5.4
城镇	31321	5.9	5903	5.7	5392	2.9	9205	3.6
农村	9163	8.4	7431	6.6	540	6.0	4557	8.4

（四）农村居民收入增速快于城镇居民

2023年城镇居民人均可支配收入51821元，同比名义增长5.1%，增速比上年加快1.2个百分点，扣除价格因素影响，实际增长4.8%，增速比上年加快2.9个百分点。2023年农村居民人均可支配收入21691元，同比名义增长7.7%，扣除价格因素影响，实际增长7.6%，名义和实际增速分别快于上年1.4个和3.4个百分点。农村居民人均可支配收入名义和实际增速分别快于城镇居民2.6个和2.8个百分点。

2023年，全国城镇居民工资性收入和经营净收入增长相对较快，为城镇居民增收提供了有力支撑。人均工资性收入、经营净收入、财产净收入和转移净收入分别为31321元、5903元、5392元和9205元，分别同比增长5.9%、5.7%、2.9%和3.6%，占城镇居民人均可支配收入的比重分别为60.4%、11.4%、10.4%和17.8%。

2023年，全国农村居民各项收入同比增速达到6.0%及以上，基本实现均衡增长。人均工资性收入、经营净收入、财产净收入和转移净收入分别为9163元、7431元、540元和4557元，分别同比增长8.4%、6.6%、6.0%和8.4%，占农村居民人均可支配收入的比重分

① 以下如无特别说明，均为同比名义增长。

别为 42.2%、34.3%、2.5%和 21.0%。

二、居民收入分配状况继续改善

2023 年，居民收入分配状况继续改善，全国居民人均可支配收入基尼系数下降，城乡间、不同分组间、地区间、省间居民收入相对差距继续缩小。

(一)基尼系数略有下降

受低收入组居民收入增长较快和城乡、地区收入差距缩小等影响，2023 年全国居民人均可支配收入基尼系数为 0.465，同比下降 0.002，与 2019 年基本持平。党的十八大以来，全国居民人均可支配收入基尼系数累计下降 0.008，呈现总体下降态势。

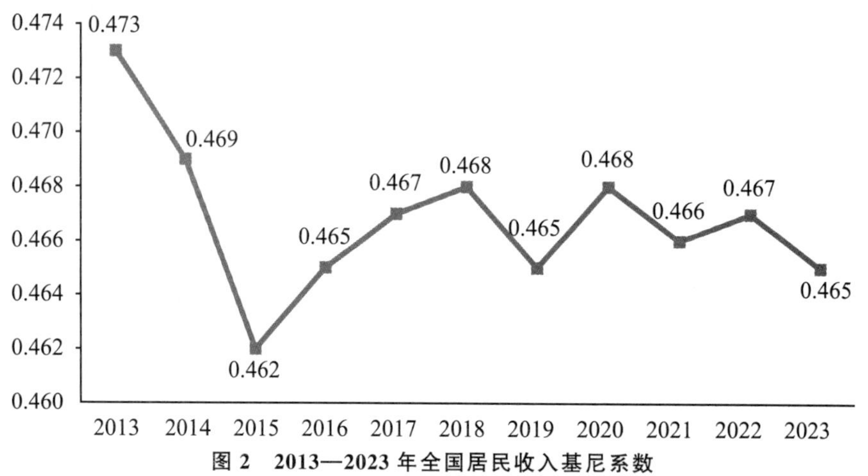

图 2　2013—2023 年全国居民收入基尼系数

(二)城乡居民收入比持续下降

2023 年，农村居民名义增速和实际增速分别快于城镇居民 2.6 个和 2.8 个百分点，城

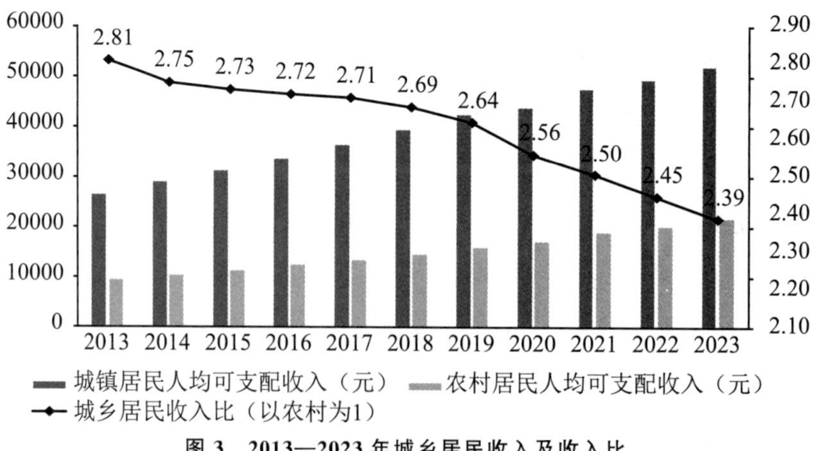

图 3　2013—2023 年城乡居民收入及收入比

乡居民人均可支配收入之比(以农村居民收入为 1)为 2.39,比 2022 年下降 0.06,城乡居民收入差距进一步缩小。党的十八大以来城乡居民人均可支配收入之比已累计下降 0.42。

(三)不同分组间居民收入差距改善

按全国居民人均可支配收入从低到高进行五等份分组,全国低收入、中间偏下、中间、中间偏上和高收入组居民人均可支配收入分别增长 7.1%、5.9%、5.2%、6.0%和 5.5%。其中,低收入组居民收入增速快于全国居民收入增速 0.8 个百分点,高低收入组居民收入相对差距由 2022 年的 10.48 缩小至 10.32。2023 年全国居民人均可支配收入中位数 33036 元,同比增长 5.3%。

表 3　2022—2023 年全国居民五等份分组人均可支配收入情况

年　份	低收入组(元)	中间偏下收入组(元)	中间收入组(元)	中间偏上收入组(元)	高收入组(元)	高低收入组收入之比(以低收入组为 1)
2022 年	8601	19303	30598	47397	90116	10.48
2023 年	9215	20442	32195	50220	95055	10.32
2023 年比 2022 年增长(%)	7.1	5.9	5.2	6.0	5.5	—

注:"—"表示数据不详或无该项数据,以下本书各表同。

(四)地区间居民收入差距缩小

分区域看,2023 年东部地区②居民人均可支配收入 49822 元,同比增长 5.9%;中部地区居民人均可支配收入 33328 元,同比增长 6.0%;西部地区居民人均可支配收入 31100 元,同比增长 6.3%;东北地区居民人均可支配收入 33207 元,同比增长 5.7%。中部和西部地区居民收入增长相对较快,以西部地区为 1,东部与西部地区居民人均可支配收入之比由 2022 年的 1.61 缩小至 1.60,下降 0.01,全国居民地区间收入差距进一步缩小。

表 4　2022—2023 年地区间居民人均可支配收入

年　份	东部地区(元)	中部地区(元)	西部地区(元)	东北地区(元)
2022 年	47027	31434	29267	31405
2023 年	49822	33328	31100	33207
2023 年比 2022 年增长(%)	5.9	6.0	6.3	5.7

② 东部地区:北京、天津、河北、上海、江苏、浙江、福建、山东、广东、海南;中部地区:山西、安徽、江西、河南、湖北、湖南;西部地区:内蒙古、广西、重庆、四川、贵州、云南、西藏、陕西、甘肃、青海、宁夏、新疆;东北地区:辽宁、吉林、黑龙江。

分城乡看，2023 年东部、中部、西部和东北地区城镇居民人均可支配收入分别为 61472 元、44706 元、44136 元和 41009 元，分别比上年增长 5.2%、4.6%、4.7%和 4.9%。东部地区城镇居民收入增长相对较快，以西部地区为 1，东部与西部地区城镇居民人均可支配收入之比为 1.39，比 2022 年上升 0.01。

2023 年东部、中部、西部和东北地区农村居民人均可支配收入分别为 26907 元、20518 元、17911 元和 20300 元，分别比上年增长 7.5%、7.5%、7.7%和 7.3%。西部地区农村居民收入增长相对较快，以西部地区为 1，东部与西部地区农村居民人均可支配收入之比为 1.50，比 2022 年下降 0.01。

（五）省间居民收入差距缩小

从省间差距看，收入高的省份主要集中在东部地区，收入低的省份主要集中在西部地区。收入最高的 7 个省份全部在东部地区，排名由高到低依次是上海、北京、浙江、江苏、天津、广东、福建。收入最低的 7 个省份全部在西部地区，排名由低到高依次是甘肃、贵州、云南、青海、新疆、西藏、广西。高低省份间相对收入差距有所缩小，但绝对差距仍然存在。2023 年人均可支配收入最高与最低省份分别为上海和甘肃，收入比为 3.39，同比下降 0.03；收入绝对差额为 59823 元，同比扩大 3486 元。

分城乡看，城镇居民收入最高的 7 个省份全部在东部地区，排名由高到低依次是上海、北京、浙江、江苏、广东、福建、天津。收入最低的 7 个省份中，4 个在西部地区，1 个在中部地区，2 个在东北地区，排名由低到高依次是黑龙江、吉林、甘肃、河南、青海、新疆、广西。高低省份间相对收入差距和绝对差距仍然在扩大。2023 年城镇居民人均可支配收入最高与最低省份分别为上海和黑龙江，收入比为 2.45，同比上升 0.05；收入绝对差额 52985 元，同比扩大 3993 元。农村居民收入最高的 7 个省份全部在东部地区，排名由高到低依次是上海、浙江、北京、天津、江苏、福建、广东。收入最低的 7 个省份中，6 个在西部地区，1 个在中部地区，排名由低到高依次是甘肃、贵州、青海、云南、陕西、山西、宁夏。高低省份间相对收入差距和绝对差距仍然在扩大。2023 年农村居民人均可支配收入最高与最低省份分别为上海和甘肃，收入比为 3.27，与上年基本持平；收入绝对差额为 29857 元，同比扩大 2293 元。

三、居民消费支出加快恢复

2023 年全国居民人均消费支出实现较快增长，农村居民消费支出增长继续快于城镇居民，服务性消费支出比重提高，平均消费率持续回升。

（一）消费支出进一步恢复

随着经济持续好转，促消费政策效果不断显现，消费潜力不断释放，2023 年，全国居民人均消费支出 26796 元，名义增长 9.2%，扣除价格因素影响，实际增速由上年的下降 0.2% 转为增长 9.0%；名义增速和实际增速分别快于上年 7.4 和 9.2 个百分点。考虑到上年基数较低，2022—2023 年人均消费支出两年平均名义增速为 5.4%，两年平均实际增速为 4.3%。从时间序列数据看，近四年居民消费受疫情影响波动较大，2023 年居民消费的增长仍然属于恢复性增长。

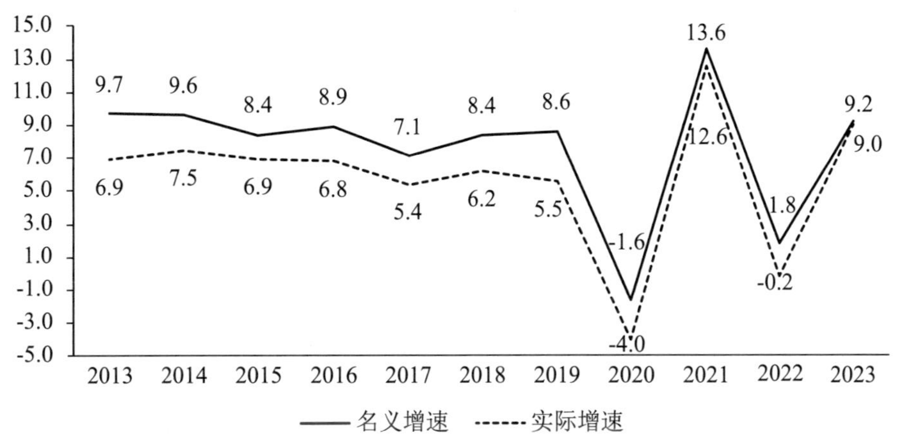

图 4　2013—2023 年居民人均消费支出增长（%）

分城乡看，城镇居民人均消费支出 32994 元，名义增长 8.6%，实际增长 8.3%；农村居民人均消费支出 18175 元，名义增长 9.3%，实际增长 9.2%，名义增速和实际增速分别快于城镇居民 0.7 个和 0.9 个百分点。

（二）居民平均消费率有所提高

2023 年居民消费意愿稳定恢复，受居民服务性消费支出较快增长以及上年消费支出回落较多影响，全国居民人均消费支出名义增速快于收入名义增速 2.9 个百分点，平均消费率③为 68.3%，与上年相比提高 1.8 个百分点，但仍没有恢复到 2019 年水平。分城乡看，2023 年城镇居民和农村居民平均消费率分别为 63.7%和 83.8%，与上年相比分别提高 2.0 个和 1.2 个百分点。

---

③　居民平均消费率是指一定时期内居民人均消费支出占人均可支配收入的比重，是居民消费倾向和消费意愿的重要衡量指标。

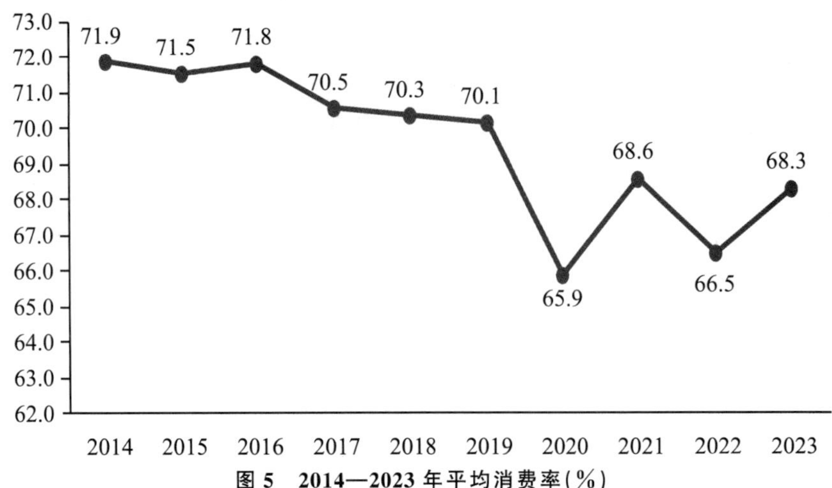

图 5　2014—2023 年平均消费率(%)

(三)居民消费结构优化升级

2023 年全国居民八大类消费支出同比均实现较快增长，特别是交通通信、教育文化娱乐、医疗保健等接触型、聚集型消费支出增长更快。其中，人均交通通信支出增长 14.3%，受出行较快恢复带动，人均交通费、交通工具使用及维修支出分别增长 96.7%和 22.1%；人均教育文化娱乐支出增长 17.6%，主要是 2023 年旅游、演出、展览等文化娱乐消费持续快速恢复，带动人均文化娱乐支出增长 39.3%；人均医疗保健支出增长 16.0%，其中，医疗器具及药品、医疗服务支出分别增长 16.8%和 15.8%；人均其他用品及服务支出增长 17.1%，主要是旅游市场火热，带动包括旅馆住宿费在内的其他服务支出增长 24.1%。人均食品烟酒支出增长 6.7%，增速慢于居民人均消费支出 2.5 个百分点，受此影响，全国居民恩格尔系数由上年的 30.5%下降至 29.8%，下降 0.7 个百分点；人均衣着支出增长 8.4%；人均居住支出增长 3.6%；人均生活用品及服务支出增长 6.6%，但人均家庭服务支出增长 17.5%，实现较快增长。

表 5　2023 年全国及分城乡居民消费支出结构

指　　标	全国居民		城镇居民		农村居民	
	水平(元)	构成(%)	水平(元)	构成(%)	水平(元)	构成(%)
居民消费支出	26796	100.0	32994	100.0	18175	100.0
服务性消费	12114	45.2	15673	47.5	7164	39.4
食品烟酒	7983	29.8	9495	28.8	5880	32.4
衣着	1479	5.5	1880	5.7	921	5.1
居住	6095	22.7	7822	23.7	3694	20.3

续表

指　　标	全国居民		城镇居民		农村居民	
	水平（元）	构成（%）	水平（元）	构成（%）	水平（元）	构成（%）
生活用品及服务	1526	5.7	1910	5.8	992	5.5
交通通信	3652	13.6	4495	13.6	2480	13.6
教育文化娱乐	2904	10.8	3589	10.9	1951	10.7
医疗保健	2460	9.2	2850	8.6	1916	10.5
其他用品及服务	697	2.6	953	2.9	341	1.9

服务性消费占居民消费的比重随着经济发展而上升，是消费升级的重要体现。随着经济回升向好态势持续巩固，居民服务消费需求加快释放，在外饮食、交通出行、文化旅游等服务消费更加活跃，带动服务性消费支出较快增长。2023 年，全国居民人均服务性消费支出 12114 元，增长 14.4%，快于居民人均消费支出增速 5.2 个百分点。服务性消费支出占人均消费支出的比重为 45.2%，同比提高 2.0 个百分点，接近 2019 年水平。

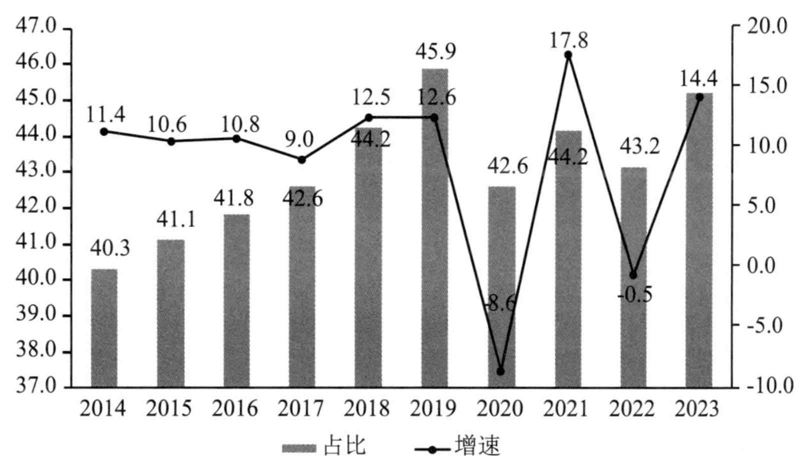

图 6　2014—2023 年服务性消费支出占比和增速(%)

（四）食品消费结构继续改善

1. 粮食消费量小幅下降，食用油消费量基本持平

2023 年，全国居民人均粮食消费量 134.4 公斤，同比下降 1.7%。分城乡看，城镇居民人均粮食消费量 115.6 公斤，同比下降 0.5%；农村居民人均粮食消费量 159.8 公斤，同比下降 2.9%。全国居民人均食用油消费量 10.0 公斤，与上年基本持平。分城乡看，城镇居民人均食用油消费量 9.3 公斤，同比下降 1.3%；农村居民人均食用油消费量 10.9 公斤，同比上升 1.4%。

2. 菜类、禽类、水产品、奶类消费量小幅增长

2023 年,全国居民人均蔬菜及食用菌消费量 113.6 公斤,同比增长 5.0%。分城乡看,城镇居民人均蔬菜及食用菌消费量 114.0 公斤,同比增长 2.8%;农村居民人均蔬菜及食用菌消费量 113.0 公斤,同比增长 8.0%。全国居民人均禽类消费量 12.4 公斤,同比增长 5.7%。分城乡看,城镇居民人均禽类消费量 12.6 公斤,同比增长 6.3%;农村居民人均禽类消费量 12.0 公斤,同比增长 4.7%。全国居民人均水产品消费量 15.2 公斤,同比增长 9.4%。分城乡看,城镇居民人均水产品消费量 17.4 公斤,同比增长 7.3%;农村居民人均水产品消费量 12.2 公斤,同比增长 13.7%。全国居民人均奶类消费量 13.2 公斤,同比增长 6.3%。分城乡看,城镇居民人均奶类消费量 16.3 公斤,同比增长 6.1%;农村居民人均奶类消费量 8.9 公斤,同比增长 6.8%。

3. 肉类、蛋类、鲜瓜果消费量大幅增长

2023 年,全国居民人均肉类消费量 39.8 公斤,同比增长 15.2%。其中,人均猪肉消费量 30.5 公斤,同比增长 13.2%。分城乡看,城镇居民人均肉类消费量 39.6 公斤,同比增长 12.6%,其中人均猪肉消费量 28.7 公斤,同比增长 10.2%;农村居民人均肉类消费量 40.1 公斤,同比增长 18.9%,其中人均猪肉消费量 32.9 公斤,同比增长 16.9%。全国居民人均蛋类消费量 15.0 公斤,同比增长 10.7%。分城乡看,城镇居民人均蛋类消费量 14.6 公斤,同比增长 5.5%;农村居民人均蛋类消费量 15.4 公斤,同比增长 18.0%。全国居民人均鲜瓜果消费量 60.8 公斤,同比增长 11.2%。分城乡看,城镇居民人均鲜瓜果消费量 67.6 公斤,同比增长 11.7%;农村居民人均鲜瓜果消费量 51.7 公斤,同比增长 10.7%。

表 6　2023 年全国居民及分城乡居民主要食品消费量

单位:公斤/人

指　　标	全国居民	城镇居民	农村居民
粮食(原粮)	134.4	115.6	159.8
食用油	10.0	9.3	10.9
蔬菜及食用菌	113.6	114.0	113.0
肉类	39.8	39.6	40.1
其中:猪肉	30.5	28.7	32.9
禽类	12.4	12.6	12.0
水产品	15.2	17.4	12.2
蛋类	15.0	14.6	15.4
奶类	13.2	16.3	8.9
鲜瓜果	60.8	67.6	51.7

四、居民生活状况进一步改善

随着居民收入和消费水平的提高，家庭耐用消费品持续升级换代，城乡居民生活环境继续改善，公共设施覆盖率提高，基本公共服务均等化进一步推进。

（一）耐用消费品升级换代

1. 以彩电、洗衣机、冰箱等为主要代表的传统“三大件”已基本实现户户必备

2023 年，全国居民家庭平均每百户彩色电视机拥有量为 107.8 台，其中，城乡居民家庭平均每百户彩色电视机拥有量分别为 107.2 台、108.8 台。全国居民家庭平均每百户洗衣机拥有量为 98.2 台，其中，城乡居民家庭平均每百户洗衣机拥有量分别为 98.5 台、97.6 台。全国居民家庭平均每百户电冰箱拥有量为 103.4 台，其中，城乡居民家庭平均每百户电冰箱拥有量分别为 101.9 台、105.7 台。

2. 汽车、移动电话拥有量较多

2023 年，全国居民家庭居民平均每百户家用汽车拥有量为 49.7 辆，城镇居民家庭平均每百户家用汽车拥有量为 55.9 辆，农村居民家庭平均每百户家用汽车拥有量为 40.0 辆。

2023 年，全国居民家庭平均每百户移动电话拥有量为 251.9 部，城镇居民家庭平均每百户移动电话拥有量为 239.5 部，农村居民家庭平均每百户移动电话拥有量为 271.2 部。

表 7 2023 年全国及分城乡居民耐用消费品拥有情况

单位：平均每百户

指　标	单位	全国居民	城镇居民	农村居民
家用汽车	辆	49.7	55.9	40.0
电冰箱(柜)	台	103.4	101.9	105.7
洗衣机	台	98.2	98.5	97.6
热水器	台	89.8	97.2	78.1
空调	台	145.9	171.7	105.7
彩色电视机	台	107.8	107.2	108.8
计算机	台	44.5	58.2	23.1
移动电话	部	251.9	239.5	271.2

（二）居住条件继续改善

1. 住房的主要建筑材料质量较好

2023年，全国居民家庭居住在钢筋混凝土或砖混材料结构住房的户比重为92.5%。其中，城镇居民家庭居住在钢筋混凝土或砖混材料结构住房的户比重为98.1%，农村居民家庭居住在钢筋混凝土或砖混材料结构住房的比重为83.6%。

2. 主要饮用水来源更便捷

从主要饮用水取水位置看，2023年，全国居民家庭有管道供水入户的户比重为97.5%。其中，城镇居民家庭有管道供水入户的户比重为98.9%，农村居民家庭有管道供水入户的户比重为95.5%。

3. 住宅内卫生和洗澡设施更干净便捷

2023年，全国居民家庭使用卫生厕所的户比重为96.1%，其中，城乡居民家庭使用卫生厕所的户比重分别为99.4%和90.9%。有洗澡设施的户比重为93.1%，其中，城乡居民家庭有洗澡设施的户比重分别为97.7%和86.0%。家庭自装热水器的户比重为86.7%，其中，城乡居民家庭自装热水器的户比重分别为92.8%和77.3%。

（三）社区基础设施和基本公共服务水平提高

1. 社区交通通讯条件持续优化

"四通"接近实现全覆盖。2023年，全国范围内99.8%以上的户所在社区（自然村）已实现通公路、通电、通电话和通有线电视信号。97.4%的户所在社区（自然村）内主要道路路面为水泥或柏油路面，其中，城镇居民家庭所在社区内主要道路路面为水泥或柏油路面的户比重为98.9%，农村居民家庭所在自然村内主要道路路面为水泥或柏油路面的户比重为95.1%。

2. 社区内基础设施条件明显改善

2023年，94.3%户所在社区（自然村）饮用水经过集中净化处理，98.7%的户所在社区（自然村）垃圾能够做到集中处理，55.9%的户所在社区（自然村）开通了管道燃气。城镇居民家庭所在社区饮用水经过集中净化处理的户比重为98.2%，垃圾能够做到集中处理的户比重为99.6%，开通了管道燃气的户比重为77.2%。农村居民家庭所在自然村饮用水经过集中净化处理的户比重为88.2%，垃圾能够做到集中处理的户比重为97.4%，开通了管道燃气的户比重为22.7%。

3. 社区基本公共服务情况改善

2023 年，96.8%的户所在社区（自然村）可以便利地上幼儿园或学前班，96.9%的户所在社区（自然村）可以便利地上小学。城镇居民家庭所在社区可以便利地上幼儿园或学前班的户比重为 99.7%，可以便利地上小学的户比重为 99.4%。农村居民家庭所在自然村可以便利地上幼儿园或学前班的户比重为 92.4%，可以便利地上小学的户比重为 92.8%。

（执笔人：李著凤）

2023年脱贫县农村居民收支状况

打赢脱贫攻坚战后，各地区各部门继续深入贯彻落实党中央决策部署，把巩固拓展脱贫攻坚成果作为全面推进乡村振兴的底线任务扎实推进，不断加大脱贫地区劳动力稳岗促就业力度，实施特色产业提升行动，落实产业帮扶政策，脱贫县农村居民人均可支配收入持续较快增长，生活质量明显提升，生活环境不断改善，基础设施和基本公共服务水平全面提高。

一、脱贫县农村居民收入保持较快增长，收入结构持续改善

脱贫攻坚目标任务完成后，各地区各部门继续巩固拓展脱贫攻坚成果，持续加大稳岗促就业力度，巩固提升特色产业，脱贫县农村居民收入实现较快增长，与全国农村平均水平的差距持续缩小，收入结构不断优化。

（一）2023年脱贫县农村居民收入实现稳定增长，增速继续快于全国农村

2023年，各地区各部门深入贯彻落实党中央决策部署，把巩固拓展脱贫攻坚成果作为全面推进乡村振兴的底线任务扎实推进，脱贫县农村居民人均可支配收入16396元，比上年名义增长8.5%，扣除价格因素影响，实际增长8.4%，名义增速和实际增速均比全国农村快0.8个百分点。脱贫县农村居民人均可支配收入相当于全国农村平均水平的75.6%，比上年提升0.5个百分点。

分结构看，工资性收入对收入增长贡献最大。2023年，脱贫县农村居民人均工资性收入6068元，增长[①]10.1%，对收入增长的贡献率最大，为43.4%。转移和财产两项收入较快增长。2023年，脱贫县农村居民人均转移净收入4697元，增长10.3%，对收入增长的贡献率为34.3%；人均财产净收入250元，增长10.0%，对收入增长的贡献率为1.8%。经营净收入实现平稳增长。2023年，脱贫县农村居民人均经营净收入5381元，增长5.2%，对

① 以下如无特别说明，均为比上年名义增长。

收入增长的贡献率为20.5%。分产业看，一产收入增速比上年明显回落，人均一产经营净收入3634元，增长1.3%，增速比上年回落5.0个百分点。其中，人均农业经营净收入增长3.8%，增速比上年回落1.1个百分点；人均牧业经营净收入下降7.6%，增速比上年回落18.3个百分点。二三产收入较快增长，人均二三产经营净收入1747元，增长14.1%。

表1　2023年脱贫县和全国农村居民收入情况

指　　标	脱贫县农村			全国农村		
	水平（元）	结构（%）	名义增速（%）	水平（元）	结构（%）	名义增速（%）
人均可支配收入	16396	100.0	8.5	21691	100.0	7.7
工资性收入	6068	37.0	10.1	9163	42.2	8.4
经营净收入	5381	32.8	5.2	7431	34.3	6.6
一产净收入	3634	22.2	1.3	4631	21.4	1.4
农业	2587	15.8	3.8	3523	16.2	2.3
牧业	764	4.7	−7.6	674	3.1	−7.4
二三产净收入	1747	10.6	14.1	2800	12.9	16.4
财产净收入	250	1.5	10.0	540	2.5	6.0
转移净收入	4697	28.7	10.3	4557	21.0	8.4

分地区看，中西部22个省份收入增速均高于全国农村。中西部地区22个省（区、市）中，全省（区）为脱贫县的西藏和青海农村居民人均可支配收入比上年分别增长9.4%和8.0%，分别高于全国农村增速1.7个和0.3个百分点；其余20个省（区、市）脱贫县农村居民人均可支配收入增速均高于本省农村和全国农村增速。

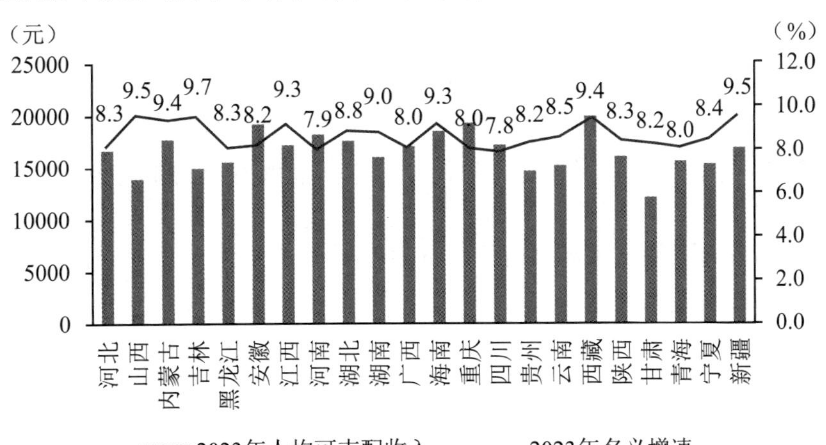

图1　2023年中西部22省（区、市）脱贫县农村居民收入增长情况

(二)打赢脱贫攻坚战以来,脱贫县农村居民收入增长持续快于全国农村,自我发展能力显著提升

2021—2023年,脱贫县农村居民人均可支配收入年均增长9.2%[②],年均增速比全国农村快1.0个百分点;扣除价格因素影响,年均实际增长8.2%,实际增速比全国农村快1.0个百分点。2023年脱贫县农村居民人均可支配收入达到全国农村居民的75.6%,比2020年提高2.1个百分点,与全国农村平均水平的差距进一步缩小。

脱贫县农村居民自我发展能力明显增强。稳岗就业成效显著,工资性收入占比提高。2023年脱贫县农村居民人均工资性收入占可支配收入的比重为37.0%,比2020年提高1.7个百分点。经营净收入稳定增长,非农经营收入占比提高。2023年脱贫县农村居民人均经营净收入占可支配收入的比重为32.8%,其中,人均二、三产业经营净收入占可支配收入的比重比2020年提高1.1个百分点。财产、转移净收入较快增长,收入来源更加多元。2021—2023年,脱贫县农村居民人均财产净收入、转移净收入年均分别增长10.5%、9.6%;2023年脱贫县农村居民人均财产、转移净收入合计占可支配收入的比重为30.2%,比2020年提高0.4个百分点。

表2　2020年和2023年脱贫县农村居民收入来源及构成

指　　标	2020年		2023年		2021—2023年
	水平(元)	构成(%)	水平(元)	构成(%)	年均增长(%)
人均可支配收入	12588	100.0	16396	100.0	9.2
工资性收入	4444	35.3	6068	37.0	10.9
经营净收入	4391	34.9	5381	32.8	7.0
财产净收入	185	1.5	250	1.5	10.5
转移净收入	3568	28.3	4697	28.7	9.6

二、脱贫县农村居民消费水平持续提高,消费结构明显优化

打赢脱贫攻坚战后,各地区各部门不断推出一系列提振消费政策举措,全面促进消费,脱贫县农村居民生活消费水平明显提高。吃、穿、住等基本生活消费支出稳定增长,占比下降;交通通信、教育文化娱乐和医疗保健等发展改善型消费支出较快增长,占比上升。

② 脱贫县农村居民人均可支配收入2021年、2022年、2023年名义增速分别为11.6%、7.5%、8.5%,其中,2021年增速较快主要是受新冠疫情影响,2020年基数较低。

(一)2023年脱贫县农村居民消费支出较快增长,消费结构进一步优化

2023年,脱贫县农村居民人均消费支出14203元,比上年名义增长10.5%,扣除价格因素影响,实际增长10.4%。

分项增长看,医疗消费支出快速增长。2023年,脱贫县农村居民人均医疗保健消费支出1480元,增长19.0%。教育文化娱乐、交通通信、食品烟酒消费支出较快增长。人均教育文化娱乐消费支出1650元,增长12.1%;人均交通通信消费支出1744元,增长10.5%;人均食品烟酒消费支出4756元,增长10.0%。生活用品及服务、衣着、居住消费支出稳定增长。人均生活用品及服务消费支出793元,增长8.3%;人均衣着消费支出767元,增长8.2%;人均居住消费支出2773元,增长7.9%。

分结构看,吃穿住用等消费支出占消费支出的比重下降。2023年,脱贫县农村居民人均食品烟酒、衣着、居住、生活用品及服务支出占消费支出的比重分别为33.5%、5.4%、19.5%、5.6%,比上年分别下降0.1个、0.1个、0.5个、0.1个百分点。交通通信、其他用品及服务等消费支出占消费支出的比重不变。人均交通通信、其他用品及服务支出占消费支出的比重分别为12.3%、1.7%,与上年持平。教育文化娱乐、医疗保健等支出占消费支出的比重上升。人均教育文化娱乐、医疗保健消费支出占消费支出的比重分别11.6%、10.4%,比上年分别提高0.1个、0.7个百分点。

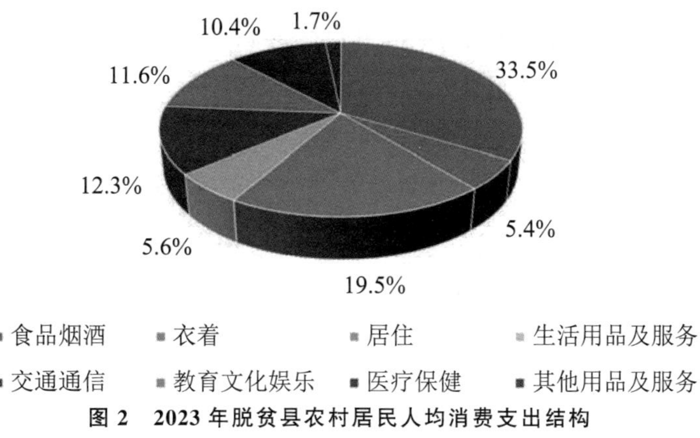

图2　2023年脱贫县农村居民人均消费支出结构

(二)打赢脱贫攻坚战以来,脱贫县农村居民消费水平不断提高,消费结构持续改善

2021—2023年,脱贫县农村居民人均消费支出年均增长9.7%,扣除价格因素影响,年均实际增长8.7%,2023年脱贫县农村居民人均消费支出水平达到全国农村居民人均消费支出的78.1%。

分结构看,吃、穿、住等基本生活消费支出稳定增长,占比缩小。2021—2023年,脱贫县

农村居民人均食品烟酒支出、衣着支出、居住支出年均分别增长 9.4%、9.3%和 6.6%;占消费支出比重分别比 2020 年累计下降 0.2 个、0.1 个和 1.8 个百分点。交通通信、教育文化娱乐和医疗保健等发展改善型消费支出较快增长,占比扩大。2021—2023 年,人均交通通信支出、教育文化娱乐支出、医疗保健支出年均分别增长 11.4%、13.5%和 11.7%;占消费支出比重分别比 2020 年累计提升 0.6 个、1.1 个和 0.5 个百分点。

表 3 2020 年和 2023 年脱贫县农村居民消费支出来源及构成

指标	2020 年		2023 年		2021—2023 年
	水平(元)	构成(%)	水平(元)	构成(%)	年均增长(%)
人均消费支出	10758	100.0	14203	100.0	9.7
食品烟酒	3632	33.7	4756	33.5	9.4
衣着	587	5.5	767	5.4	9.3
居住	2291	21.3	2773	19.5	6.6
生活用品及服务	627	5.8	793	5.6	8.1
交通通信	1261	11.7	1744	12.3	11.4
教育文化娱乐	1128	10.5	1650	11.6	13.5
医疗保健	1061	9.9	1480	10.4	11.7
其他用品及服务	171	1.6	240	1.7	11.9

三、脱贫地区农村居民生活环境不断改善,基础设施和基本公共服务水平全面提高③

打赢脱贫攻坚战后,各地区各部门继续加大对脱贫地区基础设施建设支持力度,进一步提升公共服务水平,因地制宜推进农村厕所革命、生活垃圾和污水治理、村容村貌提升,脱贫地区农村居民生活环境持续改善,基础设施和公共服务水平明显提升。

(一)脱贫地区农村居民生活条件显著改善

从住房质量看,脱贫地区居住在竹草土坯房的农户比重由 2020 年的 0.8%下降到 2023 年的 0.3%,下降 0.5 个百分点。从饮水情况看,脱贫地区使用管道供水的农户比重由 2020 年的 91.0%提高到 2023 年的 95.3%,提高 4.3 个百分点。从居住条件看,炊用柴草的农户比重由 2020 年的 29.3%下降到 2023 年的 22.8%,下降 6.5 个百分点;无厕所的农户比重由 2020 年的 0.6%下降到 2023 年的 0.1%,下降 0.5 个百分点。

③ 脱贫地区生活条件、基础设施、基本公共服务数据为其村委会范围。

表 4 2020 年和 2023 年脱贫地区农村居民生活条件

指　　标	2020 年(%)	2023 年(%)
居住竹草土坯房的农户比重	0.8	0.3
使用管道供水的农户比重	91.0	95.3
炊用柴草的农户比重	29.3	22.8
无厕所的农户比重	0.6	0.1

(二)脱贫地区基础设施持续改善

打赢脱贫攻坚战后,各地区各部门继续加强公共基础设施建设,着力推进往村覆盖、往户延伸,实施道路畅通、村级综合服务设施提升等工程,脱贫地区基础设施更加完善。2023 年,脱贫地区所在自然村内主要道路路面硬化的农户比重为 99.6%,比 2020 年提高 0.4 个百分点;所在自然村有健身器材的农户比重为 82.8%,比 2020 年提高 8.5 个百分点;所在自然村垃圾能够集中处理的农户比重为 96.3%,比 2020 年提高 3.5 个百分点。

表 5 2020 年和 2023 年脱贫地区农村基础设施条件

指　　标	2020 年(%)	2023 年(%)
所在自然村内主要道路路面硬化的农户比重	99.2	99.6
所在自然村有健身器材的农户比重	74.3	82.8
所在自然村垃圾能够集中处理的农户比重	92.8	96.3

(三)脱贫地区基本公共服务水平日益提高

打赢脱贫攻坚战后,通过不断加强综合服务设施建设,改善义务教育办学条件等,脱贫地区农村居民教育卫生服务便利程度不断提高。2023 年,脱贫地区社区有卫生站(室)的农户比重为 97.9%,比 2020 年提高 0.2 个百分点;所在自然村上幼儿园便利的农户比重为 94.0%,比 2020 年提高 0.9 个百分点;所在自然村上小学便利的农户比重为 94.6%,比 2020 年提高 0.3 个百分点。

表 6 2020 年和 2023 年脱贫地区农村基本公共服务条件

指　　标	2020 年(%)	2023 年(%)
社区有卫生站(室)的农户比重	97.7	97.9
所在自然村上幼儿园便利的农户比重	93.1	94.0
所在自然村上小学便利的农户比重	94.3	94.6

(执笔人:马倩)

2023年农民工就业及生活状况

2023年，在党中央坚强领导下，各地区各部门强化就业优先政策，确保重点群体就业稳定，全年农民工人数继续增加，收入实现平稳增长。进城农民工居住条件进一步改善，对所在城市的归属感和适应度不断增强。

一、农民工规模、分布及流向

（一）农民工总量继续增加

2023年全国农民工总量29753万人，比上年增加191万人，增长0.6%。其中，本地农民工12095万人，比上年减少277万人，下降2.2%；外出农民工17658万人，比上年增加468万人，增长2.7%。年末在城镇居住的进城农民工12816万人。

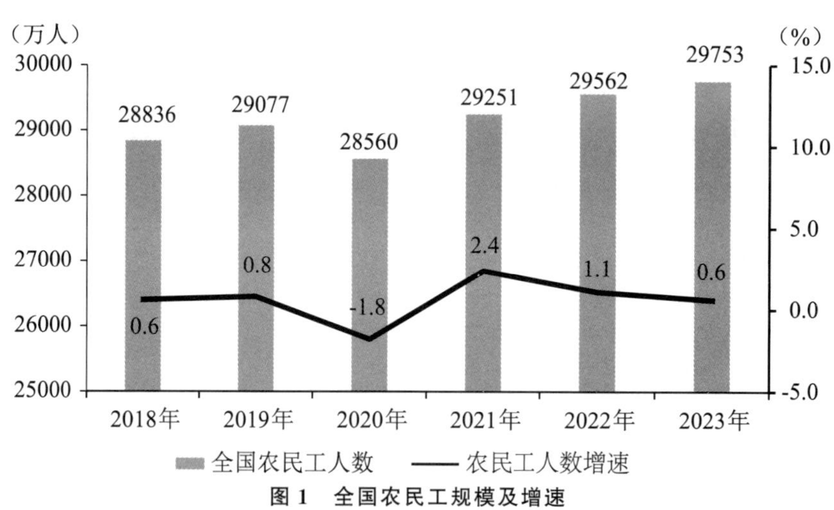

图1 全国农民工规模及增速

全国农民工规模变化呈现以下特点：一是总量继续增加。自2021年来，农民工总量已超过疫情前2019年水平，并且连续三年呈增长态势。2023年农民工总量比2019年增加676万人，增长2.3%。二是农民工增速较上年有所放缓。2023年农民工总量同比增长

0.6%，增速比上年下降0.5个百分点。三是外出农民工增速较快。2023年疫情防控平稳转段，农民工外出意向明显高于上年，外出农民工增速比上年快2.6个百分点。

在外出农民工中，跨省流动6751万人，占比38.2%；省内流动10907万人，占比61.8%。省内流动占比比上年提高2.9个百分点，农民工外出半径逐渐缩小，主要是中西部地区以及县域经济发展提供更多就业机会。分区域看，东部地区外出农民工中跨省流动占13.8%，中部地区占51.7%，西部地区占44.5%，东北地区占30.9%。东部地区跨省占比比上年下降1.2个百分点；中西部地区跨省流动占比比上年分别下降3.9个、3.0个百分点；东北地区跨省占比比上年下降0.5个百分点。

表1　2023年外出农民工地区分布及构成

单位：万人、%

按输出地分	规模			构成		
	外出农民工	跨省流动	省内流动	外出农民工	跨省流动	省内流动
合计	**17658**	**6751**	**10907**	**100.0**	**38.2**	**61.8**
东部地区	4823	664	4159	100.0	13.8	86.2
中部地区	6430	3324	3106	100.0	51.7	48.3
西部地区	5770	2567	3203	100.0	44.5	55.5
东北地区	635	196	439	100.0	30.9	69.1

（二）各区域农民工人数均有增长

从输出地看，东部地区农民工10484万人，比上年增加81万人，增长0.8%；中部地区9904万人，比上年增加52万人，增长0.5%；西部地区8367万人，比上年增加16万人，增长0.2%；东北地区998万人，比上年增加42万人，增长4.4%。

（三）农民工继续向中西部地区回流

2023年，农民工继续呈现向中西部回流的特征，在东部地区的农民工总量减少，其他地区均有所增加。主要原因是我国产业梯度转移以及乡村振兴战略持续推进，中西部地区提供更多就业机会。从输入地看，在东部地区就业的农民工15277万人，比上年减少170万人，下降1.1%；在中部地区6982万人，比上年增加211万人，增长3.1%；在西部地区6552万人，比上年增加116万人，增长1.8%；在东北地区872万人，比上年增加29万人，增长3.4%。

表 2 农民工输出和输入地区分布

单位：万人、%

地 区	2022 年	2023 年	增量	增速
按输出地分：				
东部地区	10403	10484	81	0.8
中部地区	9852	9904	52	0.5
西部地区	8351	8367	16	0.2
东北地区	956	998	42	4.4
按输入地分：				
在东部地区	15447	15277	−170	−1.1
在中部地区	6771	6982	211	3.1
在西部地区	6436	6552	116	1.8
在东北地区	843	872	29	3.4
在其他地区	65	70	5	7.7

注：其他地区指中国港澳台地区及国外。

二、农民工基本特征

(一)女性农民工占比有所上升

在全部农民工中，男性占 62.7%，女性占 37.3%。其中，本地农民工中女性占 43.0%，外出农民工中女性占 30.5%。全部农民工中女性所占比重比上年提高 0.7 个百分点。在农村劳动力转移就业过程中，女性农民工群体不断扩大，在经济社会发展中贡献了更多的智慧和力量。

在全部农民工中，未婚的占 14.6%，有配偶的占 81.4%，丧偶或离婚的占 4.0%。其中，本地农民工有配偶的占 90.0%，外出农民工有配偶的占 71.0%。全部农民工中有配偶的所占比重比上年提高 1.8 个百分点。

(二)农民工平均年龄继续提高

受人口老龄化影响，农民工平均年龄继续提高。2023 年，农民工平均年龄 43.1 岁，比上年提高 0.8 岁。其中，本地农民工平均年龄 46.6 岁，外出农民工平均年龄 38.9 岁。从年龄结构看，农民工中 40 岁及以下占 44.6%，41—50 岁占 24.8%，50 岁以上占 30.6%。50 岁以上农民工占比比上年提高 1.4 个百分点，这一比重自 2012 年以来逐年上升。党和国家对大龄农民工问题高度重视，持续加大对大龄农民工的就业扶持，拓宽大龄农民工就业渠道，开设适合大龄农民工的培训项目，加强零工市场规范化建设，明确不得以年龄为由“一刀切”清退大龄农民工，有力有效保障了大龄农民工群体就业等合法权益。

表3　农民工年龄构成

单位：%

年龄组	2019年	2020年	2021年	2022年	2023年
16—20岁	2.0	1.6	1.6	1.3	1.2
21—30岁	23.1	21.1	19.6	18.5	15.4
31—40岁	25.5	26.7	27.0	27.2	28.0
41—50岁	24.8	24.2	24.5	23.8	24.8
50岁以上	24.6	26.4	27.3	29.2	30.6

（三）大专及以上学历农民工占比继续提高

在全部农民工中，未上过学的占0.8%，小学文化程度占13.8%，初中文化程度占52.1%，高中文化程度占17.5%，大专及以上占15.8%。大专及以上文化程度农民工所占比重比上年提高2.1个百分点。近年来，各地区面向农民工开展大规模、广覆盖、多形式的职业技能培训，努力提升农民工职业技能和就业创业的能力水平。农民工整体能力素质不断提升，部分农民工经过专业培训和技能提升，成为行业技术骨干或管理人员。

三、农民工就业状况

（一）在第三产业就业的农民工比重继续提高

分产业看，农民工中从事第三产业的占53.8%，比上年提高2.1个百分点；从事第二产业的占45.5%，比上年下降2.3个百分点。从六个主要行业看，从事制造业的农民工占27.5%，从事建筑业占15.4%，从事批发和零售业占13.2%，从事交通运输仓储和邮政业占7.1%，从事住宿餐饮业占6.7%，从事居民服务修理和其他服务业占12.7%。第二产业农民工比重下降主要是建筑业农民工比重下降。随着产业结构调整和优化升级，第三产业在国民经济中的比重持续增加，创造的就业岗位也快速增加，吸纳农民工就业能力进一步增强。另外，第三产业就业形式灵活，劳动强度比制造业、建筑业等低，越来越多的农民工选择从事第三产业。

表4　农民工就业行业分布情况

单位：%、百分点

行　业	2022年	2023年	增加
第一产业	0.5	0.7	0.2
第二产业	47.8	45.5	−2.3
其中：制造业	27.4	27.5	0.1
建筑业	17.7	15.4	−2.3

续表

行　　业	2022 年	2023 年	增加
第三产业	51.7	53.8	2.1
其中:批发和零售业	12.5	13.2	0.7
交通运输仓储和邮政业	6.8	7.1	0.3
住宿餐饮业	6.1	6.7	0.6
居民服务修理和其他服务业	11.9	12.7	0.8

(二)农民工月均收入平稳增长

近年来,各地各部门出台一系列促进农民工就业增收政策,提高最低工资标准、建立劳动合同制度、加大根治拖欠农民工工资工作力度等政策效果持续显现,保障了农民工就业增收和合法权益。2023 年,农民工月均收入 4780 元,比上年增加 165 元,增长 3.6%。其中,外出农民工月均收入 5441 元,增长 3.8%;本地农民工月均收入 4131 元,增长 2.6%。外出农民工月均收入比本地农民工高 1310 元,增速比本地农民工快 1.2 个百分点。

分区域看,在东部地区就业的农民工月均收入 5172 元,增长 3.4%;在中部地区就业的农民工月均收入 4567 元,增长 4.1%;在西部地区就业的农民工月均收入 4376 元,增长 3.3%;在东北地区就业的农民工月均收入 4049 元,增长 5.2%。

分行业看,六大行业收入均保持增长。从事制造业农民工月均收入 4780 元,增长 1.8%;从事建筑业农民工月均收入 5488 元,增长 2.4%;从事批发和零售业农民工月均收入 4181 元,增长 5.1%;从事交通运输仓储和邮政业农民工月均收入 5469 元,增长 3.2%;从事住宿餐饮业农民工月均收入 3998 元,增长 4.6%;从事居民服务修理和其他服务业农民工月均收入 3965 元,增长 2.3%。

表 5　分行业农民工月均收入及增速

单位:元、%

行　　业	2022 年	2023 年	增速
全部	4615	4780	3.6
制造业	4694	4780	1.8
建筑业	5358	5488	2.4
批发和零售业	3979	4181	5.1
交通运输仓储和邮政业	5301	5469	3.2
住宿餐饮业	3824	3998	4.6
居民服务修理和其他服务业	3874	3965	2.3

四、进城农民工生活状况

（一）居住条件进一步改善

2023 年进城农民工人均居住面积 24.0 平方米，比上年提高 1.4 平方米。其中，在 500 万人以上城市农民工人均居住面积 19.1 平方米，比上年提高 1.5 平方米；在 50 万人以下城市农民工人均居住面积 28.6 平方米，比上年提高 1.1 平方米。居住条件进一步改善，使进城农民工能更好地安居乐业。

（二）随迁儿童受教育情况继续改善

近年来，农业转移人口市民化持续推进，随迁子女在流入地受教育权利不断得到保障，随迁子女在公办学校就读比例持续提高。2023 年，进城农民工 3—5 岁随迁儿童入园率（含学前班）为 90.9%。从就读学校类型看，42.3%入园儿童在公办幼儿园，比上年提高 0.3 个百分点；30.6%入园儿童在普惠性民办幼儿园，比上年提高 2.9 个百分点。义务教育阶段随迁儿童在校率为 99.7%。其中，小学阶段随迁儿童 90.1%在公办学校就读，比上年提高 1.8 个百分点；初中阶段随迁儿童 91.0%在公办学校就读，比上年提高 3.2 个百分点。

（三）城市生活适应度不断提高

2023 年，进城农民工对所在城市的归属感和适应度继续提高。进城农民工中，47.3%认为自己是所居住城市的“本地人”，比上年提高 1.6 个百分点；86.3%表示非常适应或比较适应本地生活，比上年提高 1.1 个百分点；38.2%参加过所在社区组织的活动，比上年提高 3.3 个百分点。

（执笔人：洪富江）

第二部分 专题报告

党的十八大以来居民收支稳步增长　人民生活条件显著改善

党的十八大以来，各地区各部门坚持以习近平新时代中国特色社会主义思想为指导，坚持以人民为中心的发展思想，坚持在发展中保障和改善民生，让现代化建设成果更多更公平惠及全体人民，出台实施了一系列惠民富民政策措施。十余年来，居民收入和消费支出水平稳步增长，结构不断改善，城乡和地区间居民收入差距不断缩小，生活质量稳步提升。

一、居民收入稳步增长，结构不断改善，差距持续缩小

党的十八大以来，各地区各部门持续加大就业优先政策实施力度，促进居民收入增长的各项措施接续发力，居民分享到更多经济社会发展红利，居民收入稳步增长，收入结构不断改善，城乡和地区间居民收入差距持续缩小，收入分配格局明显改善。

（一）居民收入较快增长，与经济增长基本同步

党的十八大以来，我国经济持续健康发展，综合国力显著增强，经济总量连上新台阶。2023年我国国内生产总值（GDP）按不变价计算，比2012年累计增长92.0%，年均增长6.1%。从人均GDP的角度看，2013—2023年，我国人均GDP累计增长85.1%，年均增长5.8%。同期，党中央、国务院高度关注民生改善，各地区各部门多措并举增加居民收入，让人民群众更多共享发展改革成果。2023年，全国居民人均可支配收入达到39218元，扣除价格因素，比2012年累计实际增长94.4%，年均实际增长6.2%。

从2013年到2023年共计11年间，居民人均可支配收入实际年均增速比GDP年均增速高0.1个百分点，比人均GDP年均增速高0.4个百分点。分年度看，与GDP增速相比，居民人均可支配收入实际增速有5年高于GDP增速，有6年低于GDP增速；与人均GDP增速比，居民收入增速有9年高于人均GDP增速，仅2021年和2022年略低于人均GDP增速。总的来看，居民收入增长与经济增长基本同步。

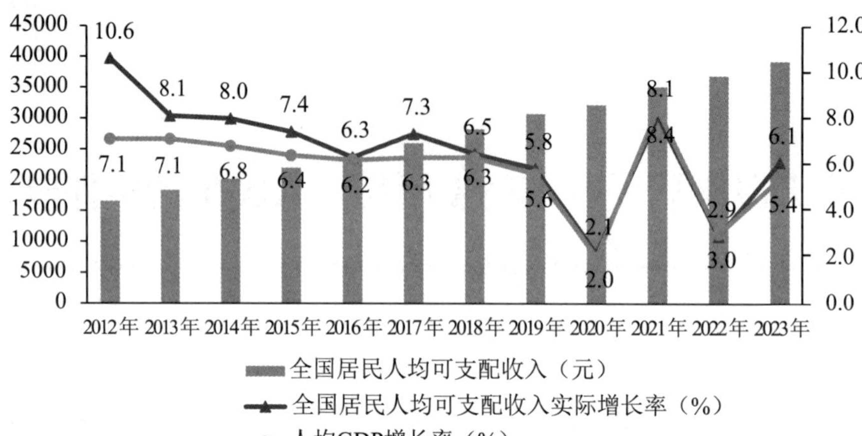

图 1　2012—2023 年居民人均可支配收入与人均 GDP 实际增速

分城乡看，农村居民收入增长快于经济增长，城镇居民慢于经济增长。2023 年，全国农村居民人均可支配收入为 21691 元，扣除价格因素，比 2012 年累计实际增长 111.4%，年均实际增长 7.0%，分别比 GDP 年均增速和人均 GDP 年均增速快 0.9 和 1.2 个百分点。2023 年，全国城镇居民人均可支配收入为 51821 元，扣除价格因素，比 2012 年累计实际增长 75.4%，年均实际增长 5.2%，分别比 GDP 年均增速和人均 GDP 年均增速慢 0.9 和 0.6 个百分点。

分地区看，中西部地区居民收入增长快于经济增长，东北地区慢于经济增长。由于数据可得性原因，这里仅分析 2014 年以来的情况。2014—2023 年，如果按照全国的居民消费价格指数扣除价格影响，东部、中部、西部和东北地区居民人均可支配收入年均实际增速分别为 5.9%、6.3%、6.5%和 4.5%，同期 GDP 年均增速和人均 GDP 年均增速分别为 5.9%和 5.6%。可以看到，中部和西部地区的居民收入增长快于全国 GDP 和人均 GDP 增速；东部地区居民收入增长与全国 GDP 增速持平，快于全国人均 GDP 增速；东北地区居民收入增长相对滞后，分别比同期全国 GDP 和人均 GDP 年均增速慢 1.4 和 1.1 个百分点。

（二）收入来源趋于多元化，转移、财产收入占比上升

从全国居民收入结构变化看，人均财产和转移净收入比重上升，分别从 2013 年的 7.8%和 16.6%上升至 2023 年的 8.6%和 18.5%，分别累计上升 0.8 和 1.9 个百分点。人均工资性收入和经营净收入比重下降，分别从 2013 年的 56.9%和 18.8%下降至 2023 年的 56.2%和 16.7%，分别累计下降 0.7 和 2.1 个百分点。

从城镇居民收入结构变化看，居民收入来源多元化趋势较为明显，工资以外的转移净收入、财产净收入增长相对更快。近年来城镇房屋租赁市场、金融理财投资等快速发展，带

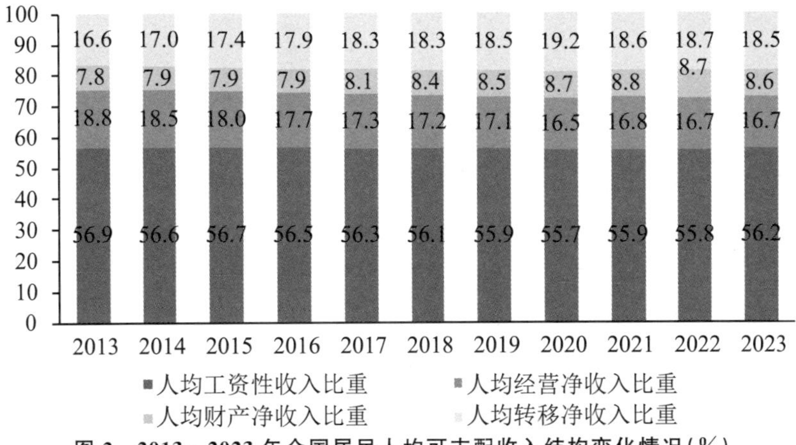

图 2 2013—2023 年全国居民人均可支配收入结构变化情况(%)

动人均财产净收入比重上升,从 2013 年的 9.6%上升至 2023 年的 10.4%,累计上升 0.8 个百分点,成为城镇居民收入的重要来源之一。随着老龄人口增多和养老、医疗等社会保障标准提高,人均转移净收入比重上升,从 2013 年的 16.3%上升至 2023 年的 17.8%,累计上升 1.5 个百分点,是城镇居民的第二大收入来源。人均工资性收入比重下降,从 2013 年的 62.8%下降至 2023 年的 60.4%,累计下降 2.4 个百分点,仍是城镇居民的主要收入来源。人均经营净收入比重保持基本稳定,2023 年比重为 11.4%。

从农村居民收入结构变化看,农村居民外出务工和本地非农就业机会持续增多,带动人均工资性收入比重上升,从 2013 年的 38.7%上升至 2023 年的 42.2%,累计上升 3.5 个百分点,自 2015 年以来成为农村居民第一大收入来源。支农惠农力度持续加大,农村地区养老、医疗、教育等社会保障覆盖面扩大和保障标准提高,低保等社会救济和救助制度持续健全,带动人均转移净收入比重上升,从 2013 年的 17.5%上升至 2023 年的 21.0%,累计上升 3.5 个百分点,对推动农村居民稳定增收发挥较大作用。人均经营净收入比重下降,从 2013 年的 41.7%下降至 2023 年的 34.3%,累计下降 7.4 个百分点,主要受农村居民农牧业等第一产业经营净收入比重下降带动,2023 年人均第一产业经营净收入比重为 21.3%,比 2013 年下降 8.8 个百分点。人均财产净收入比重保持基本稳定,2023 年比重为 2.5%。

(三)收入分配格局不断改善,城乡收入差距持续缩小

2023 年城镇居民人均可支配收入 51821 元,比 2012 年增长 114.8%,年均增长 7.2%;农村居民人均可支配收入 21691 元,比 2012 年增长 158.6%,年均增长 9.0%。2013—2023 年,农村居民年均收入增速比城镇居民快 1.8 个百分点。2023 年城乡居民

人均可支配收入之比为2.39(农村居民收入=1),比2012年下降0.49,城乡居民收入相对差距持续缩小。

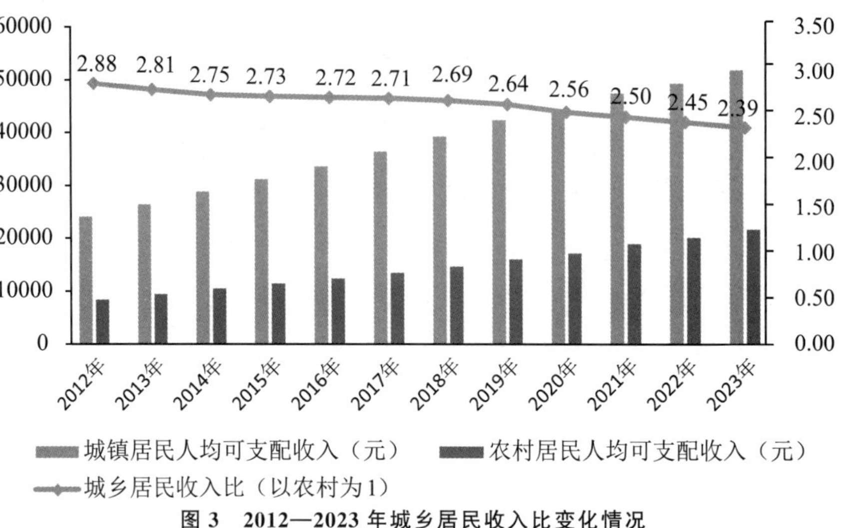

图3 2012—2023年城乡居民收入比变化情况

(四)中西部地区居民收入较快增长,地区收入差距不断缩小

中西部地区居民收入增速明显快于其他地区。2023年,东部、中部、西部和东北地区居民人均可支配收入分别为49822元、33328元、31100元和33207元,与2012年相比,年均增长分别为8.0%、8.4%、8.7%和6.8%,西部地区居民收入年均增速最快,中部次之。西部地区居民收入年均增速分别快于东部、中部和东北地区0.7、0.3和1.9个百分点。东部、中部和东北地区与西部地区居民人均收入之比(以西部地区居民收入为1)从2012年的1.72、1.10和1.30分别缩小至2023年的1.60、1.07和1.07。

二、居民消费水平持续提高,消费结构优化升级

党的十八大以来,各地区各部门认真落实扩大居民消费的各项政策措施,持续完善消费市场环境,城乡居民消费水平不断提高,消费结构优化升级。

(一)消费水平持续提高,消费能力不断增强

2023年全国居民人均消费支出26796元,比2012年名义增长122.3%,年均名义增长7.5%,扣除价格因素,年均实际增长5.6%。分城乡看,城镇居民人均消费支出32994元,比2012年名义增长92.9%,年均名义增长6.2%,年均实际增长4.2%;农村居民人均消费支出18175元,比2012年名义增长172.6%,年均名义增长9.5%,年均实际增长7.6%。

(二)基本消费支出稳定增加,恩格尔系数逐步下降

2023年全国居民人均食品烟酒支出7983元,比2012年增长100.4%,年均增长

6.5%。分城乡看,城镇居民人均食品烟酒支出9495元,比2012年增长73.5%,年均增长5.1%,农村居民人均食品烟酒支出5880元,比2012年增长145.6%,年均增长8.5%。2023年全国居民人均衣着支出1479元,比2012年增长49.1%,年均增长3.7%。食品烟酒支出占消费支出的比重(恩格尔系数)从2012年的33.0%下降至2023年的29.8%,下降3.2个百分点。

(三)消费结构优化升级,发展享受型消费占比提升

2023年全国居民人均交通通信、教育文化娱乐和医疗保健支出分别为3652元、2904元和2460元,分别比2012年增长151.7%、130.1%和193.4%,年均增长分别为8.8%、7.9%和10.3%,分别快于全国居民人均消费支出年均增速1.3、0.4和2.8个百分点,占人均消费支出的比重分别比2012年上升1.6、0.3和2.2个百分点。

三、居民生活质量持续提升,生活环境显著改善

党的十八大以来,随着居民收入和消费水平的提高,家庭耐用消费品持续升级换代,各地区各部门努力推进基本公共服务均等化,公共设施覆盖率提高,城乡居民生活环境全方位改善。

(一)耐用消费品持续升级换代

城乡居民主要耐用消费品拥有量不断增多,汽车拥有量较快提升,空调、电冰箱和洗衣机等家电在居民家庭中日渐普及。2023年,城乡居民平均每百户家用汽车拥有量为55.9辆和40.0辆,分别比2012年提高159.6%和507.7%;平均每百户空调拥有量为171.7台和105.7台,分别比2012年提高35.4%和316.8%。农村居民基本生活家电拥有量较快增加,生活便捷度大大提高。2023年,农村居民平均每百户电冰箱和洗衣机拥有量分别为105.7台和97.6台,分别比2012年提高57.1%和45.3%。

(二)居住条件明显改善

2023年,城乡居民住在钢筋混凝土或砖混材料结构住房的户比重为98.1%和83.6%,分别比2013年提高6.3和27.9个百分点;城乡居民家庭自装热水器的户比重为92.8%和77.3%,分别比2013年提高16.8和37.9个百分点;城乡居民使用卫生厕所的户比重为99.4%和90.9%,分别比2013年提高10.1和55.3个百分点。

(三)人居环境明显改善

2023年,全国范围内99.8%以上的户所在社区(自然村)已实现通公路、通电、通电话

和通有线电视信号。2023年，城镇、农村地区分别有98.2%和88.2%的户所在社区（自然村）饮用水经过集中净化处理，分别比2013年提高6.9和42.6个百分点。2023年，城镇、农村地区分别有99.6%和97.4%的户所在社区（自然村）垃圾能够做到集中处理，分别比2013年提高3.8和48.7个百分点。2023年，城镇、农村地区分别有98.9%和95.1%的户所在社区（自然村）内主要道路路面为水泥或柏油路面，分别比2013年提高4.5和23.2个百分点。

（四）教育、医疗等基本公共服务水平提高

2023年，城镇地区有99.7%的户所在社区可以便利地上幼儿园或学前班，比2013年提高3.0个百分点；有99.4%的户所在社区可以便利地上小学，比2013年提高2.6个百分点。2023年，农村地区有92.4%的户所在自然村可以便利地上幼儿园或学前班，比2013年提高16.7个百分点；有92.8%的户所在自然村可以便利地上小学，比2013年提高12.0个百分点。2023年，农村地区有96.1%的户所在自然村有卫生站，比2013年提高14.5个百分点。

四、居民收支和生活水平持续提升存在的短板

（一）居民持续较快增收面临压力

一是受新冠疫情和全球经济下行影响，2020年以来居民收入增速放缓，2020—2023年年均实际增长4.8%，比2013—2019年降低2.3个百分点。二是全国房地产市场处于持续调整之中，对建筑业等相关产业从业人员收入增长产生不利影响。三是随着财政收入增速放缓，政府提高二次分配力度面临一定困难，特别是部分地区债务压力较重，影响民生投入增速和居民转移净收入增长。

（二）提振居民消费仍有不足

一是居民收入增速放缓、预期不足，影响居民消费能力和信心，居民消费更趋谨慎。二是居民商品房购买意愿偏弱，对家具、家电、家装等居住类消费需求有所不足。三是消费环境问题如消费者权益保护不足、商品品质良莠不齐、线上消费维权难等仍存在，一定程度会影响居民消费升级。

（三）居民生活质量仍有短板

一是农村基础设施相对不足，农村居民在用水和卫生厕所等人居环境方面，相对于城镇居民仍存在一定差距。二是城镇区域存在大量老旧小区有待改造，对改造水电气热信等

各类老化管线、增设和提升停车位、增设电动汽车充电桩、加装电梯等有需求。三是不同地区间、城乡间在义务教育、医疗、社会保障等方面仍存在优质资源供给分布不均衡情况，需通过逐步实现基本公共服务均等化加以解决。

五、政策建议

（一）持续稳定经营主体，促进居民就业创业，加强基本民生保障

一是持续优化营商环境，完善各项惠企政策，降低企业用工、用能、用地和融资等成本，提振企业信心。二是更好贯彻就业优先各项政策，稳定就业大局，特别是农民工、应届毕业生、零就业家庭等重点群体就业，推动居民工资性收入稳定增长。三是继续完善收入分配体系，做好城乡低保和特困供养人口生活保障，统筹调整离退休人员和城乡居民基本养老金标准，逐步缩小群体差距和城乡差距。

（二）提振居民消费信心，优化消费环境，激发消费潜力

一是通过切实保障和改善民生，稳定居民收入预期，提振居民消费信心和消费预期。二是继续优化房地产和金融政策，减轻城乡居民房贷、车贷等刚性支出负担，减少对其他消费的挤出效应。三是加强消费市场监管，规范线上平台管理，持续改善消费环境，提升消费体验。四是精准实施促消费政策，积极培育新型消费增长点，激活新产业新业态新模式，不断激发消费活力。

（三）改善人居环境，提高生活质量，促进基本公共服务均等化

一是继续深入实施农村人居环境整治提升行动，推进农村基础设施补短板，在交通、用水和卫生等方面，持续改善农村人居环境。二是持续改善城镇居住条件，进一步提升城镇老旧小区改造品质，盘活社区内存量空间资源。三是根据不同地区、不同群体居民需求合理布局基本公共服务设施，确保资源合理分配，持续提高基本公共服务质量。

（执笔人：李著凤、刘洪波、韩迪）

党的十八大以来农村居民收支持续较快增长 生活质量显著改善

党的十八大以来，各地区各部门坚持以习近平新时代中国特色社会主义思想为指导，全面贯彻落实以人民为中心的发展思想，突出保障和改善民生，坚持把实现人民对美好生活的向往作为现代化建设的出发点和落脚点，集中力量打赢脱贫攻坚战，全力推进全面建成小康社会进程，接续推动乡村振兴，着力促进全体人民共同富裕。十年来，经济增长叠加惠农政策有力拉动农村居民收入和消费支出水平较快增长，城乡收入差距持续缩小，农村居民收入结构优化改善，消费支出结构逐步升级，生活质量得到显著提升。

一、农村居民收支较快增长，结构不断改善

党的十八大以来，现行标准下农村贫困人口全部脱贫，乡村振兴战略接续推进，农村居民收支持续较快增长，收支结构不断改善。

（一）农村居民收入和消费支出实现较快增长

2013 年—2023 年，农村居民人均可支配收入从 9430 元增加至 21691 元，累计名义增长 130.0%，年均名义增长 8.7%；扣除价格因素，累计实际增长 93.4%，年均实际增长 6.8%；年均名义和实际增速均快于同期全国居民年均增速 0.8 个百分点。

随着收入水平持续提高和农村地区消费市场环境优化完善，2013 年—2023 年，农村居民人均消费支出从 7485 元增加至 18175 元，累计名义增长 142.8%，年均名义增长 9.3%；扣除价格因素，累计实际增长 104.5%，年均实际增长 7.4%；年均名义和实际增速分别快于同期全国居民年均增速 2.0 个和 1.9 个百分点。

（二）工资性收入带动农村居民收入实现较快增长

伴随经济社会快速发展和惠农政策精准发力，农村居民外出务工和本地非农就业机会增加，全国农民工总量不断增长，收入水平显著提高。2013 年—2023 年，农村居民人均工

资性收入从3652元增长至9163元，累计增长[①]150.9%，年均增长9.6%，年均增速快于人均可支配收入0.9个百分点，拉动农村居民人均可支配收入年均增长4.7个百分点，增收贡献率为44.9%，是农村居民持续增收的第一动力。工资性收入占人均可支配收入的比重从38.7%进一步上升至42.2%，累计上升3.5个百分点。

表1　2013和2023年农村居民收入来源及构成

指　标	2013年		2023年	
	水平(元)	构成(%)	水平(元)	构成(%)
人均可支配收入	9430	100.0	21691	100.0
工资性收入	3652	38.7	9163	42.2
经营净收入	3935	41.7	7431	34.3
财产净收入	195	2.1	540	2.5
转移净收入	1648	17.5	4557	21.0

(三)农村居民收入增长快于城镇居民，城乡收入差距持续缩小

2013年—2023年，农村居民收入增长持续快于城镇居民，年均增速快于城镇居民1.8个百分点，城乡居民人均可支配收入之比(农村居民收入=1)由2013的2.81下降至2023年的2.39，累计下降0.42，城乡收入差距持续缩小。

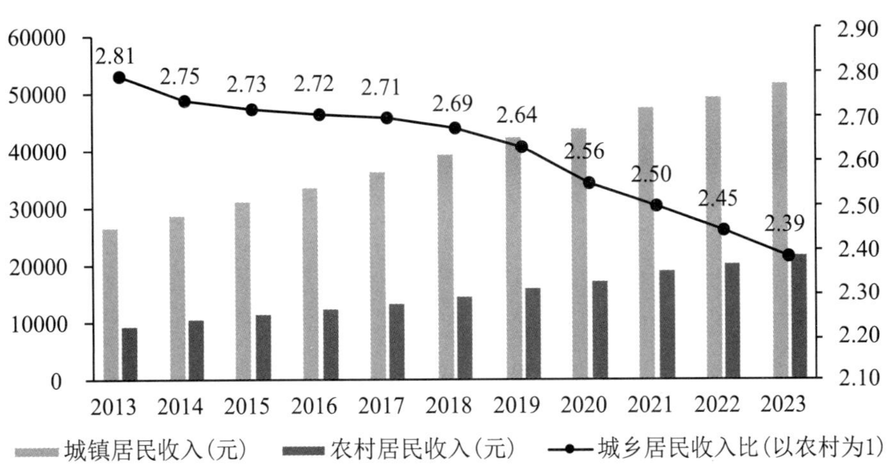

图1　2013年—2023年城乡居民收入比变化情况

(四)农村居民消费支出增长快于收入，平均消费率进一步提升

2013年—2023年间，农村社会保障体系不断健全，消费条件和基础设施持续改善，带

---

① 以下如无特殊说明，均为名义增长。

动农村居民消费意愿逐步提高，人均消费支出年均增长 9.3%，年均增速快于收入 0.6 个百分点；农村居民平均消费率（人均消费支出占人均可支配收入的比重）进一步提升，从 79.4%上升至 83.8%，累计上升 4.4 个百分点。

表 2　2013 和 2023 年农村居民平均消费率

指　　标	2013 年	2023 年
人均可支配收入（元）	9430	21691
人均消费支出（元）	7485	18175
平均消费率（%）	79.4	83.8

（五）农村居民消费支出结构不断优化升级

从结构上来看，2013 年—2023 年间农村居民消费领域不断拓展，消费场景更趋多元，发展享受型消费快速增长。其中，人均医疗保健、交通通信、教育文化娱乐支出年均分别增长 11.1%、11.0%和 10.0%，年均增速分别快于人均消费支出 1.8 个、1.7 个和 0.7 个百分点，占人均消费支出的比重分别上升 1.6 个、1.9 个和 0.6 个百分点。同时，农村居民人均食品烟酒支出年均增长 8.7%，慢于人均消费支出 0.6 个百分点，占人均消费支出的比重（恩格尔系数）从 2013 年的 34.1%下降至 2023 年的 32.4%，累计下降 1.7 个百分点，但在外饮食保持较快增长态势，年均增速快于人均消费支出 8.5 个百分点。

由于医疗保健、教育文化娱乐等支出中服务消费比重较高，这一时期农村居民服务性消费支出也呈现出较快增长态势，年均增速快于人均消费支出 1.5 个百分点，服务性消费支出占人均消费支出的比重从 2013 年的 34.3%上升至 2023 年的 39.4%，累计上升 5.1 个百分点。

二、居民生活质量持续提升，生活环境显著改善

随着农村居民收入和消费水平提高，乡村振兴战略持续深入推进，家庭耐用消费品逐步升级换代，农村基础设施和基本公共服务显著提升，农村居民生活环境和基本公共服务水平全方位改善。

（一）耐用消费品持续升级换代

农村居民主要耐用消费品拥有量不断增多，家用汽车快速进入千家万户，各式家电在农村居民家庭中日渐普及，生活便捷度大幅提高。2023 年，农村居民平均每百户家用汽车拥有量为 40.0 辆，比 2013 年增加 30.1 辆；平均每百户电冰箱、洗衣机、热水器、空调、排油

烟机拥有量分别为105.7台、97.6台、78.1台、105.7台和44.3台，分别比2013年增加32.8台、26.4台、34.5台、75.9台和31.9台。

表3　农村居民每百户主要耐用消费品拥有量

指　　标	拥有量			城乡拥有量之比(以农村为1)	
	2013年	2023年	同比增加	2013年	2023年
家用汽车(辆)	9.9	40.0	30.1	2.24	1.40
电冰箱(台)	72.9	105.7	32.8	1.22	0.96
洗衣机(台)	71.2	97.6	26.4	1.24	1.01
热水器(台)	43.6	78.1	34.5	1.84	1.24
空调(台)	29.8	105.7	75.9	3.43	1.62
排油烟机(台)	12.4	44.3	31.9	5.34	1.91

(二)居住条件持续向好

党的十八大以来，在脱贫攻坚和乡村振兴战略深入推进和实施进程中，易地扶贫搬迁成效显著，农村危旧房改造项目持续推进，农村居民居住条件不断改善。2023年，农村居民居住在钢筋混凝土或砖混材料结构住房的户比重为83.6%，比2013年提高27.9个百分点。随着农村厕所革命的持续推进，农村居民用水、如厕条件发生明显变化。2023年，农村居民有安全饮用水②、获取饮用水无困难、使用卫生厕所的户比重分别为98.7%、98.5%和90.9%，分别比2013年提高24.0个、12.9个和55.3个百分点。

(三)人居环境明显改善

近年来各地积极学习借鉴“千万工程”经验，因地制宜开展美丽乡村建设，村容村貌大为改观，农村人居环境明显改善。调查数据显示，2023年农村地区已基本实现通电、通公路、通电话全覆盖，极大弥补了基础设施方面的短板。此外，2023年农村地区有95.1%、89.8%、97.3%和86.1%的户所在自然村道路路面为水泥或柏油路面、主要道路有路灯、垃圾能够做到集中处理、有健身器材，分别比2013年提高22.7个、50.4个、48.4个和53.9个百分点。

(四)医疗、教育等基本公共服务水平提高

党的十八大以来，健康中国战略深入实施，农村基本医疗保险制度不断健全，农村居民就医更加便捷。2023年，农村地区有96.1%的户所在自然村有卫生站(室)，比2013年提

② 安全饮用水指住户主要饮用水来源为经过净化处理的自来水、受保护的井水和泉水、桶装水。

高14.0个百分点。这一期间,越来越多的农村儿童能够便捷入托就学,接受教育的便利度不断提升。2023年,农村地区有92.4%和92.8%的户所在自然村可以便利地上幼儿园和小学,分别比2013年提高16.3个和11.5个百分点。

三、农村居民增收和人居环境改善存在三方面问题

(一)农村地区人口老龄化程度加深,不利于推动农村居民收入较快增长

随着农村地区外出务工劳动力持续增加和城镇化深入推进,农村地区老年人口占比提升较快,老年人口占比高于全国平均。根据第七次全国人口普查数据,农村地区60岁及以上人口占比为23.80%,高于全国60岁及以上人口占比5.05个百分点。农村地区人口老龄化程度加深,对提升农村居民增收能力和推动农村居民收入较快增长带来较大难度。

(二)农林牧渔业经营净收入增长波动较大,不利于农村居民稳定增收

2023年,农村居民第一产业经营净收入占人均可支配收入的比重为21.3%,对农村居民稳定增收有较大影响。但受自然灾害和农牧产品市场价格变动影响,农村居民农林牧渔业经营抗风险能力相对较弱,一产经营净收入增长波动较大。2023年受猪牛羊等农牧业产品价格同比回落影响,农村居民第一产业经营净收入仅增长1.4%,增速相对较低,不利于农村居民稳定增收。

(三)农村人居环境改善仍存在一些短板

农村居民在道路、用水和厕所等人居环境方面,相对于城镇居民仍存在一定差距。2023年,农村居民住宅外道路路面为水泥或柏油路面的户比重为86.9%,低于城镇居民10.7个百分点;所在社区饮用水经过集中净化处理的户比重为88.2%,低于城镇居民10.0个百分点;使用卫生厕所的户比重为90.9%,低于城镇居民8.5个百分点。

四、推动农村居民生活质量持续改善的政策建议

一是进一步夯实粮食安全水平,推动农村产业升级。锚定建设农业强国目标,持续加大高标准农田建设投入和管护力度,稳定粮食播种面积,强化农业科技创新和推广应用,提高粮食单产水平,保障农村居民基本生活。立足各地实际情况,推进乡村一二三产业融合发展,大力发展特色优势产业,推进农村产业升级,有力有效推进乡村全面振兴。

二是多措并举增加农村居民就业机会,提高增收内生动力。统筹用好就业帮扶车间、公益岗位等渠道,持续稳定脱贫劳动力就业规模。利用多种形式,加强农民工职业技能培

训，提升职业技能水平。推动有劳动能力的农村居民积极开阔眼界，转变生活观念，增加外出就业，提高增收内生动力。做好大龄农民工就业支持，帮助大龄农民工根据自身情况更好找到合适岗位，更好适应就业市场变化。

三是适度提高农村社会保障水平，进一步改善农村基本公共服务和基础设施水平。持续完善农村居民基础养老金标准调整机制，推动农村地区老年人口稳定增收。深入实施农村人居环境整治提升行动，推进农村基础设施补短板，在交通、用水和卫生等方面，持续改善农村人居环境，推动农村居民生活质量取得更大提升。

（执笔人：刘洪波）

党的十八大以来全国农民工就业形势整体稳定

党的十八大以来，我国农民工人数持续增加，受教育程度不断提高，收入实现较快增长，农民工就业形势整体稳定。

一、农民工就业形势整体稳定，生活条件不断改善

（一）农民工人数持续增加

2013—2023 年全国农民工总量由 26894 万人增至 29753 万人，共增加 2859 万人，增长 10.6%，年均增长 1.0%，其中，本地农民工[①]由 10284 万人增至 12095 万人，年均增长 1.6%；外出农民工[②]由 16610 万人增至 17658 万人，年均增长 0.6%。本地农民工年均增速比外出农民工快 1.0 个百分点。十年间，只有 2020 年受疫情影响全国农民工总量较上年减少 517 万人，其他年份均保持增长。

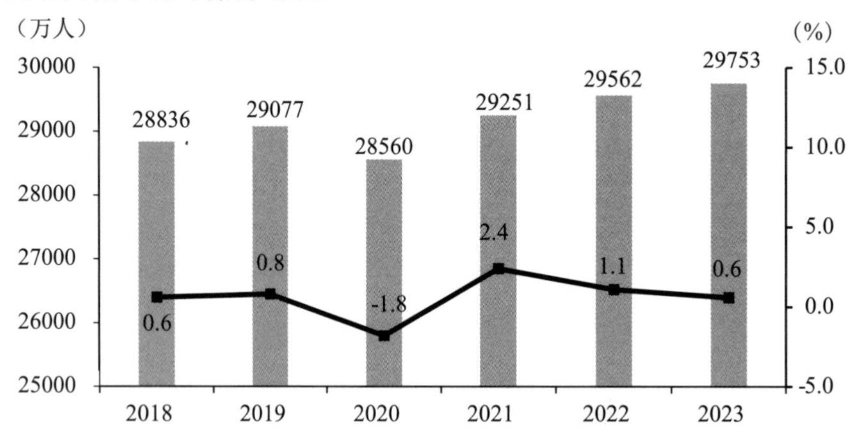

图 1　2013—2023 年全国农民工总量及增速

① 本地农民工指在户籍所在乡镇地域以内从事本地非农活动（包括本地非农务工和本地非农自营活动）6 个月及以上的农村劳动力。

② 外出农民工指在户籍所在乡镇地域以外从业 6 个月及以上的农村劳动力。

(二)农民工工资稳步增长

2013—2023 年，农民工月均收入由 2609 元增至 4780 元，年均增长 6.2%。其中，本地农民工月均收入由 2365 元增至 4131 元，年均增长 5.7%；外出农民工月均收入由 2837 元增至 5441 元，年均增长 6.7%。外出农民工月均收入年均增速比本地农民工快 1.0 个百分点。2023 年，外出农民工月均收入水平比本地农民工高 31.7%。

分区域看，2013—2023 年在东部地区务工的农民工月均收入由 2705 元增至 5172 元，年均增长 6.7%；在中部地区由 2491 元增至 4567 元，年均增长 6.2%；在西部地区由 2553 元增至 4376 元，年均增长 5.5%；在东北地区由 2899 元增至 4049 元，年均增长 3.4%。

(三)进城农民工生活条件不断改善

2015—2023 年，进城农民工[③]生活条件不断改善。进城农民工人均住房面积由 17.2 平方米增至 24.0 平方米，增加 6.8 平方米。购房的户比例由 17.3%升至 32.8%，提高 15.5 个百分点。住房内有冰箱的户比例由 54.3%升至 80.8%，提高 26.5 个百分点；有洗衣机的户比例由 51.6%升至 82.6%，提高 31.0 个百分点。

二、农民工群体呈现新特点，就业出现新变化

(一)农民工平均年龄不断提高，大龄农民工社会保障水平较低

2013—2023 年农民工平均年龄由 35.5 岁提高到 43.1 岁。50 岁及以上农民工规模从 4787 万人增至 9908 万人，占全国农民工的比重从 17.8%升至 33.3%。多数大龄农民工社会保障水平较低。2023 年，50 岁及以上农民工签订劳动合同的占 31.1%，缴纳养老保险的占 13.2%，缴纳工伤保险的占 23.2%，均明显低于 50 岁以下农民工。

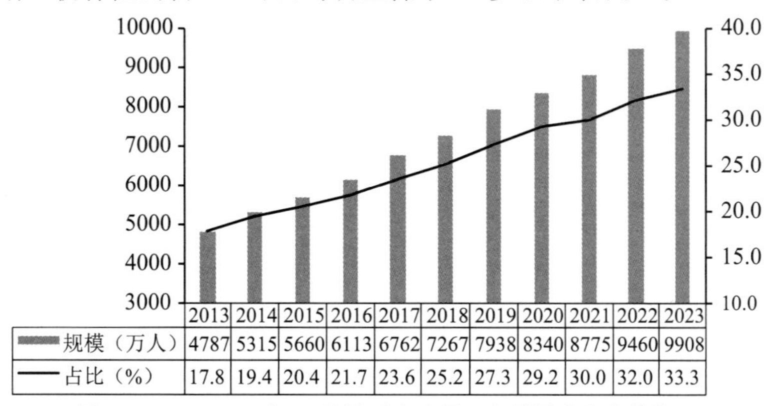

	2013	2014	2015	2016	2017	2018	2019	2020	2021	2022	2023
规模（万人）	4787	5315	5660	6113	6762	7267	7938	8340	8775	9460	9908
占比（%）	17.8	19.4	20.4	21.7	23.6	25.2	27.3	29.2	30.0	32.0	33.3

图 2　2013—2023 年 50 岁及以上农民工规模及占比变化情况

③　进城农民工指年末居住在城镇地域内的农民工。

(二)农民工受教育程度不断提高,外出农民工文化程度高于本地农民工

2013—2023年,农民工平均受教育年限由9.4年提高到10.1年,高中及以上文化程度占比由22.8%增加至33.3%,提高10.5个百分点。外出农民工文化程度明显高于本地农民工。2023年外出农民工高中及以上文化程度占比为38.1%,本地农民工高中及以上文化程度占比为29.1%。

(三)女性农民工本地就业增加,在农民工中的占比不断提高

2013—2023年女性农民工在全部农民工的占比由33.6%升至37.3%,提高3.7个百分点。其中,2023年外出农民工中女性占比为30.5%,本地农民工中女性占比为43.0%。女性农民工占比提高的主要原因是本地农民工增长较快。

(四)东部地区吸纳农民工减少,农民工向中西部地区回流

近年来中西部地区承接东部地区产业转移,创造更多就业岗位。东部地区吸纳农民工人数有所减少,中西部地区吸纳农民工人数不断增加,农民工呈现由东部向中西部回流趋势。2013—2023年,在东部地区的农民工由15690万人降至15277万人,减少413万人,年均下降0.3%;在中部地区由5303万人增至6982万人,增加1679万人,年均增长2.8%;在西部地区由4951万人增至6552万人,增加1601万人,年均增长2.8%;在东北地区由881万人降至872万人,减少9万人,年均下降0.1%。

(五)农民工外出半径在缩小,县域内农民工占比提高

2013—2023年,农民工外出半径逐渐缩小。县域内农民工由13739万人增至16764万人,增加3025万人,年均增长2.0%;占全部农民工的比重由51.1%增至56.3%,提高5.2个百分点。农民工向县域集中,主要是由于乡村振兴以及县域经济发展提供更多就业机会,加上县城物价水平、购房成本相对较低,更容易实现安居乐业。跨省流动由7739万人降至6751万人,占全部农民工的比重由46.6%降至38.2%,下降8.4个百分点。

三、政策建议

(一)持续促进农民工就业创业

稳定农民工就业岗位,健全劳务输出机制,积极开展以工代赈,促进农民工多渠道就业。拓展就业信息指导、政策咨询、融资贷款等服务。聚焦吸纳农民工就业较多的行业,持续激发经营主体活力,增加就业机会。结合各地经济和产业发展需求,重点围绕主要行业和领域开展就业技能培训,提高培训实效。

（二）加大对大龄农民工扶持力度

加大对大龄农民工的就业扶持力度，放宽就业年龄限制，依法保障就业权益。培育适宜大龄农民工就业的产业，提高大龄农民工就业服务精准性。大龄农民工经济基础普遍脆弱，要完善就医养老保障，增强其抗风险能力，防止突发大病等导致的返贫风险。

（三）不断提高农民工收入

进一步完善工资制度，促进企业建立正常的工资增长机制，保障农民工更好地享受企业生产发展成果。持续加大根治欠薪工作力度，解决拖欠农民工工资问题，加强源头预防和风险预警，切实保障农民工合法权益。引导农民工使用网络平台等技术手段，拓展增收渠道。

（四）进一步改善农民工生活条件

加快构建多层次住房保障体系，增加保障性租赁住房供给，降低农民工申请门槛。鼓励有条件的地区探索发放租房消费券等方式降低居住成本，稳步推进老旧小区、城中村改造，提升农民工居住质量。

（执笔人：洪富江）

住户收入宏微观统计差异及国际比较

住户收入是反映居民收入增长和国民收入分配格局的重要统计数据。从统计角度看，住户收入既有来自微观住户抽样调查的居民收入数据，例如广泛使用的全体及分城乡居民的人均可支配收入数据；也有来自宏观国民经济核算的数据，例如住户部门初次分配总收入、住户部门可支配总收入和住户部门调整后可支配收入。由于住户收入宏微观统计在概念口径、统计范围、基础数据来源等方面的差异，通常各国的微观调查中的居民收入水平要低于宏观核算的结果。同时，由于各国住户调查发布的收入口径差异较大，不少研究机构和媒体在进行住户收入的国际比较特别是中美比较时，很容易发生统计数据的误用和得出偏颇的结论。本文将在正确使用同口径统计数据的前提下，深入剖析我国住户收入宏微观统计数据的差异并进行国际比较，客观反映我国居民收入水平和收入分配格局与世界主要国家的真实差异，也为优化完善住户调查本身提供启示和借鉴。

一、正确使用同口径统计数据是研究住户收入宏微观差异并进行国际比较的基础

（一）互联网上误用宏微观收入数据进行国际比较的情况较多

目前互联网上一些财经博主、投资机构和新闻媒体在进行居民收入的国际比较特别是中美比较时，由于统计口径混淆等原因，误用统计数据的情况比较普遍。而且由于相关结论通常比较吸引眼球，在公众层面的影响较大，一方面夸大了中国与美国及其他发达国家之间的差距，另一方面还会引发公众对居民收入统计数据质量的质疑。比如 2023 年 1 月微博大 V“风云学会陈经”发布博文指出，美国 2022 年个人收入 21.7 万亿美元，是 GDP 总额的 85.4%，而中国 2022 年人均可支配收入 3.69 万元，是人均 GDP 的 43%，从而得出中国收入统计大幅漏统、极不完善的结论。从统计数据使用的角度看，并不是同口径比较。对于分母，用的都是 GDP 相关数据；但对于分子（居民收入），中国人均可支配收入用的是

来自住户调查的收入数据，而美国的个人收入则是来自国民经济核算数据，口径范围明显大于住户调查得到的收入。如果美国也使用来自住户调查的居民收入统计结果，据测算，居民人均可支配收入占人均GDP的比值仅略高于50%。

再比如2023年8月，全球投资研究平台格隆汇发布快讯指出，“2023年上半年，美国人均GDP为39734美元，中国为6065美元，约为美国的15.3%；美国人均可支配收入为28762美元，中国为2839美元，只有美国的9.9%”。该快讯被很多其他国内媒体引用和转载。细究其数据来源，美国的人均可支配收入数据同样来自国民经济核算，而中国的人均可支配收入数据来自住户调查，统计口径不可比，由于核算的住户收入数据通常大于微观住户调查，意味着实际上会夸大中美两国居民收入水平的差异。

(二)世界各国住户调查数据可得性和口径差异较大导致容易产生数据误用

与国民经济核算数据相比，世界各国用于发布居民可支配收入的住户抽样调查(以下简称“住户调查”)的开展情况和相关数据发布口径差异较大，使得在国际比较中基于国民核算的数据使用更为广泛，而基于住户调查的居民可支配收入数据本身的国际比较相对较少。从官方住户收支调查的开展情况和数据可得性看，美国、英国、日本等发达国家普遍建立了年度的住户收支调查体系，能够每年发布居民收入数据；而发展中国家由于住户调查成本较高，很多国家并没有建立起年度的住户收支调查制度，有的是每隔3年或5年做一次收支调查，这也影响了数据的可得性。

从数据发布的口径看，各国住户调查的居民收入数据也难以直接用于国际比较，很容易产生误用。与中国发布居民人均可支配收入不同，很多发达国家住户调查常见的发布指标为：住户的可支配收入中位数、住户的可支配收入平均数，或者基于等值人口[①]的人均可支配收入，与我国发布的居民人均可支配收入在统计口径上有很大差异，会对人均收入水平的计算产生非常大的影响，直接进行比较会相当程度上夸大我国和发达国家之间在居民收入水平上的差距。比如同样对于美国，在经合组织(OECD)数据库中，2021年美国来自住户调查的人均可支配收入为57679美元，这里是等值人口的人均，分母更小；但根据美国

① 比如欧洲很多国家针对居民可支配收入开展的抽样调查项目“欧盟收入和生活条件调查”，在住户的可支配收入的概念口径上与我国基本接近，但是在计算人均可支配收入时会使用等值人口，户主是1，每增加1个成年人赋值0.5，每增加1个儿童赋值0.3，或者使用家庭人口数的平方根作为等值人口，这与我国直接使用家庭人口数有很大不同，这对于人均可支配收入的数值计算影响非常大。

人口普查局开展的美国社区调查(ACS),2021 年美国人均总收入[②]为 38332 美元,这里人均概念与我们相同,但是收入口径为总收入,比可支配收入口径更大。可以看到,不同的指标口径在数值上相差很大,如果收入数据使用不当极容易得出错误的结论。

(三)收集整理世界主要国家住户调查发布的人均可支配收入数据并进行可比口径转换

要研究宏微观住户收入的差异并进行国际比较,必须使用同口径的数据才能确保结论正确。从宏观收入数据看,国内生产总值(GDP)、住户部门的初次分配总收入、住户部门可支配总收入和住户部门调整后可支配总收入等以及相应的人均数据,各国的统计口径基本一致。相比之下,住户调查的人均可支配收入数据,各国发布的统计口径差异比较大。因此在对宏微观收入差异进行国际比较前,需要收集整理世界主要国家住户调查发布的可支配收入相关数据,在细致研究的基础上进行可比口径的转换。

在认真查阅比较各国官方统计机构发布的住户调查可支配收入数据以及 OECD 等国际组织发布的住户调查收入相关数据,在可比口径转换上,我们针对不同国家采取了不同策略。对于美国、加拿大、英国、法国、德国等欧美国家,由于这些国家官方发布的居民收入统计口径跟中国差别太大,我们统一使用 OECD 数据库数据进行可比性转换。在 OECD 数据库中,欧美国家的数据比较全,且欧美国家之间的统计口径一致,对于人均可支配收入,分子(可支配收入)的概念与我国基本接近,分母(人口数)采用的都是等值人口,只需要将分母从等值人口调整为家庭人口即可进行国际比较。而日本、韩国、巴西、俄罗斯等国发布的统计口径与中国相对接近,通过简单转换即可得到人均可支配收入,同时在 OECD 数据库中数据也不全,因此主要采用本国官方统计机构发布的数据。同时,我们使用《中国统计年鉴》中公布的汇率数据,统一将本币折算为美元,最后各国可比口径的居民人均可支配收入数据结果如表 1 所示。

根据表 1 中的数据,2021 年中国的人均可支配收入相当于美国的 14.6%(5446/37232)。同时,2021 年中国的人均 GDP 相当于美国的 18.0%(12618/70219)。相对于格隆汇快讯中提到的"2023 年上半年,美国人均 GDP 为 39734 美元,中国为 6065 美元,约为美

---

② 根据美国社区调查的统计指标解释,总收入包括工资、薪金收入单独申报的金额之和;自雇收入净额;利息、股息或净租金或特许权使用费收入或来自遗产和信托的收入;社会保障或铁路退休收入;补充保障收入;公共援助或福利金;退休金、遗属抚恤金或伤残抚恤金,以及所有其他收入。同时指明,以下来源的收入不包括在总收入中:资本收益、出售财产所得(除非收款人从事出售该财产的业务);来自食品券、公共住房补贴、医疗保健、雇主个人缴款等"实物"收入的价值;提取银行存款;借款;退税;同住一户的亲属之间的金钱交换;赠与和一次总付遗产、保险金和其他类型的一次总付收据。

国的15.3%；美国人均可支配收入为28762美元，中国为2839美元，只有美国的9.9%”，虽然两者数据的时间点不一致，但仅从中美两国数据比较看，中美两国居民人均可支配收入的差异确实大于两国人均GDP的差异，但是居民收入的差距被夸大了。

表1　世界部分国家2019—2021年居民人均可支配收入

单位：美元

国　家	2019年	2020年	2021年
中　国③	**4448**	**4665**	**5446**
美　国④	34599	35922	37232
加拿大⑤	25989	27477	30336
英　国⑥	18787	18287	20269
法　国⑦	—	21646	23105

③　中国的数据，来自于中国国家统计局住户收支与生活状况调查发布的结果，仅进行了汇率的折算。

④　美国的数据情况：根据OECD数据库，2021年美国的人均可支配收入数据为57679美元，具体口径是等价人口的人均可支配收入。通常来说，等价人口接近家庭人口数的平方根，根据相关数据收集，2021年美国的家庭规模为2.4人，因此转换系数为0.645(即2.4的平方根除以2.4)，得到可比口径的人均可支配收入为37232美元。根据美国人口普查局开展的美国社区调查，2021年人均总收入数据为38332美元。考虑到人均可支配收入还要扣减个人所得税、社保缴款等转移性支出，根据相关数据采集，美国2021年人均个人所得税支出为3620美元。同时根据美国社区调查的指标解释，人均总收入没有包括来自食品券等实物补贴，通常这应该纳入可支配收入的计算。综合来看，我们认为根据OECD数据库进行口径调整的居民人均可支配收入37232美元比较符合美国的情况。考虑到国际比较需要人均可支配收入口径，因此最终使用了根据OECD数据库进行口径调整的居民人均可支配收入37232美元代表美国的情况。

⑤　加拿大的数据情况：根据OECD数据库，2021年加拿大的人均可支配收入数据为58745加元，具体口径是等价人口的人均可支配收入。通常来说，等价人口接近家庭人口数的平方根。2021年加拿大的家庭规模为2.4人，转换系数为0.645(即2.4的平方根除以2.4)，得到可比口径的人均可支配收入为37920加元，再根据中国统计年鉴2021年货币汇率(年平均价)1美元合1.25加元，换算得到30336美元。根据加拿大统计局开展的加拿大收入调查，2021年等价人口的人均税后收入数据为53100加元，换算成可比口径的人均税后收入为27421美元。考虑到国际比较需要人均可支配收入口径，因此最终使用了根据OECD数据库进行口径调整的居民人均可支配收入30336美元代表加拿大的情况。

⑥　英国的数据情况：根据OECD数据库，2021年英国的人均可支配收入数据为25197英镑，具体口径是等价人口的人均可支配收入。通常来说，等价人口接近家庭人口数的平方根。2021年英国的家庭规模为2.9人，转换系数为0.587(即2.9的平方根除以2.9)，得到可比口径的人均可支配收入为14796英镑，2021年货币汇率(年平均价)1美元合0.73英镑，换算得到20269美元。根据英国国家统计局开展的家庭财务调查，2021年等价人口的人均可支配收入数据为39328英镑，与OECD数据库中的数据差异较大。考虑到OECD数据库中欧美国家的数据口径一致，便于国际比较，因此最终使用了根据OECD数据库进行口径调整的居民人均可支配收入20269美元代表英国的情况。

⑦　法国的数据情况：根据OECD数据库，2021年法国的人均可支配收入数据为28930欧元，具体口径是等价人口的人均可支配收入。通常来说，等价人口接近家庭人口数的平方根。2021年法国的家庭规模为2.17人，转换系数为0.679(即2.17的平方根除以2.17)，得到可比口径的人均可支配收入为19639欧元，2021年货币汇率(年平均价)1美元合0.85欧元，换算得到23105美元。根据法国的税收和社会收入调查，2021年等价人口的人均可支配收入中位数为23160欧元，未发布平均数数据。考虑到中位数与平均数差异较大，我们最终使用了根据OECD数据库进行口径调整的居民人均可支配收入23105美元代表法国的情况。

续表

国　家	2019 年	2020 年	2021 年
德　国[⑧]	22935	24668	—
日　本[⑨]	17655	18892	18485
韩　国[⑩]	15256	16056	17513
巴　西[⑪]	4383	3209	3043
俄罗斯[⑫]	4974	4609	—

数据来源:根据 OECD 数据库以及各国官方统计机构发布的数据进行可比口径转换得到,具体转换方法可参见脚注。

二、2022 年我国居民人均可支配收入为人均 GDP 的 43%,与经济发展阶段基本相适应

通常研究机构和媒体使用居民人均可支配收入占人均 GDP 的比例,来观察一个国家的收入分配格局和居民多大程度上分享经济发展的红利。根据可比口径数据的国际比较结果,中国居民人均可支配收入占人均 GDP 的比例略微偏低,但总体上处于正常区间,且与经济发展阶段基本相适应。

(一)十八大以来我国居民人均可支配收入占人均 GDP 的比例处于 41%—45%之间,保持稳中有升态势

党的十八大以来,全国居民人均可支配收入占人均 GDP 的比例基本处于 41%—45%

⑧　德国的数据情况:根据 OECD 数据库,2020 年德国的人均可支配收入数据为 30853 欧元,具体口径是等价人口的人均可支配收入。通常来说,等价人口接近家庭人口数的平方根。2020 年德国的家庭规模为 2.02 人,转换系数为 0.704(即 2.02 的平方根除以 2.02),得到可比口径的人均可支配收入为 21708 欧元,2020 年货币汇率(年平均价)1 美元合 0.88 欧元,经汇率换算得到 24668 美元。根据德国的家庭预算调查,2020 年等价人口的家庭月均可支配收入数据为 3681 欧元,换算成可比口径的人均可支配收入为 24849 美元,与 OECD 数据非常接近。综合考虑,我们最终也使用了根据 OECD 数据库进行口径调整的居民人均可支配收入 24668 美元代表德国的情况。

⑨　日本的数据情况:根据日本家计调查,2021 年户均月可支配收入数据为 426022 日元,乘以 12 个月再除以户平均人数 2.52,得到人均年可支配收入为 2028676 日元,2021 年货币汇率(年平均价)1 美元合 109.75 日元,得到居民人均可支配收入为 18485 美元。

⑩　韩国的数据情况:根据韩国家庭金融福利调查,2021 年户均年可支配收入数据为 52290000 韩元,除以户平均人数 2.61,得到人均年可支配收入为 20034483 韩元,2021 年货币汇率(年平均价)1 美元合 1143.95 韩元,得到居民人均可支配收入为 17513 美元。

⑪　巴西的数据情况:根据巴西连续性国家住户样本调查,2021 年家庭人均月收入数据为 1367 雷亚尔,乘以 12 个月得到人均年收入为 16404 雷亚尔,2021 年货币汇率(年平均价)1 美元合 5.39 雷亚尔,得到居民人均可支配收入为 3043 美元。

⑫　俄罗斯的数据情况:根据《金砖国家联合统计手册 2022》中人口收入和社会项目参与样本监测结果,2020 年俄罗斯的人均月可支配收入数据为 27695 卢布,乘以 12 个月得到人均年可支配收入为 332340 卢布,2020 年货币汇率(年平均价)1 美元合 72.10 卢布,得到居民人均可支配收入为 4609 美元。

之间。2012 年，全国居民人均可支配收入 16510 元，同期人均 GDP 为 39771 元，人均可支配收入占人均 GDP 的比例为 41.5%。随着经济社会的发展，居民人均可支配收入持续增长，居民人均可支配收入占人均 GDP 的比例总体呈现区间波动、稳中有升态势。2020 年居民人均可支配收入占人均 GDP 比例达到 44.8%，2021 年和 2022 年该比例略有回落，2023 年该比例回升至 43.9%，虽然低于 2020 年，但高于 2012 年 2.4 个百分点。

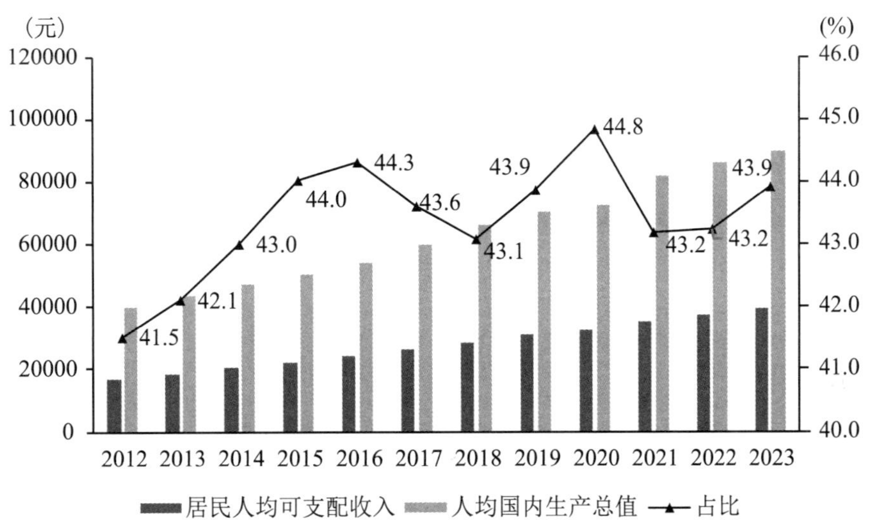

图 1　党的十八大以来居民人均可支配收入占人均 GDP 比例的变化趋势

(二)我国居民人均可支配收入占人均 GDP 的比例略微偏低，与经济发展阶段基本相适应

在可比口径数据的基础上，我们计算了世界主要国家 2019—2021 年居民人均可支配收入占人均 GDP 的比例。如表 2 所示，美国的比例相对较高，达到 53.0%，但也远没有达到微博大 V“风云学会陈经”所说的 85%。比例超过 50%的国家还有加拿大、法国、德国和韩国。不过，同为发达国家的英国和日本，该比例也不到 50%，分别为 43.5%和 46.4%。从国际比较看，中国居民人均可支配收入占人均 GDP 的比例略微偏低，低于美国、加拿大、法国和德国，与英国、日本、俄罗斯比较接近，高于巴西。

另外，世界银行研究团队 2022 年对世界各国住户调查得到的居民收入与人均 GDP 的差异进行了系统研究。他们使用 20 世纪 80 年代以来，覆盖 75 个国家的共 1092 个收入调查项目的数据，从更大范围内展示了住户调查得到的人均收入与人均 GDP 的差异。如表 3 所示，从 1980 年以来的 1092 个调查的结果看，来自住户调查的人均收入平均相当于人均 GDP 的 48.4%；从 2010 年以来的 462 个调查的数据看，来自住户调查的人均收入平均相当于人均 GDP 的 45.4%。欧洲和中亚地区，该比例为 45.2%；北美地区的比例为 49.9%。总的来看，世界各国住户调查得到的人均收入与人均 GDP 的差异都比较大，差异的幅度与上面可比口径分析得到的差异幅度总体是比较一致的。

表 2　世界部分国家居民人均可支配收入与人均 GDP 的比较

国　家	人均 GDP（美元）	人均可支配收入（美元）	人均可支配收入占人均 GDP 的比例（%）	年份
中　国	**12618**	**5446**	**43.2**	**2021**
美　国	70219	37232	53.0	2021
加拿大	52359	30336	57.9	2021
英　国	46586	20269	43.5	2021
法　国	43659	23105	52.9	2021
德　国	46773	24668	52.7	2020
日　本	39827	18485	46.4	2021
韩　国	34998	17513	50.0	2021
巴　西	7697	3043	39.5	2021
俄罗斯	10194	4609	45.2	2020

注：用于计算比例的各国人均 GDP（现价美元）数据，来源于世界银行发展指标数据库，居民人均可支配收入数据与表 1 相同。

世界银行研究团队还统计了中等偏上收入国家（290 个调查）和高收入国家（600 个调查）的差异情况，住户调查得到的人均收入占人均 GDP 的平均比例分别为 40.7% 和 42.9%。按照世界银行给出的人均国民总收入（GNI）处于 4466—13845 美元的国家属于中等偏上收入国家的分类标准，2022 年中国的人均 GNI 为 12850 美元，属于中等偏上收入国家但接近高收入国家的下限。对于中国，近五年住户调查得到的人均收入占人均 GDP 的比例平均为 43.8%，与我国目前所处的经济发展阶段基本是适应的。

表 3　世界银行关于宏微观收入差异的研究结果

分　组	覆盖的国家个数（个）	覆盖的收入调查个数（个）	住户调查中人均收入占人均 GDP 的比例（%）
全部	**75**	**1092**	**48.4**
1980—1990 年	33	69	49.4
1990—2000 年	58	177	51.6

续表

分组	覆盖的国家个数(个)	覆盖的收入调查个数(个)	住户调查中人均收入占人均GDP的比例(%)
2000—2010年	58	379	45.5
2010年至今	62	462	45.4
东亚和太平洋地区	6	43	48.1
欧洲和中亚地区	38	590	45.2
拉丁美洲和加勒比地区	23	380	53.6
中东和北非地区	3	26	45.4
北美地区	2	49	49.9
南亚地区	—	—	—
撒哈拉以南非洲地区	2	3	41.4

数据来源:世界银行研究论文《宏观核算和抽样调查关于居民生活水平的差异评估》(Espen Beer Prydz, Dean Jolliffe and Umar Serajuddin,2023),https://onlinelibrary.wiley.com/doi/full/10.1111/roiw.12577。

三、住户调查得到的居民可支配收入通常低于宏观核算中的住户部门可支配总收入,我国宏微观收入数据的差异在国际上处于正常水平

(一)涉及住户收入的相关宏微观统计指标

在宏观核算中,除了GDP之外,与居民可支配收入高度相关的核算指标还有住户部门初次分配总收入、住户部门可支配总收入和住户部门调整后可支配总收入。由于这些统计指标高度相似,在实际数据使用中很容易产生误解和误用。常见的使用误区有:一是不清楚宏微观收入统计指标的概念口径,导致不同统计指标的误用;二是不清楚宏观核算中住户部门收入与住户调查中居民人均可支配收入的具体差异,通过简单对比得出住户调查低估居民收入等草率结论;三是不清楚各国的宏微观收入统计的具体情况,在进行国际比较时由于不清楚不同国家数据发布的口径差异,也容易得出错误结论。下面会针对这些问题进行具体厘清和深入分析。

在国民经济核算中,住户部门初次分配总收入对应的是住户部门在生产活动中所创造的价值,不包括政府在再分配环节向居民的转移收入;住户部门可支配总收入是在初次分配总收入的基础上,加上经常转移(主要是政府部门对住户部门的转移)得到的收入;而住户部门调整后可支配总收入是在住户部门可支配总收入的基础上又加上了实物社会转移。实物社会转移是指政府部门免费或以没有显著经济意义的价格向居民提供消费性货物和

服务的支出，比如政府为居民提供教育、医疗、文化体育等基本公共服务的支出。

在概念口径上，与住户调查的居民可支配收入最为接近的核算概念就是住户部门可支配总收入。在住户调查的可支配收入统计中，从实际获得的角度统计城乡住户各个来源的收入，其中对于实物社会转移，由于很多是免费提供，数据采集难度大且估价困难，在住户调查实践中，大部分国家的住户调查可支配收入统计中并不包括实物社会转移。因此，后面我们在分析住户收入的宏微观数据差异时，主要是分析住户调查的可支配收入和国民经济核算中的住户部门可支配总收入之间的差异。

在数据使用上，住户收入的宏微观统计数据都是反映居民收入和国民收入分配格局的重要数据，在数据用途上各有侧重点。通过微观住户调查收集的居民收入数据，既反映居民的实际生活水平，还广泛用于测量贫困和收入不平等，是反映民生福祉和居民内部收入差距的重要数据来源。而国民经济核算产生的宏观收入数据主要是算大账，可以较好地反映国民收入分配大的格局，即国民收入在企业部门、政府部门和住户部门之间的分配结构以及初次分配和再分配的结果。表 4 反映了世界主要国家宏观核算数据反映的国民收入分配格局。其中可以看到，我国住户部门可支配总收入和住户部门调整后可支配总收入(加入实物社会转移)在国民可支配总收入中的比重低于美国、英国和巴西等国家，但高于俄罗斯和韩国。

表 4　世界部分国家各机构部门在国民可支配总收入中所占比重(2020 年)

单位：%

国　家	企业部门的比重	广义政府部门的比重		住户部门的比重	
	可支配总收入	可支配总收入	调整后可支配总收入	可支配总收入	调整后可支配总收入
中　国	**22.9**	**14.9**	**8.1**	**62.2**	**69.0**
美　国	12.1	5.2	−3.4	82.7	91.3
英　国	14.1	17.3	−0.6	68.6	86.6
德　国	15.0	23.4	8.0	61.6	77.0
日　本	19.4	18.7	4.7	61.8	75.8
韩　国	22.4	21.8	11.9	55.8	65.7
巴　西	8.8	18.4	7.9	72.8	83.3
俄罗斯	13.4	29.5	20.8	57.2	65.8

数据来源：OECD 数据库

(二)国际上基于住户调查的居民可支配收入普遍低于核算中的住户部门可支配收入，相差平均在20%—30%

关于住户调查得到的居民可支配收入和国民经济核算得到的住户部门可支配总收入，有一些学者会进行数据结果的比较。特别是近年来在国际统计实践中，国民经济核算中的分配账户核算会使用住户抽样调查数据作为重要数据来源，因此宏微观住户收入数据在数值上的差异也成为统计学家关注的内容。研究清楚宏微观收入数据的差异，也有利于更好地使用住户调查数据。

从世界各国的情况看，基于住户调查的居民可支配收入普遍低于核算中的住户部门可支配总收入。如果都计算人均数，住户调查的居民人均可支配收入平均比核算中的住户部门人均可支配总收入要低20%—30%。表5呈现了世界主要国家最新年份的居民人均可支配收入占住户部门人均可支配总收入的比例。可以看到，2021年我国居民人均可支配收入占住户部门人均可支配总收入的比例为72.8%，高于美国、英国和巴西等国家。

表5　世界部分国家居民人均可支配收入与住户部门人均可支配总收入的比较

国　家	①来自住户调查的居民人均可支配收入（美元）	②来自国民经济核算的住户部门人均可支配总收入（美元）	比例①/②（%）	数据年份
中　国	**5446**	**7482**	**72.8**	**2021**
美　国	37232	56563	65.8	2021
加拿大	30336	32719	92.7	2021
英　国	20269	29618	68.4	2021
法　国	23105	27077	85.3	2021
德　国	24668	28871	85.4	2020
日　本	18485	24189	76.4	2021
韩　国	17513	19237	91.0	2021
巴　西	3209	5113	62.8	2020
俄罗斯	4974	6429	77.4	2019

注：来自住户调查的居民人均可支配收入可参照表1。来自国民经济核算的住户部门人均可支配总收入，具体通过住户部门可支配总收入除以总人口得到，其中分子和分母这两个数据都来源于OECD数据库，并进行了汇率的转换。这里对于住户部门可支配总收入，主要使用的是不包含为住户服务的非营利机构（NPISHs）的住户部门可支配收入。但是由于加拿大和韩国没有相应的统计口径，因此使用的口径实际上包含了为住户服务的非营利机构（NPISHs）的数据。

需要注意，在使用核算中的住户部门可支配总收入数据进行比较时，考虑到可比口径，应该排除为住户服务的非营利机构（NPISHs）的数据。在数据可得性上，大部分国家能够收集到不包含 NPISHs 的住户部门人均可支配总收入数据；但是加拿大、韩国的住户部门可支配总收入数据因为无法排除 NPISHs，可能导致表 5 中加拿大和韩国的比例偏高。可以看到，法国、德国的居民人均可支配收入占住户部门人均可支配总收入的比例达到了85％以上，宏微观住户收入的差异相对较小；美国、英国、巴西的居民人均可支配收入占住户部门人均可支配总收入的比例相对较低，分别为 65.8％、68.4％和 62.8％；中国、日本、俄罗斯的居民人均可支配收入占住户部门人均可支配总收入的比例居中，分别为 72.8％、76.4％和 77.4％。从最关心的中美比较看，中国和美国的比例分别为 72.8％和 65.8％，中国比美国还高出 7 个百分点。从国际比较的结果看，因为我国居民人均可支配收入比宏观核算的住户部门人均可支配总收入低 20％－30％而得出中国住户调查严重低估居民收入数据的结论是不成立的。

（三）住户调查中的可支配收入低于宏观核算中的住户部门可支配总收入的主要原因

从上面可以看到，住户调查中的可支配收入水平普遍低于国民经济核算中的住户部门可支配总收入。部分人可能会把这种差异主要归结为住户调查的漏报和质量问题。实际上，统计范围、概念口径、测量误差等多方面的原因共同导致了这种差异。关于住户收入宏观和微观统计差异的具体原因，OECD 和联合国的一些统计专家进行了系统的总结，总的来说可归结为以下两大类。

一是宏微观住户收入的统计范围和概念口径的差异。整体上，宏观住户收入统计比微观住户调查覆盖的人口范围更广、收入口径更大。从人口范围看，住户调查通常不包括居住在养老院、医院、福利院、军营、监狱等公共机构的人口；而宏观核算是涵盖所有人口。从收入口径看，宏观核算中住户部门人均可支配总收入中的“总”实际是“Gross”的概念，还包括固定资产折旧，但是住户调查中的居民人均可支配是“净”收入的概念，需要在经营收入中扣除固定资产折旧。

二是宏微观收入统计的误差问题。宏观核算中存在基础数据来源质量问题带来的统计误差；微观住户抽样调查存在估计误差和测量误差，其中估计误差主要包括抽样误差和覆盖误差。虽然住户调查遵循的是概率抽样，即使样本代表性达到目标要求，但仍然会存在一定的抽样误差。同时由于无回答的问题，通常高收入户、流动人口拒访概率较大，使得住户调查普遍存在一定的覆盖误差。另外住户调查的测量误差也是客观存在的，对于接受调查的住户，可能会发生漏报、低报甚至瞒报收入的情况。通过不断提高数据采集质量和应用一些统计技术，抽样误差、覆盖误差和测量误差可以缩小，但无法完全消除。这是住户调查的特点或者说本身的局限性决定的，也是各国住户调查普遍面临的难题。

由此可以看到，宏观核算中的住户部门可支配收入和微观住户调查中的居民可支配收入的差异是客观存在的，有范围口径的差异，也有统计方法本身的特点带来的差异。从缩小差异的角度看，通过不断改进和完善住户调查，比如努力提高住户配合度、加强调查人员的业务培训、改进调查方法、引入行政记录进行替代或校准等多种措施，都能够帮助减少住户调查的误差，从而缩小宏微观的差异。但必须指出的是，缩小住户收入宏微观的差异并不是目的，更重要的是了解这种差异，帮助更好地做好宏观收入核算和提升微观住户调查的质量。因为宏观住户收入核算和微观住户调查本就是服务于不同的目的，住户调查不仅生产居民收入的平均数，还有一个重要作用是反映居民内部的收入差异以及各类重点群体的收支情况，可用于测量贫困、收入分配和不同群体的收入增长等状况，这都是宏观核算无法做到的。

四、结论和建议

一是在深入研究各国数据发布口径和正确使用同口径统计数据的基础上，客观展现世界主要国家的宏微观差异。考虑到目前关于宏微观收入比较中数据误用的情况较多，非常有必要对数据口径本身进行细致深入的分析，这是一项繁琐但是非常基础性的工作，也是研究住户收入宏微观差异并进行国际比较的前提。

二是从国际比较看，中国的住户收入宏微观差异在国际上处于正常水平。2021 年中国居民人均可支配收入占人均 GDP 的比例为 43.2%，在世界主要国家中略微偏低，但仍处于一个正常区间，且与经济发展阶段基本相适应。2021 年中国住户调查得到的居民人均可支配收入占宏观核算中住户部门人均可支配总收入的 72.8%，两者差异在世界主要国家中基本处于居中的水平。从中美比较看，中国居民人均可支配收入占人均 GDP 的比例比美国低大约 10 个百分点，这表明中国还需要在宏观收入分配上更多向住户部门倾斜；住户调查的居民人均可支配收入占宏观核算中住户部门人均可支配总收入的比例要高于美国，在世界主要国家中处于正常水平，这表明中国的住户调查在人群覆盖和测量误差方面没有大的瑕疵，数据上的差异更多还是由宏微观本身的统计口径和特点决定。

三是住户收入宏微观统计的数据差异是客观存在的，需要正确认识这种差异。对于概念最接近的住户调查居民人均可支配收入和宏观核算中的住户部门可支配总收入，由于人口范围、概念口径的差别和统计方法本身的特点，这种数据差异不可能完全消除。通过进一步优化完善住户调查方法，比如努力提高居民配合度、引入行政记录大数据等措施，一定程度上可以缩小这种差异。但是缩小差异不是主要目的，更重要的是正确理解这种差异，以便让数据用户更好地使用宏微观的住户收入统计数据。宏观住户收入数据更多用于反映大的国民收入分配格局，微观住户收入数据更多用于反映居民收入增长、贫困、居民内部的收入差距和分配状况，以及重点群体的收入情况，这也是本文的价值所在。

（执笔人：王冉、张嘉佩、韩迪）

第三部分　地区分报告

2023 年北京居民收支与生活状况报告

2023 年，北京坚持稳中求进工作总基调，坚持“五子”联动服务和融入新发展格局，在一系列扩大内需、提振信心、防范风险的政策举措作用下，经济延续恢复态势，市场需求持续改善，就业形势总体稳定，民生保障坚实有力，消费场景恢复拓展。

一、居民收入稳步增长，绝对量突破 8 万元大关

2023 年，北京疫情防控平稳转段，经济形势不断向好，高质量发展取得新进展，全市居民人均可支配收入 81752 元，同比名义增长[①] 5.6%，扣除价格因素实际增长 5.2%，与经济增长同步。全市居民人均消费支出 47586 元，同比增长 11.5%。

从收入水平看，北京居民人均可支配收入首次迈上 8 万元新台阶，在全国 31 省市中排名第 2，仅次于上海。从收入增速看，居民人均可支配收入同比增长 5.6%。从收入结构看，居民四项收入“三升一降”，工资性收入、经营净收入、转移净收入保持增长，财产净收入略有下降。

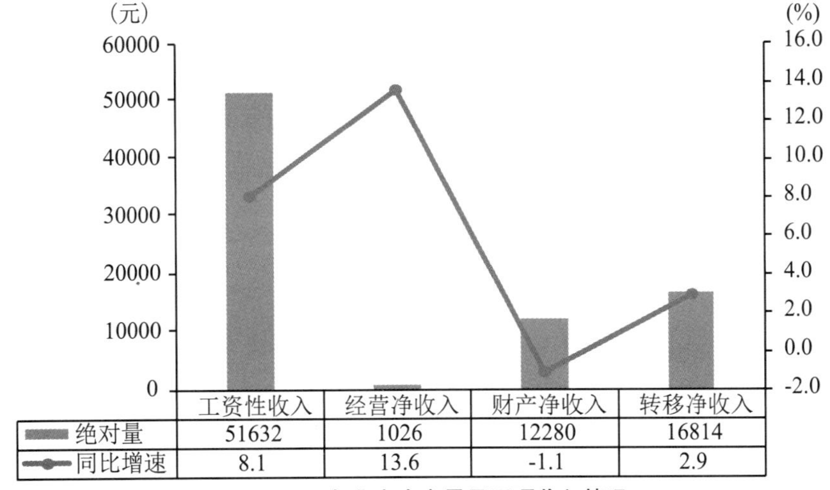

	工资性收入	经营净收入	财产净收入	转移净收入
绝对量	51632	1026	12280	16814
同比增速	8.1	13.6	-1.1	2.9

图 1　2023 年北京全市居民四项收入情况

① 以下如无特别说明，均为名义增速。

(一)工资性收入是增收"主引擎"

2023年,北京居民人均工资性收入51632元,同比增长8.1%,拉动居民可支配收入增长5.0个百分点。工资性收入占可支配收入的比重为63.2%,比上年同期提高1.5个百分点。北京多措并举做好稳增长、稳就业工作,带动工资性收入稳步增长:一是实施就业优先战略,擦亮"就业在北京"服务品牌,广泛开展"春风行动""人社局长进校园""民营企业服务月"等公共就业服务专项活动,强化高校毕业生、退役军人、残疾人等群体就业支持。二是加强增收工作指导,织密工资保障网,提高最低工资标准并发布行业工资指导线,加强对重点企业支持力度,出台系列政策创造有利于工资增长的良好营商环境。三是出台就业保障政策,鼓励用人单位进一步稳定和扩大岗位供给,出台稳就业"15条"政策措施,通过政策托底、就业帮扶等措施促进困难人员实现就业。

(二)居民收入来源呈现多元化

转移净收入稳步提升。2023年,北京居民人均转移净收入16814元,同比增长2.9%,拉动居民可支配收入增长0.6个百分点。转移净收入是居民收入第二大来源,占居民人均可支配收入的比重达到20.6%。2023年,北京上调离退休金和养老金标准和低保标准,养老金或离退休金收入有力拉动转移净收入实现增长,同时,继续加大对困难群体和受灾群众的支持帮扶力度,进一步彰显社会兜底保障水平,带动居民社会救济和补助收入实现增加。

经营净收入保持增长。2023年,北京居民人均经营净收入1026元,同比增长13.6%,与上年同期相比,增速实现由负转正,其中,三大产业经营净收入全面增长。北京持续优化营商环境,出台信贷优惠、创业补贴多项措施,减轻企业经营压力,提升市场活力,政策实施效果明显带动居民经营收入增加。虽然居民人均经营净收入增速高,但占居民人均可支配收入的比重仅为1.3%,从贡献率来看,经营净收入对可支配收入的拉动作用有限。

财产净收入增速为负。2023年,北京居民人均财产净收入12280元,同比下降1.1%。一方面,由于2023年以来房地产市场遇冷,住房租赁市场活跃度不高,居民出租房屋收入降幅明显。另一方面,受利率下调、金融市场波动等影响,居民利息、红利等收益缺乏稳定性,呈现下降趋势。

(三)农村居民收入增长快于城镇居民

2023年,北京农村居民人均可支配收入37358元,在全国31个省(自治区、直辖市)排名第3位,仅次于上海和浙江,同比增长7.5%,增速比城镇居民快2.0个百分点。

表 1　2023 年北京农村居民收入情况

指　　标	金额(元)	增速(%)
人均可支配收入	37358	7.5
工资性收入	26819	7.6
经营净收入	2090	13.0
财产净收入	3681	3.5
转移净收入	4768	7.9

北京将拓宽农民增收致富渠道放在乡村振兴工作突出位置，出台多项惠农增收措施：一是多措并举提高农民工资性收入，持续推动农村劳动力就地就近就业，指导受灾地区以工代赈，发放岗位补贴并开展针对性培训。全年农村居民人均工资性收入同比增长 7.6%。二是聚焦重点提高农民经营净收入，以粮食生产保供为重点提高种粮农民补贴水平并出台系列措施降低灾情对农业生产影响，全力发展京郊旅游。全年农村居民人均经营净收入同比增长 13.0%。三是盘活集体经济提高农民财产净收入，实施集体经济薄弱村消除行动，积极引导土地经营权有序流转并有效利用闲置农宅。全年农村居民人均财产净收入同比增长 3.5%。四是兜牢底线保障农民转移净收入，上调离退休金和养老金标准和低保标准，及时向灾区群众发放受灾应急救助金和生活补助金等款项，同时加强对农村困难群众的帮扶。全年农村居民人均转移净收入同比增长 7.9%。

北京全面落实乡村振兴战略，在城乡融合中促进农村居民增收致富，城乡收入比进一步缩小。2023 年，北京城乡居民收入比为 2.37，比上年缩小 0.05，低于全国平均 0.02，已连续 6 年呈缩小态势，提前完成北京市“十四五”时期乡村振兴战略实施规划目标。从收入结构看，农村居民人均转移净收入增速快于城镇 5.1 个百分点，农村人均财产净收入同比增长 3.5%，而城镇居民人均财产净收入同比下降 1.3%。分地区看，10 个涉农区农村居民人均可支配收入增速均超过城镇居民。在全市乡村振兴战略全面实施、助农增收政策持续发力的引领带动下，北京农村居民收入水平不断提升，城乡居民收入相对差距逐渐缩小。

二、居民消费加速恢复，八大类消费全面增长

2023 年，北京加快国际消费中心城市建设，把恢复和扩大消费摆在优先位置，居民消费明显恢复，消费领域亮点突出。北京居民人均消费支出 47586 元，同比增长 11.5%，居民人均消费支出的增长快于可支配收入的增长，居民消费加快恢复。

分消费类型看，八大类消费呈现全面增长趋势，其中食品烟酒、衣着、交通通信、教育文

化娱乐、其他用品及服务五项均实现两位数增长。分城乡看，城镇居民人均消费支出 50897 元，同比增长 11.6%，农村居民人均消费支出 26277 元，同比增长 10.7%，增速均超过两位数。

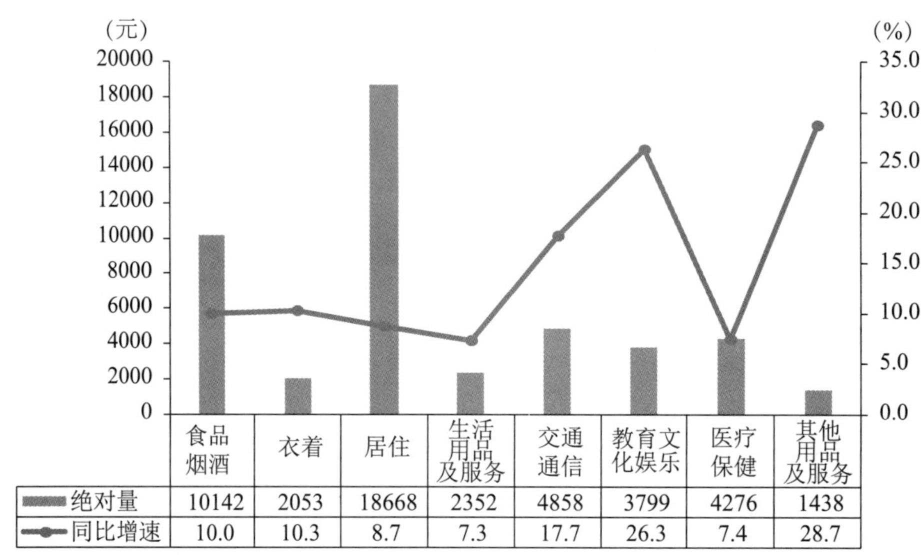

图 2　2023 年北京全市居民八项消费情况

（一）居民消费意愿回升向好

2023 年，北京经济逐步回稳，居民消费能力和意愿持续改善，居民平均消费倾向为 58.2%，比上年同期提高 3.1 个百分点。北京将扩内需、促消费作为重点任务，举办“京津冀消费季”等特色活动，发放家电、汽车、餐饮等消费券，推出“以旧换新”政策，激活居民消费动能；加快构建“国际消费体验区、城市消费中心、地区活力消费圈和社区便民生活圈”四级商业消费空间结构，完成崇文门等 15 个传统商圈改造提升任务，进一步优化消费环境；不断完善首都消费品牌矩阵，持续繁荣首店经济，全面促进老字号创新发展，各类消费新业态、新场景不断涌现，为居民消费复苏继续增添动力。2023 年底开展的城乡居民增收重难点快速调研结果显示，与上年同期相比，2023 年度消费增加和基本持平的家庭占比为 90.6%，居民消费意愿持续恢复。

（二）服务性消费快速恢复

2023 年，北京居民人均服务性消费支出 27544 元，同比增长 13.9%，商品性消费支出 20042 元，同比增长 8.4%，服务性消费支出增速快于商品性消费 5.5 个百分点，占居民消费的比重为 57.9%，比上年同期提高 1.2 个百分点。其中，居民在外饮食消费量明显上涨，餐饮消费需求旺盛，在外饮食支出同比增长 39.1%；居民文化娱乐消费需求大幅增加，电影、话剧、演出票支出同比翻倍。北京加速转化服务消费资源优势，创新开展一系列促消费活动，文艺演出、体育赛事等场景化、体验式消费市场表现活跃。2023年，北京大力营造精品迭出、市场活跃的演艺氛围，发布《北京市建设“演艺之都”三年行动实施方案（2023年—2025年）》，持续擦亮“大戏看北京”文化名片，“井喷式”的大型演唱会强势带动居民消费；国内国际体育赛事市场全面复苏，2023年，北京举办体育赛事近900项，中国网球公开赛、北京马拉松等国内国际赛事的举办充分拉动居民相关消费支出。

（三）文旅消费领域亮点突出

2023年，居民发展享受型消费支出同比增长15.9%，比生存型消费支出快6.7个百分点，占居民消费支出的比重为35.1%，比上年同期提高1.3个百分点。旅游出行市场表现亮眼，随着国内市场有序恢复，居民旅游需求得到了集中释放，旅游出行大幅增加，带动相关消费持续扩大，其中，居民飞机、火车等交通费支出同比增长1.6倍，团体旅游支出同比增长2.4倍，景点门票支出同比增长83.3%，旅馆住宿费支出同比增长2.4倍。2023年，北京顺应市民游客旅游度假休闲化、个性化、品质化需求，发布114条“漫步北京”主题旅游线路，充分发挥文旅消费的拉动和支撑作用，同时，抓好后冬奥时代的冰雪热潮，连续启动冰雪消费节、冰雪运动消费季、京张冰雪文化旅游季等系列活动，以冰雪文化旅游为抓手，促进居民消费潜力加速释放。

三、相关建议

2023年，北京坚持把保障和改善民生作为工作的出发点和落脚点，出台了一系列惠民利民政策，促进居民收入和消费较快增长。下一步，北京将继续聚焦居民就业、收入等民生目标，多方施策、精准发力，促进人民生活水平迈上新台阶。

（一）聚焦工资性收入，抓好就业优先

工资性收入是北京居民收入的主要来源，要坚持经济发展就业导向，持续优化就业结构，促进更充分更高质量就业。一是抓实落细就业优先政策。坚持就业为先战略，推进就业政策与产业、投资、消费政策协调联动，强化政策对就业的牵引力。二是强化重点行业企业扩岗支持。紧紧围绕“专精特新”企业、吸纳就业能力强的行业企业，强化就业服务专员职责，及时收集岗位需求，鼓励用人单位进一步扩大招聘范围。三是加大对重点群体就业的支持力度。对重点群体开展职业技能提升培训等就业指导，做好高校毕业生就业创业指导，持续开展青年就业援助行动。四是积极拓展农村劳动力就业空间。开发更多面向农村劳动力的就业岗位，在乡村基础设施建设领域积极推广以工代赈，提高灵活就业承载力。

（二）聚焦结构多元化，拓展增收渠道

经营净收入、财产净收入、转移净收入也是北京居民收入的重要组成部分，但三项收入增长均面临一些制约因素，比如经营净收入绝对水平低，对居民收入增长拉动作用有限；房地产市场低迷，银行存款利率下调，财产净收入缺乏有力增长点支撑；退休人员基本养老金标准调整幅度逐年下降，转移净收入持续稳定增长乏力，因此，要持续优化居民收入结构，拓宽居民增收途径。一是多渠道提高居民财产净收入。加强对金融市场以及房地产市场的监管和产品创新力度，改变居民家庭资产单一的局面，盘活农村土地资源，壮大村集体经济，促进土地流转。二是聚焦重点提高居民经营净收入。加大对小微企业、个体工商户、农户的扶持力度，提升农民融入产业链的能力，降低新型农民经营主体融资成本，吸引和带动科技人才、管理人才向农村流动，助力产业发展兴旺。三是提高中低收入群体转移保障力度。提升中低收入劳动者权益保障水平，加大支出型贫困救助，积极开展社保制度改革创新，持续上调养老金等社保标准，切实提高中低收入群体生活水平。

（三）聚焦消费新趋势，提振消费意愿

2023年，北京居民人均消费支出同比增长11.5%，绝对量水平已超过2019年同期，居民消费持续恢复。但从消费倾向看，2023年北京居民平均消费倾向虽恢复至疫情以来的最高水平，但仍低于2019年同期5.3个百分点，居民消费意愿还需进一步提升。一是营造良好消费氛围。针对性发放旅游、购车等专项大宗消费券，同时以节假日为契机，政府搭台，举办各类购物节、消费季活动，有效拉动居民消费。二是创新消费新场景。细分消费市场，针对不同群体消费意愿和水平，开发更多具有北京文化元素的精品化、高端化、国际化消费场景，满足多元消费需求。三是不断提升消费品质和安全性。保障消费者合法权益，加强质量安全监管，推动增加高品质消费品供给，逐步提高消费产品和服务质量的安全水平，让消费者想消费、愿消费、敢消费。四是培育居民消费新领域。顺应数字化发展趋势，运用数字技术为居民消费赋能，加快对智能化设备的研究和应用，拓展居民消费新领域，引导新型消费健康发展。

（执笔人：张艺馨）

2023 年天津居民收支与生活状况报告

2023 年，天津坚持稳中求进工作总基调，扎实推进高质量发展“十项行动”，着力推进稳经济政策措施落地显效，立足国际消费中心城市建设，发展高品质商圈、举办各类促消费活动，经济运行整体向好，消费场景不断丰富拓展，为居民收支增长奠定基础。

一、天津居民收入增长总体特点

(一)居民收入水平迈上新台阶

国家统计局天津调查总队抽样调查结果显示，2023 年，天津居民人均可支配收入 51271 元，比上年增长 4.7%。天津居民人均可支配收入突破五万元，收入水平迈上新的台阶。按不变价格计算，全市地区生产总值比上年增长 4.3%，居民收入增长实现与经济增长基本同步。

从全国对比看，天津居民人均可支配收入水平在 31 个省区市由高到低的排位中居第 5 位，排在前四位的分别是上海、北京、浙江和江苏。居民人均消费支出水平在 31 个省区市由高到低的排位中居第 5 位，排在前四位的分别是上海、北京、浙江和江苏。

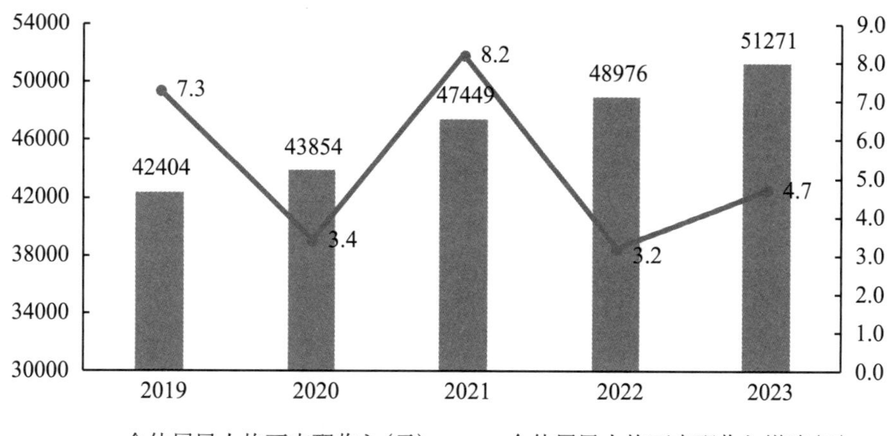

图 1　2019—2023 年天津居民人均可支配收入情况

（二）城乡居民收入相对差距继续缩小

分城乡看，城镇居民人均可支配收入 55355 元，增长 4.4%；农村居民人均可支配收入 30851 元，增长 6.3%，农村居民收入增速快于城镇居民 1.9 个百分点。城乡居民收入比由上年的 1.83 降至 1.79，城乡居民收入相对差距继续缩小。

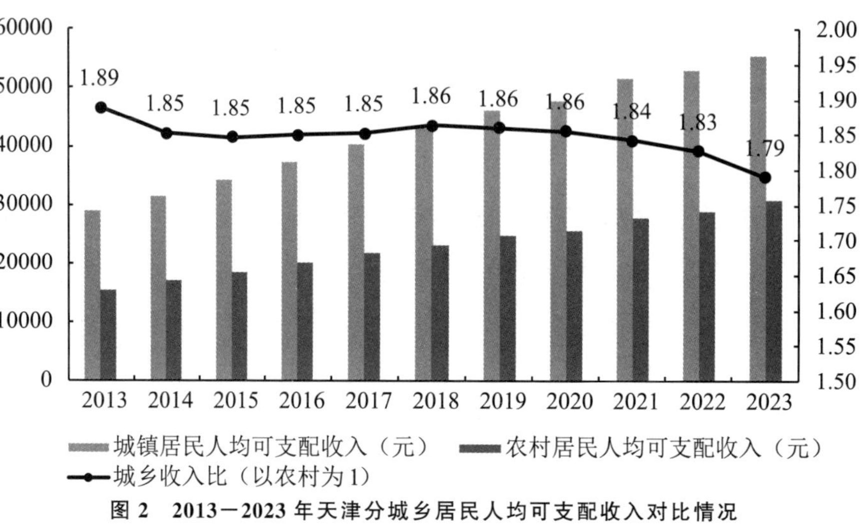

图 2　2013—2023 年天津分城乡居民人均可支配收入对比情况

表 1　2023 年天津分城乡居民收入情况

指　　标	全市居民		城镇居民		农村居民	
	水平（元）	增速（%）	水平（元）	增速（%）	水平（元）	增速（%）
人均可支配收入	51271	4.7	55355	4.4	30851	6.3
工资性收入	32361	4.3	35451	4.3	16912	3.9
经营净收入	3458	11.3	2678	12.3	7356	10.1
财产净收入	4577	6.8	5234	6.4	1293	12.8
转移净收入	10875	3.0	11992	2.5	5290	7.7

（三）就业优先导向促进工资性收入加快增长

居民人均工资性收入 32361 元，增长 4.3%，占人均可支配收入的比重为 63.1%，拉动人均可支配收入增长 2.7 个百分点，增收贡献稳居四项收入首位。2023 年，全市上下更加突出就业优先导向，及时兑现一次性吸纳就业补贴、社保补贴等支持政策，鼓励企业稳岗扩岗；持续加强就业服务保障，推进创业带动就业，支持多渠道灵活就业，稳定重点群体就业；全市就业稳定形势不断巩固，2023 年城镇调查失业率均值同比回落 0.4 个百分点，农民工月均收入水平保持增长;11 月起,月最低工资标准由 2180 元上调至 2320 元;发布 2023 年全市企业工资指导线和部分行业工资指导线,多重因素支撑工资性收入保持增收主动力地位。

(四)民营经济发展环境优化促进经营净收入回升

持续打好优化营商环境三年攻坚战,延续和优化实施部分阶段性税费优惠政策,加快建设信用环境,促进经营主体活力进一步增强,家庭非农经营活动逐渐恢复、活跃向好,居民非农经营净收入呈现恢复性增长态势。2023 年全年居民人均经营净收入 3458 元,增长 11.3%,增速保持两位数,拉动人均可支配收入增长 0.7 个百分点。

(五)兜牢民生底线保障转移净收入持续稳定增长

居民人均转移净收入 10875 元,增长 3.0%,拉动人均可支配收入增长 0.7 个百分点。其中,受医疗需求增加、便民医疗服务和医保待遇提升等因素影响,人均报销医疗费收入增长 10.2%。市委市政府坚决兜牢民生底线,精准落实惠民利民举措,提升居民基本养老和医保待遇水平,提高失业保险金标准,另外,随着退休人数的不断增加,政府政策支持下居民养老金平稳增长。这一系列举措兜牢民生底线,有力保障了转移净收入实现持续稳定增长。

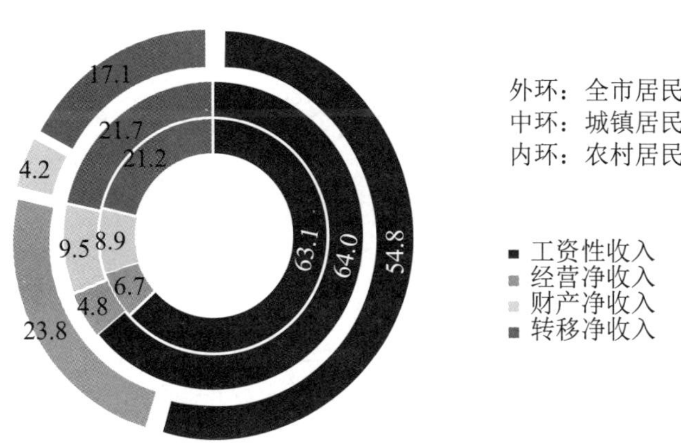

图 3　2023 年天津分城乡居民人均可支配收入构成对比(%)

二、天津居民消费支出增长总体特点

(一)“天津消费年”催化消费支出提振步伐

2023 年,天津居民人均消费支出 34914 元,增长 11.5%。随着收入稳步增长、消费场景拓展,在“天津消费年”一系列促消费政策作用下,居民消费支出加快恢复。分城乡看,城镇居民人均消费支出 37586 元,增长 11.1%;农村居民人均消费支出 21553 元,增长 13.8%。

表 2　2023 年天津分城乡居民消费支出情况

指　标	水平(元)	名义增速(%)	实际增速(%)
全市居民人均消费支出	34914	11.5	11.1
城镇居民人均消费支出	37586	11.1	10.7
农村居民人均消费支出	21553	13.8	13.3

吃住用等基础消费平稳增长,居民人均食品烟酒支出 9815 元,增长 5.4%;人均居住支出 7772 元,增长 4.1%;人均生活用品及服务支出 1927 元,增长 7.7%。

(二)"开门办旅游"带动文教娱乐和交通出行

天津市文旅局发布《天津文旅品质年实施方案》,将 2023 年确定为"文旅品质年",创新"展演+旅游"新业态,春节、五一、端午等大的旅游节点,均实现了游客人数和旅游收入的大幅增长。"开门办旅游"带动文教娱乐和交通出行等支出较快恢复,居民人均教育文化娱乐支出 3673 元,增长 44.3%;人均交通通信支出 4698 元,增长 20.8%。

(三)消费支出结构不断优化升级

居民恩格尔系数(食品烟酒支出占消费支出的比重)为 28.1%,比上年下降 1.6 个百分点。分城乡看,城镇居民恩格尔系数为 27.6%,农村居民恩格尔系数为 32.3%,分别比上年下降 1.6 和 2.2 个百分点。同时,居民膳食结构也在进一步优化,全市居民人均粮食消费量为 98.1 公斤,比上年下降 3.1%;人均肉类消费量为 29.1 公斤,增长 2.7%;人均鲜瓜果类消费量为 79.7 公斤,增长 6.0%。

表 3　2023 年天津分城乡居民消费八大类支出情况

指　标	全市居民		城镇居民		农村居民	
	水平(元)	增速(%)	水平(元)	增速(%)	水平(元)	增速(%)
居民人均消费支出	34914	11.5	37586	11.1	21553	13.8
#服务性消费	16860	17.8	18647	17.0	7921	26.7
食品烟酒	9815	5.4	10384	5.2	6967	6.6
衣着	1796	10.2	1933	9.8	1113	12.5
居住	7772	4.1	8411	2.9	4576	15.5
生活用品及服务	1927	7.7	2054	6.6	1289	16.6
交通通信	4698	20.8	5036	20.9	3010	19.4
教育文化娱乐	3673	44.3	4108	44.7	1498	37.5
医疗保健	3937	10.7	4205	10.3	2596	13.5
其他用品及服务	1296	14.4	1454	14.4	505	13.4

居民人均服务性消费支出16860元，增长17.8%，快于人均消费支出6.3个百分点；占人均消费支出的比重为48.3%，比上年提升2.6个百分点。随着经济社会全面恢复常态化运行，餐饮、文娱等需求明显增加，居民服务消费需求得到快速释放。居民人均饮食服务支出3127元，增长28.0%；人均文化娱乐服务支出954元，增长2.4倍，特别是用于团体旅游、购买景点门票和电影话剧演出票等方面的支出涨势强劲。

同时，随着乡村振兴进程的不断加快，农村居民消费场景不断拓展，消费理念得到进一步提升，品质化、多样化、个性化的消费需求也在不断增长，服务性消费已经日益成为农村居民的重要消费方式。2023年，农村居民人均服务性消费支出7921元，增长26.7%，相比上年增加1669元，占农村居民人均消费支出36.8%。

（四）部分耐用消费品拥有量持续增加

在增加小客车个人摇号指标、搞活汽车流通、扩大汽车消费等各项政策带动下，汽车消费提质扩容，居民每百户家用汽车拥有量达到67.3辆。强化家电消费扶持力度，开展家电家居促销活动等，居民每百户空调拥有量达到186.3台；每百户热水器拥有量为97.7台；每百户排油烟机拥有量为94.0台；每百户微波炉拥有量为74.1台。

三、天津高品质生活创造行动硕果不断

（一）居民健康生活环境不断改善

天津不断完善城市住房体系，实施交通设施便利化工程和宜居城市塑造工程，深化中心城区交通拥堵治理，实施城市交通出行"十项攻坚"34条措施，创造高品质道路交通出行环境。推进重大生态工程建设，高质量建设一刻钟便民生活圈，高水平打造商业消费场景。不断深化党建引领基层治理，筑牢基层治理"战斗堡垒"，把党的领导优势转化为治理效能。在数字技术赋能下，天津基层治理处置问题速度更快，对接需求更加精准，便民服务更加贴心。

（二）多层次的社会保障体系不断完善

完善社会保险政策，健全社会保障待遇合理调整机制，健全社会救助体系，实施退役军人尊崇优待提质工程，各类群体保障更加完善。就业形势总体稳定，实施优化调整稳就业政策全力促发展惠民生若干措施，扎实推动高校毕业生、农民工等重点群体就业，9.4万名失业人员实现再就业，3.97万名就业困难人员实现多渠道就业，实现零就业家庭动态清零。全民参保计划高质量实施，养老、医疗保险参保人数分别达到998.4万人和1183.6万人。

房地产政策进一步调整优化，支持刚性和改善型住房需求、优化区域限购等措施出台实施，新筹集保障性租赁住房1.4万套（间）。

（三）养老事业产业长足发展

实施养老服务体系提质工程，切实推进健康天津建设。大力开辟银发经济广阔市场，基本建成“津（金）牌养老”服务体系，实现16个区养老服务指导中心全覆盖。加速乡镇养老服务综合体民心工程建设，2023年全市街道（乡镇）级养老服务综合体总数达180个，覆盖率超70%；打造“津（金）牌智慧养老平台”，数字赋能养老服务。

（四）公共文化服务体系不断完善

推进文化惠民工程，丰富群众文化生活，推动文旅融合，实现文旅产业高质量发展，实施全民健身提升工程，提升群众身体素质。公共文化服务体系不断完善，全面建成覆盖城乡的四级公共文化服务网络，每万人拥有公共图书馆建筑面积位居全国第一。

（五）基础教育持续优质均衡发展

深入实施科教兴市和人才强市行动，加快建设高质量教育体系，多措并举促进学生德智体美劳全面发展，实施学前教育发展提升行动，全国基础教育综合改革实验区启动建设，全市新增普惠性民办园37所、义务教育学位2.85万个、普通高中学位1万余个。实施薄弱农村学校提升工程，进一步改善农村中小学办学条件。在教育资源均衡配置上发力，中心城区与环中心城区和远城区结成“区域发展共同体”，推动建设“区域优质教育高地”。

四、居民收支增长面临的形势与建议

（一）巩固增强经济整体向好态势，夯实居民持续稳定增收基础

2023年是三年新冠疫情防控转段后经济恢复发展的一年，全市聚力推动各项稳增长政策措施落地见效，经济运行中的积极因素不断累积，呈现整体向好态势，但天津主要经济指标增速在全国排位不高，居民持续稳定增收的基础仍不够坚实。需持续聚焦经济建设和高质量发展，推动经济实现质的有效提升和量的合理增长，大力发展经济提供更多就业岗位，实现经济发展和民生改善良性循环。

（二）促进更加充分、更高质量就业，改善居民收入预期和信心

稳定的收入来源是提升居民消费能力和改善生活品质的基础保障，三年疫情导致作为增收主动力的工资性收入增速明显放缓，居民收入增长的信心减弱。据国家统计局天津调查总队相关民生调研显示，在调研涉及的24项民生工作内容中，居民对“关注低收入群体，

增加低收入群体收入”“多举措推动就业，增加就业岗位，促进城乡居民增收”的期盼度位列前两位。需更加突出就业优先导向，持续关注高校毕业生、农民工、就业困难家庭等重点群体就业，通过职能技能培训、宣讲等就业服务保障活动，助力青年就业群体合理规划职业选择，促进人岗精准对接，提高人岗适配度，确保更多群体获得稳定的薪资收入来源。

（三）持续深入推进乡村全面振兴，提高基本公共服务城乡均等化水平

在推进共同富裕政策措施保障下，天津城乡居民收入比呈现逐年下降的良好态势，但也要看到，城乡居民在享受到的基础设施、公共保障和人居环境等方面仍存在不平衡，共同富裕重点仍在农村区域。需加大力度有效推进乡村全面振兴，建设宜居宜业和美乡村，加快高标准农田建设，盘活农村闲置资源，多渠道拓宽农民收入来源，激发乡村振兴内生动力，持续改善农村水电路气房讯等设施条件，提升农村地区教育、医疗、养老等公共服务水平，让农民有更多的获得感和幸福感。

（四）聚焦消费新需求、新动向，推动消费从疫后恢复转向持续扩大

促消费政策举措持续发力，2023 年居民消费增速达两位数，呈现加快恢复的态势，但从两年平均增速看，增速仅为 2.6%，仍明显低于疫情前水平。需更好满足人民群众对高品质生活的需要，把握建设国际消费中心城市机遇，扩大城市影响力和消费带动力，打造更多商旅文体融合的消费新场景，聚焦智能适老等方向扩展家居消费，开辟拓展银发经济新赛道，加快推进生活服务数字化赋能，积极培育新的消费增长点，促进居民消费潜力进一步释放。

（执笔人：王雪纯）

2023年河北居民收支与生活状况报告

2023年，河北省全面贯彻落实党中央、国务院决策部署及省委、省政府工作要求，坚持稳中求进工作总基调，完整、准确、全面贯彻新发展理念，加快构建新发展格局，扎实推动高质量发展，居民收入延续回升向好态势。2023年河北居民人均可支配收入32903元，同比增长6.6%，人均生活消费支出22920元，同比增长9.7%。

一、全体居民收入增长情况

(一)居民收入稳中有升

全体居民人均可支配收入32903元，同比增长6.6%，较上年增速提高1.5个百分点。对比近年收入增长情况，2023年居民收入增幅高于2020年、2022年。2019—2023年全体居民人均可支配收入年均增幅为6.4%，较疫情之前年份(以2012—2019年年均增幅计)下降3.0个百分点。

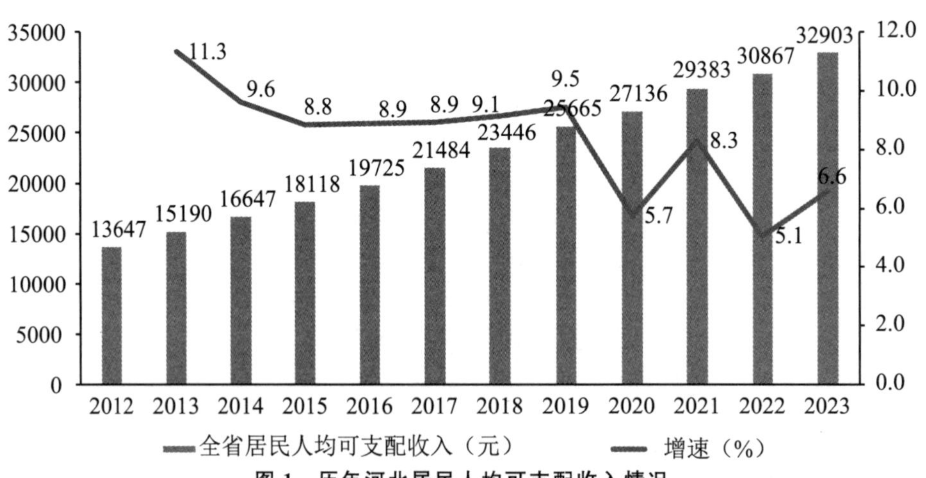

图1　历年河北居民人均可支配收入情况

(二)农村居民收入增速较快，城乡差距不断缩小

城镇居民人均可支配收入43631元，同比增长5.7%；农村居民人均可支配收入20688

元，同比增长6.8%，增速快于城镇1.1个百分点。河北城乡居民收入比为2.11(全国为2.39)，较上年缩小0.02。

(三)各项收入全面增长，工资性收入增长最快

1. 工资性收入为居民增收提供关键支撑。河北居民人均工资性收入19723元，同比增长8.8%，为收入增长最快项；占居民可支配收入的比重为59.9%，为居民第一收入来源；增收贡献率达78.3%，拉动收入增长5.2个百分点，为支撑居民增收的第一主力。城镇新增就业人数增加、最低工资标准上调等为工资收入增加提供有力支撑。

表1　2023年河北全体居民人均可支配收入构成情况

指　　标	收入(元)	增速(%)	各项收入构成(%)	增收贡献率(%)	拉动增长点
可支配收入	32903	6.6	—	—	—
工资性收入	19723	8.8	59.9	78.3	5.2
经营净收入	5300	5.4	16.1	13.3	0.9
财产净收入	2457	2.7	7.5	3.2	0.2
转移净收入	5423	2.0	16.5	5.2	0.3

2. 经营净收入实现平稳增长。河北居民人均经营净收入5300元，同比增长5.4%，占比为16.1%，增收贡献率为13.3%，拉动收入增长0.9个百分点。2023年7月份以来，部分地区遭受连续强降雨和上游洪水过境，对当地农牧业生产和居民生活产生较大影响；工业企业利润率呈下降趋势，对居民经营净增收产生不利影响；第三产业经营净收入增长10.0%，是拉动经营净收入增长的主要力量。

3. 财产净收入增长相对乏力。河北居民人均财产净收入2457元，同比增长2.7%，占比为7.5%，增收贡献率为3.2%，拉动收入增长0.2个百分点，拉动作用低于其他三项收入。财产净收入增长相对乏力主要是受楼市拖累，城市房价下跌，房屋虚拟租金明显下降。

4. 转移净收入增速明显回落。河北居民人均转移净收入5423元，同比增长2.0%，增幅较上年回落3.6个百分点，占比为16.5%，增收贡献率为5.2%，拉动收入增长0.3个百分点。增速回落的主要原因是个人所得税、赡养支出等转移性支出增长较快，同时转移性收入增长相对较慢。

(四)河北居民收入增速位于全国第8位

2023年，全国居民人均可支配收入39218元，同比增长6.3%，河北增速在全国排第8位，比上年同期提升9位。其中，河北城镇居民人均可支配收入增速在全国排第5位，比上

年同期提升14位;农村居民人均可支配收入增速排全国第28位,较上年同期后退14位。与周边省份比较,河北居民人均可支配收入增速分别高于天津、辽宁、北京、山西、河南、内蒙古、山东1.9、1.3、1.0、0.6、0.5、0.5、0.4个百分点。

需要关注的是,河北居民收入仍处在较低水平,尤其是城镇居民收入水平在全国的位次比较靠后。河北居民人均可支配收入比全国平均水平低6315元,居第17位。分城乡看,河北城镇居民人均可支配收入比全国平均水平低8190元,居第19位;河北农村居民人均可支配收入比全国低1003元,居第17位。从京津冀三地对比情况看,北京、天津人均可支配收入分别是河北的2.48倍、1.56倍。

二、城乡居民收入增长情况

(一)城镇收入增速趋稳,各项收入全面增长

2023年,河北城镇居民人均可支配收入43631元,同比增长5.7%。年内城镇居民收入呈波浪式增长,一季度、上半年、前三季度增速分别为3.9%、5.5%和5.3%。除一季度增速慢于全国0.1个百分点外,上半年、前三季度、全年增速分别高于全国0.1、0.1和0.6个百分点。

表2 2023年河北城镇居民人均可支配收入构成情况

指 标	收入(元)	增速(%)	各项收入构成(%)	增收贡献率(%)	拉动增长点
可支配收入	43631	5.7	—	—	—
工资性收入	27371	7.8	62.7	84.2	4.8
经营净收入	4028	6.4	9.2	10.4	0.6
财产净收入	4224	1.0	9.7	1.8	0.1
转移净收入	8008	1.1	18.4	3.6	0.2

1. 工资性收入对增收贡献最大。河北城镇居民人均工资性收入27371元,同比增长7.8%,占城镇居民人均可支配收入的比重为62.7%,对城镇居民人均可支配收入增长的贡献率达84.2%,拉动城镇居民增收4.8个百分点,是城镇居民收入增长的“压舱石”。

2. 经营净收入加速增长。河北城镇居民人均经营净收入4028元,同比增长6.4%,占比为9.2%,增收贡献率为10.4%,拉动居民增收0.6个百分点。

3. 财产净收入增长乏力。河北城镇居民人均财产净收入4224元,同比增长1.0%,占比为9.7%,增收贡献率为1.8%,拉动居民增收0.1个百分点。

4. 转移净收入增速回落。河北城镇居民人均转移净收入8008元，同比增长1.1%，占比为18.4%，增收贡献率为3.6%，拉动居民增收0.2个百分点。

(二)农村居民收入稳步增长

2023年，河北农村居民人均可支配收入20688元，同比增长6.8%，增速较2022年提高0.3个百分点。

表3 2023年河北农村居民人均可支配收入构成情况

指标	收入（元）	增速（%）	各项收入构成（%）	增收贡献率（%）	拉动增长点
可支配收入	20688	6.8	—	—	—
工资性收入	11015	9.0	53.2	68.5	4.7
经营净收入	6748	5.4	32.6	26.1	1.8
财产净收入	446	7.1	2.2	2.2	0.1
转移净收入	2479	1.7	12.0	3.2	0.2

1. 工资性收入持续增长。河北农村居民人均工资性收入11015元，同比增长9.0%，占农村居民人均可支配收入的比重为53.2%，对农村居民可支配收入增长的贡献率为68.5%，拉动居民增收4.7个百分点。

2. 经营净收入稳步提升。河北农村居民人均经营净收入6748元，同比增长5.4%，占比为32.6%，增收贡献率为26.1%，拉动居民增收1.8个百分点。

3. 财产净收入稳定增加。河北农村居民人均财产净收入446元，同比增长7.1%，占比为2.2%，增收贡献率为2.2%，拉动居民增收0.1个百分点。

4. 转移净收入增速放缓。河北农村居民人均转移净收入2479元，同比增长1.7%，慢于前三季度增速5.3个百分点，占比为12.0%，增收贡献率为3.2%，拉动居民增收0.2个百分点。

三、居民生活消费支出的运行特点

(一)居民消费支出增长较快

河北各地各部门促消费政策措施逐步显效发力，消费升级步伐加快，消费需求稳步释放，带动居民消费保持较快增长。河北居民人均消费支出22920元，同比增长9.7%，高于收入增速3.1个百分点。

（二）消费八大项支出全部上涨

一是民生基础类消费平稳增长。食品烟酒支出增长8.2%，衣着支出增长13.5%，居住支出增长3.2%，生活用品及服务支出增长11.0%。二是随着居民休闲购物、外出等活动增加，相关消费支出保持较快增长。教育文化娱乐支出增长23.8%，交通通信支出增长10.9%。三是受中药材价格、医护人员技术劳务价格上涨的影响，医疗保健支出增长7.8%。四是其他用品及服务支出增长26.5%，主要是由首饰和手表类消费、旅馆住宿费的支出上涨拉动。

（三）城乡居民消费差距有所扩大

河北城镇居民人均消费支出27906元，同比增长11.3%；农村居民人均消费支出17244元，增长6.0%。城乡居民消费比为1.62，较上年扩大0.08。从绝对差值看，城乡居民生活消费绝对差值从上年同期的8800元扩大到10662元。

四、食品消费结构变化

2023年，河北居民食物消费结构升级，由主食型向“粮肉菜果鱼”多元化转变。

（一）粮食消费量下降

2023年河北居民人均粮食消费量171.4公斤，同比下降5.5%。分城乡看，城镇居民人均粮食消费量163.5公斤，同比下降1.4%，农村居民人均粮食消费量180.3公斤，同比下降9.2%。

（二）肉类消费量上涨明显

2023年河北居民人均肉类消费量36.1公斤，同比增长17.5%。其中，人均猪肉消费量24.5公斤，同比增长13.3%；人均牛肉消费量2.0公斤，同比增长29.9%；人均羊肉消费量2.3公斤，同比增长41.1%。

（三）菜类消费量小幅上涨

2023年河北居民人均蔬菜及菜制品消费量139.7公斤，同比增长1.3%。分城乡看，城镇居民人均蔬菜及菜制品消费量145.8公斤，同比增长1.1%，农村居民人均蔬菜及菜制品消费量132.7公斤，同比增长1.4%。

（四）鲜瓜果消费量上涨

2023年河北居民人均鲜瓜果消费量81.0公斤，同比增长4.8%。分城乡看，城镇居民人均鲜瓜果消费量87.7公斤，同比增长5.3%，农村居民人均鲜瓜果消费量73.3公斤，同比增长3.7%。

(五)水产品消费量基数小,增速快

2023年河北居民人均水产品消费量10.2公斤,同比增长15.9%。分城乡看,城镇居民人均水产品消费量12.5公斤,同比增长21.2%,农村居民人均水产品消费量7.7公斤,同比增长6.5%。

(六)禽类消费量上涨

2023年河北居民人均禽类消费量9.1公斤,同比增长12.5%。分城乡看,城镇居民人均禽类消费量10.1公斤,同比增长13.1%,农村居民人均禽类消费量7.9公斤,同比增长11.4%。

(七)蛋、奶消费量上涨

2023年河北居民人均蛋类及蛋制品消费量23.4公斤,同比增长6.2%。人均奶和奶制品消费量17.8公斤,同比增长12.7%。

五、城乡居民生活状况持续改善

(一)居住条件更加舒适卫生

2023年河北居民人均现住房面积37.4平方米,其中,99.9%的居民现住房面积人均超过30平方米,92.9%的居民现住房面积人均超过60平方米。道路、水、电、气、暖等供应能力明显提高。91.1%的居民住宅外道路是水泥或柏油路面;84.5%的居民主要饮用水是经过净化处理的自来水;78.8%的居民使用水冲式卫生厕所;95.5%的居民有洗澡设备。

(二)耐用消费品提质升级

1. 家用汽车走进千家万户。2023年河北居民每百户家用汽车的拥有量为63.5辆,其中城镇每百户家庭拥有的家用汽车为67.6辆,农村每百户家庭拥有的家用汽车为58.1辆。

2. 家用电器逐步升级换代。一是交通工具由摩托车向助力车转变。2023年每百户家庭拥有助力车119.3台,每百户家庭拥有摩托车14.0台;二是常用电器更加普及。每百户家庭拥有洗衣机102.6台、电冰箱(柜)103.3台、空调142.9台、热水器81.5台和排油烟机76.6台。三是在日常家用电器普及的同时,一些新兴时尚的耐用消费品也步入居民生活中,如空气净化器、地面清洁电器、乐器(500元以上)、健身器材(500元以上)等,每百户拥有量分别为5.9台、9.3台、3.8架和4.0套。

(三)社区环境不断改善

随着城乡基础设施不断完善,社区环境更加宜居,居民生活更加有保障,主要变化有三个方面。一是居民生活更加卫生便捷。2023年,社区饮用水经过集中净化处理的占比为91.7%,社区开通管道燃气的占比为74.6%,社区内道路为水泥或柏油路面的占比为98.1%,主要道路有路灯的占比为99.7%。二是社区宜居便民化提高。社区内能集中处理垃圾的占比为99.3%,有健身器材的占比为97.2%,有绿化景观的占比为74.6%。三是周边基础设施有保障。社区内有卫生站的占比为95.9%,上幼儿园和小学较便利的占比分别为98.1%、97.9%。

六、存在的主要问题及政策建议

(一)经济加快恢复,但基础仍需巩固

当前,河北省经济企稳向好,地区生产总值、投资、社会消费保持稳定增长态势。同时,国际政治经济环境复杂加剧,外需偏弱、内需不足等问题仍然存在,工业产品价格下降,企业效益恢复面临较多困难。据对部分经营户调研显示,订单不足、人员流动性大、原材料和人工成本上涨等问题反映比较集中。加大降税减费优惠扶持和融资帮扶支持力度是经营户希望政府部门协调解决的突出问题。

(二)居民过多依赖工资性收入

河北居民人均可支配收入中,工资性收入的增收贡献率达78.3%,是居民增收最重要支撑。而工资性收入会受到市场需求、劳动力供给等因素影响,持续增加的难度加大。据就业情况的专题调研显示,在就业稳定性方面,反映家庭主要劳动力就业不稳定的占29.5%;在就业政策帮扶方面,享受过就业帮扶政策的尚不足10%,就业帮扶政策宣传力度有待进一步提高。

(三)农村消费市场活跃度低于城镇

现阶段,河北农村消费仍显不足,人均消费支出约相当于城镇居民2015年时的水平,乡村人口的消费潜力还有待挖掘,以农村耐用消费品为例,农村居民家庭平均每百户家用汽车、空调、热水器分别还只有城镇居民的85.9%、74.9%、74.8%。同时,城市的基础设施建设、公共服务等趋于饱和,但农村的交通、水利、电力、能源等基建投资以及医疗、教育等公共服务投资提升空间仍然很大。

(执笔人:李彩芳)

2023 年山西居民收支与生活状况报告

2023 年，山西省委省政府坚持以习近平新时代中国特色社会主义思想为指导，全面贯彻落实党的二十大精神，坚持稳中求进工作总基调，统筹抓好稳增长、稳就业、稳物价等各项工作，扎实推动高质量发展，山西经济运行稳中向好，消费市场稳步复苏，城乡居民收入保持平稳增长，消费支出加快恢复，居民生活品质持续提升。

一、居民收入平稳增长，收入结构持续优化

山西积极落实落细就业优先政策，推进民生政策提标扩面，居民收入实现平稳增长，收入结构不断优化。

（一）居民收入水平迈上新台阶

2023 年，山西居民人均可支配收入为 30924 元，首次突破 3 万元，比上年增加 1746 元，增长 6.0%，扣除物价因素，实际增长 6.1%。分城乡看，城镇居民人均可支配收入 41327 元，迈上 4 万元新台阶，比上年增加 1795 元，增长 4.5%，扣除物价因素，实际增长 4.6%；农村居民人均可支配收入 17677 元，比上年增加 1354 元，增长 8.3%，扣除物价因素，实际增长 8.4%。

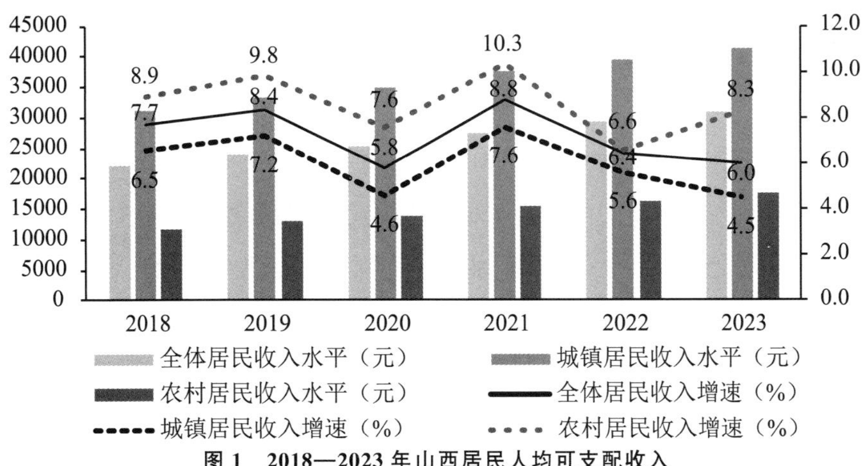

图 1　2018—2023 年山西居民人均可支配收入

（二）农村居民收入增速排位靠前

2023年，山西农村居民人均可支配收入增速[①]比全国水平（7.7%）高0.6个百分点，在31个省（区、市）居第3位；在中部六省中居第1位，高于安徽（8.0%）、湖北（8.0%）、河南（7.3%）、江西（7.1%）、湖南（7.0%）；在周边五省中居第1位，高于陕西（8.2%）、内蒙古（8.0%）、河南（7.3%）、河北（6.8%）。

（三）城乡居民收入差距持续缩小

近年来，山西有力有效推进乡村全面振兴，着力促进城乡融合、区域协调发展，农村居民收入增速持续快于城镇居民，城乡居民收入相对差距逐步缩小。2023年，山西农村居民人均可支配收入增速比城镇居民快3.8个百分点，城乡居民收入比（以农村居民收入为1）为2.34，比全国平均水平低0.05，比2022年缩小0.08，呈持续下降态势。

（四）四大项收入呈全面增长态势

1. 工资性收入较快增长。2023年，山西多措并举稳定和扩大就业岗位，促进重点群体稳定就业，支持企业稳岗扩岗，全年城镇新增就业48.9万人，同比增长5.6%。各地在推进乡村振兴过程中培育和发展农村特色产业，开展农村劳动力技能培训和务工就业行动，吸引农民工返乡创业就业，山西农业企业、农民合作社和家庭农场等农业经营主体快速增长。积极发展公益性零工市场，117个县（市、区）均已建成零工市场并投入运行。完善最低工资标准动态调整机制，全日制用工月最低工资标准一、二、三类分别提高5.3%、6.8%、9.2%，加之企业货币工资增长基准线提升，机关事业单位基础绩效、考核奖发放，保障农民工工资支付工作扎实有效，带动工资性收入稳步增长。2023年，山西居民人均工资性收入16630元，增长6.4%，增速快于上年1.8个百分点，也快于居民收入增速0.4个百分点，分城乡看，城镇居民和农村居民人均工资性收入分别增长5.1%和8.3%。居民人均工资性收入占可支配收入的比重为53.8%，拉动可支配收入增长3.4个百分点，工资性收入的支撑作用持续发挥。

2. 经营净收入恢复增长。2023年，山西出台恢复和扩大消费32条政策措施，开展“晋情消费·全晋乐购”“东方甄选”山西行等促消费活动，出台加快复工复产和服务业复苏若干措施，开展经营主体提升年活动，经营主体数量达到430.4万户，增长8.2%，经济回升向好，批发零售、住宿餐饮、交通运输等行业经营加快恢复；粮食生产再获丰收，粮食总产、单产均创历史新高，主要畜禽生产增势良好，促进经营净收入恢复增长。2023年，山西居民人

① 如无特别说明，均为名义增长，下同。

均经营净收入 4278 元，增长 5.8%，分城乡看，城镇居民和农村居民人均经营净收入分别增长 2.6%和 9.6%。居民人均经营净收入占可支配收入的比重为 13.8%，拉动可支配收入增长 0.8 个百分点，其中农村居民人均经营净收入占可支配收入的比重达到 26.5%，比上年提高 0.4 个百分点，拉动农村居民人均可支配收入增长 2.5 个百分点，经营净收入带动农村居民增收的作用日益显现。

3. 财产净收入小幅增长。随着山西经济社会稳步恢复和城镇化建设步伐的加快，城镇外来流动人口规模不断扩大，租房需求增加，带动房租收入增长。实施村级集体经济壮大提质行动，开展农村集体资产"清化收"工作，农村集体分红收入增加；土地流转有序推进，农民转让承包土地经营权租金收入较快增长。2023 年，山西居民人均财产净收入 1832 元，增长 2.6%，分城乡看，城镇居民和农村居民人均财产净收入分别增长 1.1%和 10.5%，农村居民人均财产净收入增长较快。居民人均财产净收入占可支配收入的比重为 5.9%，拉动可支配收入增长 0.2 个百分点。

4. 转移净收入稳定增长。2023 年，山西对 17 项民生政策提标扩面、动态调整，上调城乡居民基本养老保险基础养老金最低标准，提高城乡居民最低生活保障标准、残疾人生活和护理补贴标准、失业保险金标准，加大对困难群体的帮扶救助力度，持续强化民生保障，带动转移净收入稳定增长。此外，外出务工形势好转，农村居民家庭外出从业人员人均寄回带回收入增长明显。2023 年，山西居民人均转移净收入 8184 元，增长 6.0%，分城乡看，城镇居民和农村居民人均转移净收入分别增长 1.6%和 7.0%。居民人均转移净收入占可支配收入的比重为 26.5%，拉动可支配收入增长 1.6 个百分点，转移净收入的占比和贡献率均仅次于工资性收入，是居民增收的第二动力源。

二、消费支出加快恢复，服务性消费增长较快

山西各地认真贯彻落实促消费系列政策，持续改善消费环境，促进服务消费扩容提质，居民消费支出加快恢复。

（一）消费支出恢复性增长

2023 年，山西居民人均消费支出 19756 元，比上年增加 2219 元，增长 12.7%，增速快于上年 10.7 个百分点。分城乡看，城镇居民人均消费支出 24524 元，比上年增加 2601 元，增速由上年的下降 0.2%提高到增长 11.9%；农村居民人均消费支出 13684 元，比上年增加 1593 元，增长 13.2%，增速快于上年 7.2 个百分点，城乡居民消费支出加快恢复。

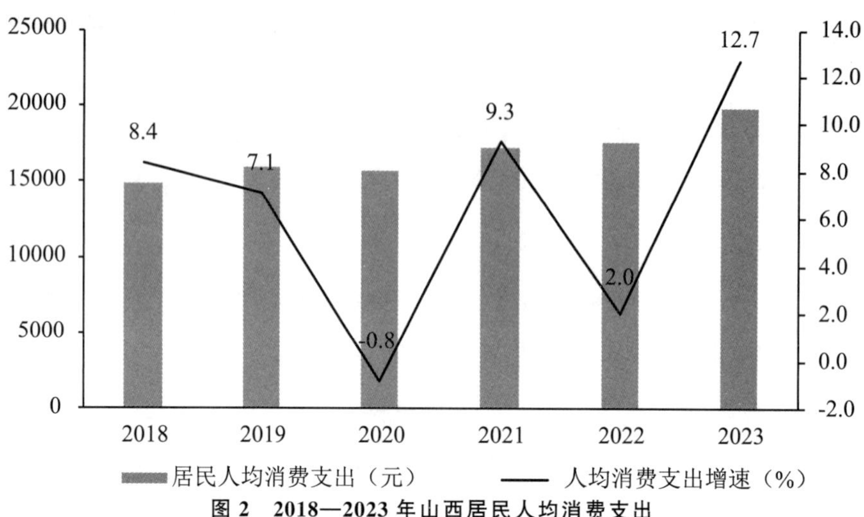

图 2 2018—2023 年山西居民人均消费支出

(二)八大类消费全面增长

1. 食品烟酒支出平稳增长。2023 年,山西居民人均食品烟酒支出 5258 元,增长 3.9%。随着餐饮行业加快恢复,居民在外饮食消费大幅增长,人均饮食服务支出增长 22.8%。

2. 交通通信、教育文化娱乐、其他用品及服务支出快速增长。随着线下消费场景加快恢复,居民外出及文娱活动明显增加,带动交通、文化娱乐支出快速增长。2023 年,山西居民人均交通通信支出 2621 元,增长 26.1%,其中交通支出增长 39.5%;人均教育文化娱乐支出 2291 元,增长 26.7%,其中文化娱乐支出增长 56.8%;人均其他用品及服务支出 543 元,增长 22.2%,其中由于外出旅行住宿、个人护理服务等增多影响,带动其他服务支出增长 30.0%。

3. 衣着、生活用品及服务支出较快增长。线下购物增多加之换季促销,带动居民衣着消费增加,2023 年,山西居民人均衣着支出 1372 元,增长 13.5%,其中衣类支出增长 15.0%,鞋类支出增长 7.9%。家用耐用消费品升级换代和日用品更新,带动生活用品支出较快增长,居民人均生活用品及服务支出 1217 元,增长 17.7%。

4. 居住、医疗保健支出恢复增长。2023 年,山西居民人均居住支出 4316 元,增长 9.0%,其中受外出从业劳动力增加、人员流动加快影响,房租支出增长明显,租赁房房租支出增长 172.1%。随着居民就医逐步恢复正常,买药、门诊支出增长较快,居民人均医疗保健支出 2138 元,增长 10.0 %,其中医疗器具及药品支出增长 12.8%,门诊总费用支出增长 14.9%。

（三）服务性消费较快回暖

服务消费市场加快复苏，居民接触型聚集型消费增加，带动住宿、餐饮、交通、文旅等服务性消费支出较快增长。2023 年，山西居民人均服务性消费支出 8160 元，同比增长 18.5%，快于人均消费支出增速 5.8 个百分点；占居民消费支出比重为 41.3%，比上年（39.3%）提高 2.0 个百分点。

三、居住环境持续改善，生活质量进一步提高

随着收入和消费水平的提高，居民对生活品质提升的需求更加强烈，住房质量不断提高，配套设施持续完善，耐用消费品拥有量增多，更新换代步伐加快。同时，山西统筹推进城乡交通、供电、供水、供气等建设，完善全民覆盖、城乡一体、优质共享的基本公共服务体系，居民生活环境明显改善。

（一）居住条件不断向好

随着城镇老旧小区、老旧管网和城市危旧房改造有序推进，农村危房改造动态清零，居民居住条件不断向好。2023 年，山西居民居住在钢筋混凝土或砖混材料结构住房的户比重为 88.6%，居民获取饮用水无困难的户比重为 97.5%，使用经过净化处理的自来水的户比重为 92.7%，居民家庭有厨房的户比重为 99.8%，使用水冲式卫生厕所的户比重为 61.6%，家庭自装热水器的户比重为 70.2%，由市政或小区集中供暖的户比重为 60.0%。

（二）耐用消费品更新换代

山西积极开展促消费系列活动，支持新能源汽车消费，鼓励家电等大宗消费品以旧换新，居民家庭耐用消费品量质齐升。2023 年，山西居民平均每百户家用汽车拥有量为 48.6 辆，其中新能源汽车拥有量快速增长，平均每百户新能源汽车拥有量为 1.2 辆；平均每百户洗衣机、电冰箱和空调拥有量分别为 100.0 台、97.8 台和 55.6 台；平均每百户洗碗机、空气净化器和地面清洁电器拥有量分别为 1.5 台、3.1 台和 6.7 台；通讯设备更加普及，平均每百户移动电话拥有量为 246.5 部。

（三）人居环境明显改善

基础设施方面，截至 2023 年，山西居民家庭所在社区（村）通公路、通电、通电话和有线电视信号已实现全覆盖；社区（村）内主要道路路面状况为水泥或柏油路面的户比重为 98.8%，主要道路有路灯的户比重为 99.5%，垃圾能集中处理的户比重为 98.3%。公共服务方面，所在社区（村）有卫生站（室）的户比重为 95.5%，上幼儿园或学前班便利和上小学

便利的户比重分别为96.7%和96.4%。休闲娱乐方面,所在社区(村)有绿化园林景观设计的户比重为77.8%,有健身器材的户比重为95.6%。

四、当前居民收支需关注的问题

(一)居民收入水平相对偏低

2023年,山西居民人均可支配收入比全国水平(39218元)低8294元,在31个省(区、市)居第21位,在中部及周边省份中仅高于河南。对可支配收入起支撑作用的工资性收入与全国差距达到5423元,工资性收入的增收“主引擎”作用有待增强。分城乡看,城镇居民人均可支配收入比全国水平(51821元)低10494元,居第24位;农村居民人均可支配收入比全国水平(21691元)低4014元,居第26位,城乡居民收入水平相对偏低。

(二)经营和财产净收入增收作用不强

2023年,山西居民人均经营净收入增速比全国(6.0%)低0.2个百分点,其中城镇居民人均经营净收入增速慢于全国(5.7%)3.1个百分点,农村居民人均经营净收入增速快于全国(6.6%)3.0个百分点;居民人均经营净收入占可支配收入的比重比全国(16.7%)低2.9个百分点,经营净收入对居民增收特别是城镇居民增收的拉动作用有待提高。2023年,山西居民人均财产净收入增速比全国(4.2%)低1.6个百分点,占可支配收入的比重比全国(8.6%)低2.7个百分点,财产净收入在收入构成中占比低,促增收作用较弱。

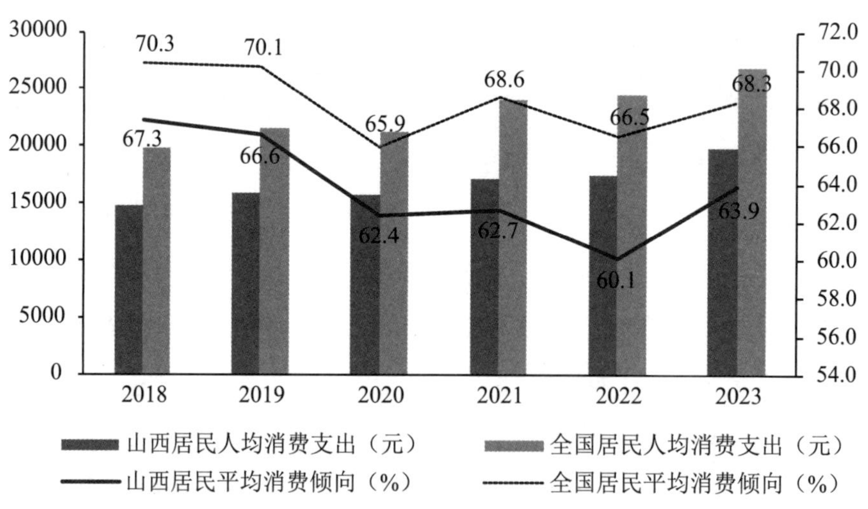

图3 山西与全国居民人均消费支出及平均消费倾向

(三)居民消费意愿有待提升

2023年,山西居民人均消费支出比全国水平(26796元)低7040元,在31个省(区、市)

居第27位，仅高于广西、新疆、甘肃、西藏；居民平均消费倾向为63.9%，低于全国(68.3%)4.4个百分点，居27位，居民消费水平低、消费意愿有待提升。

五、提高居民收入水平、促进消费提升的建议

(一)坚持就业优先，提升工资性收入水平

突出就业优先导向，促进高校毕业生、农民工、脱贫户监测户劳动力、就业困难人员、退役军人等重点群体稳定就业。落实企业吸纳就业扶持政策，健全企业职工工资动态调整机制。发展强县富民产业，促进一、二、三产业融合发展，着力提升县域就业承载力，吸纳农村劳动力就近就地务工就业。完善工资增长机制，适时提高最低工资标准，推动低收入劳动者工资合理增长。

(二)拓宽增收渠道，推动经营和财产净收入增长

鼓励支持个体工商户发展，落实税收优惠政策，加大创业创新扶持力度，提供良好营商环境，激发经营主体活力。立足地域优势，发展特色农业，加快农业专业化经营，以市场为导向，通过调整农业结构，大力发展品质优良、附加值高的农产品产业，提高生产效益。拓宽投资理财渠道，推动金融产品创新，引导居民合理配置资产。继续实施村级集体经济壮大提质行动，扶持壮大村集体经济项目，通过村企合作、入股分红、租赁经营等形式，激活和释放农村改革红利，带动农民分享更多财产性收益。

(三)落实促消费政策，激发居民消费潜力

开展促消费系列活动，提振新能源汽车、家电、电子产品等大宗消费，推动大规模设备更新和消费品以旧换新。针对服务消费领域采取有效举措，丰富消费新业态、新模式，积极发展数字消费、绿色消费、健康消费等新型消费，大力培育文娱旅游、体育赛事等新消费增长点。加快建设区域消费中心，发展夜经济，创新消费场景，营造良好消费氛围，进一步提升居民消费意愿。

(执笔人：张鹏飞)

2023 年内蒙古居民收支与生活状况报告

2023 年,内蒙古自治区深入学习贯彻习近平总书记考察内蒙古时的重要指示精神,紧紧围绕习近平总书记交给自治区的“五大任务”和全方位建设“模范自治区”两件大事,全面落实党中央、国务院各项决策部署,着力推动高质量发展,社会民生得到有力保障,居民生活稳步向好。2023 年,全体居民人均可支配收入 38130 元,同比增长 6.1%,快于去年同期 0.8 个百分点。

一、城乡居民收入稳中有进

(一)城镇居民收入平稳增长

2023 年,内蒙古城镇居民人均可支配收入 48676 元,同比增长 5.1%,快于去年同期 0.8 个百分点。各项民生政策的落实落地,为城镇居民收入增长注入了更多动力。

1. 精准施策稳就业,助力工资收入加快增长。2023 年,内蒙古通过落实“缓、降、补、返”等助企纾困稳岗政策,为企业降低和缓缴失业、工商保险费 16.38 亿元,发放稳岗返还资金 1.57 亿元,同时启动实施公共部门稳岗扩岗、公共就业服务进校园等 10 项行动。1.41 万名基层事业单位管理人员晋升岗位,人均增资 588 元。2023 年,内蒙古城镇居民人均工资性收入 29756 元,同比增长 5.9%,对可支配收入的贡献率为 70.0%,拉动可支配收入增长 3.6 个百分点。与 2022 年相比,工资性收入占可支配收入的比重提升 0.5 个百分点。

2. 全面提振活力,优化经营收入结构。2023 年,内蒙古出台一系列促消费政策措施,不断激发市场活力,培育壮大市场主体,全面提振消费,带动经营收入增长。2023 年,内蒙古城镇居民人均经营净收入 9276 元,同比增长 4.1%,对可支配收入的贡献率为 15.3%,拉动可支配收入增长 0.8 个百分点。同时,城镇居民经营收入结构持续优化。第一、二、三产业经营净收入占经营净收入的比重分别为 13.1%、9.3%、77.6%。与 2022 年相比,一产经营净收入占比下降 1.4 个百分点，二、三产经营净收入占比分别提升 0.9 和 0.5 个百分点，经营结构不断向多元化发展。

3. 营商环境不断改善，助力红利收入增长。随着企业经营状况不断好转，企业分红等红利收入增长。2023 年，内蒙古民营经济稳定趋好，经营主体持续扩增、工业生产保持稳定、消费和其他服务业加快回补、投资实现稳步增长。据内蒙古自治区统计局数据显示，2023 年，内蒙古规模以上民营工业增加值较上年增长 5.9%，民间投资较上年增长 14.2%。2023 年，内蒙古城镇居民人均财产净收入 2637 元，同比增长 1.2%，对可支配收入的贡献率为 1.3%。其中，红利收入上涨明显，拉动财产净收入增长 5.9 个百分点。

4. 强化保障民生，转移收入稳定增长。随着社会保障制度不断健全，医疗保障体系不断完善，医疗保障面不断扩大，个人所得税退税等各项政策加快推广落地，政策普及面更广、受益群体更多。同时，随着各项促消费政策的落实，内蒙古各地结合自身实际推出购房补贴、购车补贴、家电补贴等政策性生活补贴，补贴力度较往年明显提升，带动转移收入稳定增长。2023 年，内蒙古城镇居民人均转移净收入 7006 元，同比增长 4.8%，对可支配收入的贡献率为 13.4%，拉动可支配收入增长 0.7 个百分点。

(二)农牧民收入再创新高

2023 年，内蒙古农村牧区常住居民人均可支配收入达 21221 元，首次突破两万元，再创历史新高，同比增长 8.0%，高于上年同期 0.9 个百分点。城乡人均可支配收入比为 2.29，较上年同期缩小 0.07，城乡居民收入相对差距进一步缩小。

1. 工资性收入增长较快。2023 年，内蒙古农牧民人均工资性收入 4086 元，同比增长 7.7%，拉动可支配收入增长 1.5 个百分点，增长贡献率为 18.4%。与上年同期相比，工资性收入拉动增长率提高 0.5 个百分点，增长贡献率提高 3.7 个百分点，工资性收入对农牧民可支配收入稳步增长的支撑作用显著增强。工资性收入较快增长的主要动力源自于疫情转段后全面复工复产带动务工农牧民增加和农牧民工工资水平的上涨。据农民工监测调查数据显示，2023 年，内蒙古农牧民务工人数同比增长 2.7%，人均月收入同比增长 4.2%。

2. 经营净收入支撑有力。2023 年，内蒙古农牧民经营净收入 11607 元，同比增长 8.3%，占可支配收入的比重达 54.7%，仍然是内蒙古农牧民最主要的收入来源。从产业结构来看，三次产业经营净收入增速呈“快慢互现”态势。由于畜产品价格持续走低，牧业经营净收入增速明显放缓，导致农牧民第一产业经营净收入增幅收窄，同比增长 7.5%，增速较上年同期下降0.7个百分点。同时，在疫情转段后全面复工复产和农村牧区消费市场活力进一步增强等有利因素的影响下，内蒙古农牧民二、三产业经营净收入快速增长，增速分别达到17.2%和15.0%，合计占经营净收入比重增加0.6个百分点。

3. 财产净收入增长提速。2023年，内蒙古农牧民人均财产净收入580元，同比增长15.8%，增速快于上年同期10.1个百分点，为四项收入中增长最快的一项。农牧民财产净收入快速增长的驱动力主要来自于土地流转租金收入，随着近年来土地流转价格持续走高，内蒙古农牧民转让承包土地经营权租金净收入482元，增长11.6%，拉动财产净收入增长10.0个百分点。

4. 转移净收入增长平稳。2023年，内蒙古自治区继续着力夯实民生保障基础，内蒙古城乡居民最低生活保障标准、特困人员基本生活标准和照料护理标准再次提升，伴随各类政策性生产生活补贴足额按时发放、居民养老金标准稳步提高等利好因素，共同推动农牧民转移净收入稳步增长。全年内蒙古农牧民人均转移净收入4948元，同比增长6.9%，占可支配收入的比重为23.3%，拉动可支配收入增长1.6个百分点，对可支配收入增长的贡献率为20.3%。

二、城乡居民消费支出快速增长

2023年，随着经济社会进一步恢复，消费市场加速回暖，加之政府始终坚持把恢复和扩大消费摆在优先位置，相继制定出台一系列提振消费信心、促进消费持续恢复的政策，进一步改善消费条件、挖掘消费潜力、激发消费活力，内蒙古居民消费支出快速恢复、消费能力持续增强。2023年，内蒙古全体居民人均生活消费支出27025元，同比增长21.2%，较上年同期提高22.8个百分点，两年平均增长9.2%。

(一)居民生活消费支出情况

1. 居民消费呈现恢复性增长。在上年同期居民消费受新冠疫情冲击严重的情况下，2023年内蒙古居民生活消费呈现快速恢复增长态势。城镇居民人均消费支出32249元，同比增长20.9%，增速较上年同期提高22.8个百分点，两年平均增长8.9%；农牧民人均消费支出18650元，较去年同期增长20.8%，增速较上年同期提高22.4个百分点，两年平均增长9.0%。

2. 居民消费倾向显著提高。随着促消费政策持续发力显效，居民消费潜力得到进一步激活，内蒙古全体居民平均消费倾向(消费收入比)达70.9%，较上年同期提高8.8个百分点。其中:城镇居民平均消费倾向为66.3%,较上年同期提升8.7个百分点;农牧民平均消费倾向为87.9%,较上年同期提升9.3个百分点。可见内蒙古居民在疫情转段后的消费意愿和消费需求得到极大释放。

(二)居民消费支出亮点纷呈

1. 食品消费提档升级。伴随生活水平日益提升,居民消费档次升级,饮食消费趋向合理化,对饮食服务的选择也从过去以价格和口味为主导,逐渐向特色、文化、档次、品位、环境等多方面转变,吃得健康、放心和精致逐渐成为居民餐饮消费新观念。2023年,内蒙古城镇居民人均食品烟酒消费支出8707元,同比增长20.8%,占生活消费的比重为27.0%,与上年同期持平。城镇居民饮食服务消费占食品烟酒消费的比重提高3.5个百分点。农牧民人均食品烟酒消费支出5423元,同比增长13.1%,占生活消费的比重为29.1%,较上年同期降低2.0个百分点。农牧民饮食服务消费占食品烟酒消费的比重提高3.2个百分点。

2. 出行意愿显著增强。2023年,内蒙古居民交通通信消费恢复势头强劲。交通通信消费快速增长的动力主要来源于交通消费,疫情防控转段后,居民出行不再受防控措施限制,出行需求集中爆发,出行热度日益高涨。2023年,内蒙古城镇居民交通通信消费为5543元,同比增长30.9%,其中,交通消费的拉动增长率分别为26.5%;农牧民交通通信消费为3394元,同比增长51.5%,其中,交通消费的拉动增长率为48.7%。

3. 文化娱乐消费占比增加。得益于疫情转段后接触性服务业全面恢复,内蒙古文化娱乐消费市场迅速回暖。2023年,内蒙古城镇居民教育文化娱乐消费3270元,同比增长29.0%,其中,文化娱乐消费拉动教育文化娱乐消费增长17.0%,占居民生活消费的比重由上年同期的2.6%提高至3.5%。农牧民教育文化娱乐消费1672元,同比增长15.6%,其中,文化娱乐消费拉动教育文化娱乐消费增长6.9%,占居民生活消费的比重由上年同期的1.8%提高至2.0%。

三、城乡居民生活状况持续改善

(一)居住条件更加舒适卫生

1. 住房更加宽敞,条件更加舒适。十八大以来,内蒙古自治区统筹推进保障性住房和商品住房建设,大力开展农村人居环境整治,城乡居民住房条件持续改善。2023年,内蒙古城镇居民人均住房面积达到36.2平方米,较2013年增加6.6平方米;农牧民人均住房面积达到33.2平方米,较2013年增加7.2平方米。城镇居民住宅外道路路面为水泥或柏油路面的占比为95.9%，较2013年提升31.9个百分点，农牧民相关占比80.2%，较2013年提升62.8个百分点。

2. 设施日趋改善，追求日趋高质。随着生活水平的不断提高，城乡居民对生活品质有着更高追求，室内生活设施配套更加齐全。2023年，城镇居民实现住宅内管道取水、住户独用厕所、室内拥有热水洗澡设施以及有取暖设备的户数占比分别达到97.7%、96.6%、91.2%和97.9%，比2013年分别提高了8.4、22.3、32.2和0.3个百分点；农牧民相关占比分别达到75.8%、89.8%、40.2%和99.1%，比2013年分别提高了27.3、6.7、25.6和10.0个百分点。

（二）耐用消费品更新换代进程加快

1. 传统家电基本普及，小型家电发展快速。城乡居民常规家用电器基本实现户均1台，农牧民常规家电普及速度加快。2023年，内蒙古城镇居民每百户洗衣机、冰箱拥有量分别为99台、113台，较2013年分别增加8台、23台；农牧民每百户洗衣机、冰箱拥有量分别为97台、122台，较2013年分别增加20台、42台。同时，随着居民家庭条件的改善，越来越多款式新颖、省时省电、环保卫生的新兴家电不断进入百姓家庭。2023年，内蒙古城镇居民家庭中每百户拥有热水器89台、排油烟机87台、微波炉44台、空调26台，较2013年分别增加35台、29台、8台和13台；农牧民家庭中每百户拥有热水器32台、排油烟机22台、微波炉9台、空调7台，较2013年分别增加20台、14台、4台和6台。

2. 交通工具发展迅猛，文娱工具替代明显。随着居民生活条件的改善，交通工具快速驶入平常百姓家。2023年，内蒙古城镇居民助力车和家用汽车的百户拥有量为52辆和66辆，分别比2013年增长0.3倍和1.8倍；农牧民助力车和家用汽车的百户拥有量为89辆和45辆，分别比2013年增长2.6倍和2.0倍。而随着移动互联网与手机软硬件的飞速发展，智能手机已逐步替代电视机、计算机等部分功能。2023年，内蒙古城镇居民移动电话百户拥有量为224部，比2013年增长10.5%，彩色电视机和计算机百户拥有量分别为98台和48台，比2013年均减少2.0%；农牧民移动电话百户拥有量为239部，比2013年增长22.6%，彩色电视机和计算机百户拥有量分别为100台和17台，分别比2013年下降3.0%和增长30.8%。

四、需要关注的问题及相关建议

（一）城镇工资水平偏低，增长动力不足

工资性收入是内蒙古城镇居民收入最重要的组成部分，尽管增速较快，但绝对值水平仍然偏低，低于全国平均水平，且与收入排位邻近省份相比，增长动力不足，是制约城镇居民收入增长的最大掣肘。建议不断完善工资增长机制，适时调整最低工资标准、企事业单位增资基准等，不断缩小工资收入差距。

（二）一产经营净收入持续增长面临压力

第一产业经营净收入是内蒙古农牧民最主要的收入来源，但继续保持一产经营净收入平稳增长态势，面临着粮食产量长期高位运行增产难度加大，粮食价格出现回落趋势和牧业净收入增势放缓三重压力。建议立足内蒙古地区资源禀赋和现有条件，积极推进农牧业产业化和现代化，形成农畜产品培育、生产、加工、储备、销售的全产业链条，持续挖掘农畜产品生产潜力。

（三）社会保障能力水平有待进一步提高

养老金和离退休金是内蒙古居民转移收入中最重要的组成部分，但内蒙古居民养老金和离退休金增长较慢，一定程度上制约了居民转移净收入的增长。建议进一步扩大社保政策的覆盖面，建立与经济社会发展相适应的社保标准调整机制。根据当前农牧业生产形势变化，及时优化调整惠农惠牧补贴标准和发放机制，切实提升农牧民生产经营保障水平。

（执笔人：吴萌、崔娟）

2023年辽宁居民收支与生活状况报告

2023年，辽宁省委、省政府认真学习贯彻习近平总书记在新时代推动东北全面振兴座谈会上的重要讲话精神，全力实施全面振兴新突破三年行动，着力推动高质量发展，发展态势持续向好，民生领域不断改善，通过稳居民就业、促产业发展、保民生福祉、拓增收领域等多种方式，推动城乡居民收入稳定增长，消费支出加快恢复，生活状况持续改善。

一、辽宁城乡居民收入稳定增长

（一）城镇居民收入实现稳定增长

1. 总量位次不变，增量同比扩大。2023年，辽宁城镇居民人均可支配收入总量为45896元，在全国各省（区、市）中位居第14位，与上年持平；人均增收1893元，增量较上年扩大941元。

2. 增速位次提升，增幅回暖。经济持续恢复，特别是就业形势向好、服务业较快增长，保障了城镇居民收入的稳定增长。2023年，辽宁城镇居民人均可支配收入同比增长4.3%，在全国各省（区、市）中位居第21位，比上年前移6位。名义和实际增速分别比上年快2.1和3.8个百分点。

（二）城镇居民增收呈现新特点

1. 稳定就业成效显著。2023年，辽宁城镇居民人均工资性收入为26839元，同比增长5.5%，对收入增长的贡献率逐季提高，全年增收贡献率达74.2%，超过其他三项收入之和。一是稳就业政策组合拳持续发力。开展"送政策""送岗位""送服务"和各类补贴性培训，加大援企稳岗力度，推动失业人员、就业困难人员再就业，确保零就业家庭保持动态清零。二是就业形势总体向好。全年城镇调查失业率水平总体稳定，多月低于全国平均水平，尤其是服务业较快增长带动相关行业吸纳就业人数明显增加。

2. 营商环境持续向好。2023年，辽宁城镇居民人均经营净收入为4344元，同比增长

4.8%，与上年增速相比(−2.6%)，提高 7.4 个百分点。其中，第二、三产业经营净收入分别增长 18.6%和 8.9%。一是经济运行稳定。从各项经济指标看，辽宁地区生产总值、规模以上工业增加值、社会消费品零售总额等各项指标均实现较快增长。二是个体工商户持续降本减负。出台 23 条举措帮助个体工商户解决租金、税费等方面难题，大力扶持培育了个体工商户发展。三是非农经营活跃向好。从事批发零售等行业经营净收入恢复较快，加之上年基数较低的影响，推动经营净收入持续增长。

3. 民生兜底作用明显。2023 年，辽宁城镇居民人均转移净收入为 12610 元，同比增长 3.4%。一是养老金及离退休金发放标准继续调增，总体调整水平为 2022 年退休人员月人均基本养老金的 3.8%。二是城乡低保标准平均提高幅度不低于 5%，残疾人补贴、特困人员救助供养等补贴标准进一步提高。三是外出务工形势好转，寄带回收入和赡养收入实现较快增长。

(三)农村居民收入实现新突破

1. 总量位次前移，首破 2 万元大关。2023 年，辽宁农村居民人均可支配收入达到 21483 元，首次突破 2 万元大关，与全国平均水平的差距由上年的 225 元缩小至 208 元，在全国各省(区、市)中位居第 9 位，比上年前移 1 位，反超江西。收入总量在东北三省及内蒙古地区位居首位，总量分别高于吉林、黑龙江、内蒙古 2011 元、1727 元和 262 元。

2. 增速跑赢全国，增速位次大幅提升。2023 年，辽宁农村居民人均可支配收入同比增长 7.9%，快于上年 4.3 个百分点，快于全国平均水平 0.2 个百分点，在全国各省(区、市)中位居第 14 位，比上年提升 15 位。增速分别快于吉林、黑龙江 0.5、1.6 个百分点，低于内蒙古 0.1 个百分点。

3. 增速跑赢 GDP，发展成果人民共享。2023 年以来，辽宁坚持在发展中保障和改善民生，不断实现人民对美好生活的向往，发展成果更多惠及百姓。扣除价格因素，2023 年辽宁农村居民人均可支配收入同比实际增速快于全国平均水平 0.5 个百分点，快于辽宁地区生产总值增速 2.8 个百分点，实现了农村居民收入增长与经济发展同步的目标。

4. 增速跑赢城镇，城乡差距继续缩小。2023 年，辽宁农村居民人均可支配收入同比增速快于城镇居民 3.6 个百分点，农村居民收入的持续较快增长使得辽宁城乡居民收入相对差距不断缩小，城乡居民人均收入倍差由 2022 年的 2.21 缩小至 2023 年的 2.14，比全国平均水平低 0.25，继续呈现逐年缩小态势。

(四)农村居民增收呈现多点开花

1. 务工形势整体向好。2023 年，辽宁农村居民人均工资性收入为 7952 元，同比增长

6.9%，占人均可支配收入的比重为37.0%，拉动人均可支配收入增长2.6个百分点，增收贡献率为32.4%，是农村居民增收的重要因素。2023年以来，辽宁持续强化就业优先政策，加大就业创业支持力度，进一步支持农民工及脱贫人口就业创业，就业形势总体平稳。据农民工监测数据显示，2023年辽宁农民务工规模扩大、工资水平稳步提升。

2. 产业振兴高效推进。2023年，辽宁农村居民人均经营净收入为9585元，同比增长8.5%，占人均可支配收入的比重为44.6%，拉动人均可支配收入增长3.8个百分点，增收贡献率为47.9%，是农村居民增收的最大拉动力。近年来，辽宁大力发展优势特色产业，推进农业全产业链建设，为农民收入增长提供有力保障。受粮食产量再获丰收、粮食价格总体保持平稳等有利因素带动，人均第一产业经营净收入达到7310元，同比增长7.8%，拉动人均可支配收入增长2.7个百分点。同时，随着辽宁经济企稳向好、经营主体活力持续恢复、乡村旅游市场加速回暖，人均第二、三产业经营净收入同比分别增长4.7%和12.6%。

3. 改革红利效果明显。2023年，辽宁农村居民人均财产净收入为487元，同比增长15.1%，占人均可支配收入的比重为2.3%，拉动人均可支配收入增长0.3个百分点，增收贡献率为4.0%，是农村居民增收的潜力所在。随着乡村振兴战略稳步推进，农村集体产权制度改革持续深化，人均红利收入和转让承包土地经营权租金净收入较快增长，带动了农村居民财产净收入持续增长。

4. 民生保障有力有效。2023年，辽宁农村居民人均转移净收入为3459元，同比增长7.7%，占人均可支配收入的比重为16.1%，拉动人均可支配收入增长1.2个百分点，增收贡献率为15.7%，是农村居民增收的重要支撑。一是养老金标准继续上涨，带动人均养老金或离退休金收入同比增长5.2%。二是农村医保报销更加便捷，人均报销医疗费同比增长8.2%。三是农村劳动力外出就业形势稳中向好，农村家庭外出从业人员寄回带回收入同比增长13.7%。

二、辽宁城乡居民消费支出加快恢复

（一）城镇居民消费持续改善

1. 消费支出较快增长。随着一系列促消费政策落地见效，各地消费场景不断拓展，消费预期持续改善，市场销售呈现加快恢复向好态势。2023年，辽宁城镇居民人均消费支出为29091元，在全国各省（区、市）中位居第14位；同比增速为9.1%，高于全国平均水平0.5个百分点，在全国各省（区、市）中位居第13位。城镇居民平均消费倾向（消费支出占收入的比重)为63.4%,比上年提高2.8%,消费活力进一步释放。

2. 八类消费“六升二降”。从消费支出结构看,人均医疗保健、交通通信、其他用品及服务、教育文化娱乐支出增长快于人均消费支出平均增速。2023年,辽宁城镇居民人均医疗保健支出同比增长29.4%,其中医疗器具及药品、医疗服务支出分别增长12.7%和40.7%;人均交通通信支出同比增长21.2%,主要是居民出行意愿强烈,交通费、交通工具用燃料支出增长较快;人均教育文化娱乐支出同比增长16.8%,主要是旅游、演出、展览等文化娱乐场景持续快速恢复,带动文化娱乐支出增长53.9%。

3. 服务性消费支出增长较快。在文娱市场需求旺盛带动下,在外饮食、交通出行、文化旅游等服务消费支出快速增长,带动服务性消费支出较快增长。2023年,辽宁城镇居民人均服务性消费支出同比增长19.8%,快于人均消费支出增速10.7个百分点;占人均消费支出的比重为45.3%,比上年上升4.0个百分点。

(二)农村居民消费释放新动能

1. 总量位次前移,增速快于全国。2023年,辽宁农村居民人均消费支出为16040元,在全国各省(区、市)中位居第20位,比上年前移1位;同比增速为12.0%,快于全国平均水平2.7个百分点,在全国各省(区、市)中位居第12位,比上年前移14位。

2. 消费复苏有力,八类消费全面增长。从消费支出结构看,八大类消费支出全面复苏,除衣着支出外,均达到2019年以来最好水平。其中,人均医疗保健支出、教育文化娱乐支出同比增长较快,快于人均消费支出平均增速,二者对消费支出增长的贡献率达53.3%,是拉动消费支出增长的主要因素。具体看,2023年,辽宁农村居民人均医疗保健支出为2288元,同比增长40.2%,增速领衔八大类消费,对消费支出增长贡献最大,主要是随着疫情转段,居民自身保健意识不断增强,居民就医和购药需求明显增多,带动人均医疗器具及药品支出、医疗服务支出分别增长44.7%和38.3%;人均教育文化娱乐支出为1726元,同比增长17.5%,主要是旅游、演出、展览等文化娱乐活动加快恢复,带动人均文化娱乐支出增长56.1%。

3. 新动能持续释放,服务性消费加快恢复。2023年以来,在旅游热和文娱市场需求旺盛带动下,在外饮食、交通出行、文化旅游等服务消费支出较快增长,带动农村居民服务性消费支出加快恢复。2023年,辽宁农村居民人均服务性消费支出为6065元,同比增长18.1%,快于人均消费支出增速6.1个百分点;占人均消费支出的比重为37.8%,比上年提高1.9个百分点。其中,人均医疗保健服务性消费支出增长37.9%,人均食品烟酒服务性消费支出增长27.4%，人均教育文化娱乐服务性消费支出增长15.7%。

4. 需求稳步回升，恩格尔系数有所下降。随着经济社会全面常态化运行和各项促消费政策持续显效，农村居民消费意愿持续增强，消费潜力不断释放。2023年，辽宁农村居民平均消费倾向(消费支出占收入的比重)走高，达到74.7%，比上年回升2.7个百分点，与2019年持平。与此同时，随着农村居民收入水平的较快增长，农村居民生活质量有所改善，人均食品烟酒支出同比增长8.1%，低于人均消费支出3.9个百分点，农村居民恩格尔系数(食品烟酒支出占消费支出的比重)为30.4%，比上年下降1.1个百分点，低于全国平均水平2.0个百分点。

三、辽宁城乡居民生活状况日新月异

(一)居住条件持续向好，人居环境显著改善

一是居住条件更加舒适。2023年，辽宁城乡居民人均现住房建筑面积分别为34.2和37.9平方米，调查样本中62.9%的农村住户厕所类型为水冲式卫生厕所或卫生旱厕，46.7%的农村住户拥有洗澡设施。二是主要生活家电拥有量继续增加。2023年，辽宁城镇居民平均每百户拥有微波炉63.3台、空调80.4台、热水器93.0台；农村居民平均每百户拥有微波炉19.9台、空调33.0台、热水器38.4台。三是生活垃圾处置体系基本实现全覆盖，村内河道和黑臭水体得到有效治理，饮水安全巩固提升。2023年，调查样本中98.9%的农村村组垃圾实现集中处理；82.6%的农村村组饮用水经过集中净化处理。

(二)公共服务更加便利，文娱生活日益丰富

一是农村基础设施建设不断夯实。2023年，调查样本中96.4%的村组拥有卫生站，93.7%的村组内有小学或无小学但入学较便利，92.0%的村组主要道路有路灯。二是加快农村公路建设和网络覆盖，推动实现村村互通、村组连通和“村村通宽带”。2023年，调查样本中100%的村组实现通公路、通电话、通宽带；100%的村组实现村内道路硬化。三是出行沟通日益便捷，文娱生活更加丰富多彩。2023年，辽宁城乡居民平均每百户拥有家用汽车42.4和34.1辆，72.0%的农村村组有政府组织的文化活动，比上年提高11.5个百分点。

四、对进一步促进居民增收的建议

(一)稳定就业，拓宽渠道，提高城乡居民就业质量

一是优化产业结构，多措并举提高就业水平。紧扣深化供给侧结构性改革主线，着力

建设现代化产业体系，要针对目前社会经济发展中需要的稀缺人才和岗位，加大人力资本投资，提高劳动力供给质量，提升产业与人才融合发展水平。二是深化收入分配改革，探索建立工资正常增长机制。完善最低工资标准和工资指导线发布机制，科学调节劳动者工资水平，制定差异化工资增长策略。三是完善公共就业服务体系，拓宽就业渠道。多层面提供岗位供给、技能培训、信息推送、就业援助等全方位公共就业服务，完善农民工就业支持政策。四是聚焦"沈大"建设，以点带面增强居民增收活力。

（二）产业融合，创新发展，确保农业经营稳定向好

一是促进产业融合，大力推进农业全产业链发展，实施农产品加工业提升工程，促进第一产业向二、三产业延伸，形成农产品产供销"一条龙"，实现特色农业产业与旅游业相结合，确保农民增产又增收。二是打造新型农业经营主体，通过规模化生产，全程机械化作业，降低生产成本，提高农业生产效益。积极推广农业托管服务，实现农业增效，农民增收。三是发展现代畜牧业，建设一批高标准、带动能力强的规模化种养结合产业基地。四是落实农产品价格保护制度，稳定农业生产资料成本，保障农民生产积极性和利益。

（执笔人：隋凯）

2023年吉林居民收支与生活状况报告

2023年，吉林省委省政府全面贯彻党的二十大精神，坚决落实中央稳经济一揽子政策措施，及时出台稳定经济增长举措，在三年新冠疫情防控转段后经济恢复发展的一年中，吉林经济运行保持回升向好态势，巩固拓展脱贫攻坚成果同乡村振兴有效衔接取得积极成效，高质量发展扎实推进，居民收入稳步增长，消费不断恢复，生活状况持续改善。

一、收入呈现稳步增长态势

(一)居民收入稳定增长，城乡相对差距缩小

2023年，吉林全体居民人均可支配收入29797元，比上年增长(以下如无特别说明，均为名义增长)6.5%，扣除价格因素，实际增长6.6%。绝对值在全国31个省(区、市)排名第23位，较上年前移2位，与全国平均水平差距较上年扩大512元，相当于全国平均水平的75.8%。增速在全国31个省(区、市)排名第11位，快于全国平均水平0.2个百分点。城乡居民人均可支配收入比为1.93，比上年缩小0.03。

收入四项来源中，人均工资性收入15252元，比上年增长7.6%；人均经营净收入7287元，比上年增长7.5%；人均财产净收入1277元，比上年增长3.8%；人均转移净收入5982元，比上年增长3.2%。详见表1。

表1　2023年吉林居民人均可支配收入情况

单位：元、%

指　标	全体			城镇			农村		
	绝对值	增速	拉动	绝对值	增速	拉动	绝对值	增速	拉动
可支配收入	29797	6.5	—	37503	5.7	—	19472	7.4	—
工资性收入	15252	7.6	3.9	23371	6.6	4.1	4373	9.7	2.1
经营净收入	7287	7.5	1.8	4072	15.9	1.6	11595	4.9	3.0
财产净收入	1277	3.8	0.2	1830	0.7	0.0	535	16.3	0.4
转移净收入	5982	3.2	0.7	8231	0.3	0.1	2969	12.8	1.9

注：部分数据因四舍五入原因，存在总计与分项合计不等的情况。

(二)城镇居民收入恢复速度较快

2023年,吉林城镇居民人均可支配收入37503元,比上年增长5.7%,扣除价格因素,实际增长5.7%。绝对值在全国31个省(区、市)排名第30位,与全国平均水平差距较上年扩大506元,相当于全国平均水平的72.4%。增速在全国31个省(区、市)排名第6位,快于全国平均水平0.6个百分点。

1. 工资性收入。2023年,吉林城镇新增就业近26万人,调查失业率低于上年,零就业家庭保持动态清零。人均工资性收入23371元,比上年增长6.6%,拉动可支配收入增长4.1个百分点,占比超六成,是吉林城镇居民收入主要来源。

2. 经营净收入。人均经营净收入4072元,比上年增长15.9%,拉动可支配收入增长1.6个百分点。2023年,吉林着力加强监测预警、有效调控,聚焦重点行业、重点企业、重点项目,挖增量、控减量,出台促进民营经济发展壮大实施意见,开展"服务企业月"等活动,制定"为企业办实事清单",新登记经营主体近62万户,比上年增长14.0%,为经营主体降本减负8000亿元,服务业增加值增长6.9%。人均第二产业经营净收入89元,比上年增长26.6%,拉动经营净收入增长0.5个百分点,其中人均制造业、建筑业经营净收入分别比上年增长1.6倍和7.9%;人均第三产业经营净收入2691元,比上年增长12.3%,拉动经营净收入增长8.4个百分点,其中人均交通运输仓储和邮政业、住宿和餐饮业、租赁和商务服务业经营净收入分别比上年增长3.1%、89.8%和85.2%。

3. 财产净收入。人均财产净收入1830元,比上年增长0.7%。其中人均利息、红利、储蓄性保险等金融资产类财产净收入分别比上年增长1.3倍、68.8%和7.9倍。受房地产市场持续低迷影响,人均房租虚拟租金净收入比上年下降14.2%。

4. 转移净收入。2023年,吉林继续出台调整退休人员基本养老金相关政策,养老金发放标准持续调增,且按时足额发放。同时,居民基本医疗保险政府补助标准提高到每人每年640元。人均转移净收入8231元,比上年增长0.3%。

(三)农村居民收入较快增长

2023年,吉林农村居民人均可支配收入19472元,比上年增长7.4%,扣除价格因素,实际增长7.9%。绝对值在全国31个省(区、市)排名第22位,与全国平均水平差距较上年扩大221元,相当于全国平均水平的89.8%。增速在全国31个省(区、市)排名第19位,慢于全国平均水平0.3个百分点。

1. 工资性收入。2023年,吉林坚持农业农村优先发展战略,农村劳动力转移就业294

万人，农民工本地务工 60 万人，比上年增长 6.7%，从业时间一个月以下、一个月至两个月人数分别比上年增长 85.7%和 1.9%。人均工资性收入 4373 元，比上年增长 9.7%，拉动可支配收入增长 2.1 个百分点。

2. 经营净收入。人均经营净收入 11595 元，比上年增长 4.9%，拉动可支配收入增长 3.0 个百分点，占比 59.5%，是吉林农村居民收入主要来源。2023 年，吉林“千亿斤粮食”产能建设工程全面启动，狠抓增面积、建良田、用良种、强农机、推技术、防旱涝六项措施落实，克服局地严重洪涝灾害影响，粮食产量再创历史新高，总产量达到 837.3 亿斤，比上年增长 2.6%，高于全国平均增速 1.3 个百分点。人均农业经营净收入 10272 元，比上年增长 4.4%，拉动经营净收入增长 3.9 个百分点。“千万头肉牛”建设工程深入实施，肉牛饲养量达到 717.3 万头。人均牧业经营净收入 415 元，比上年增长 5.0%。

3. 财产净收入。人均财产净收入 535 元，比上年增长 16.3%。2023 年，吉林建设高标准农田 791 万亩，人均转让承包土地经营权租金净收入 492 元，比上年增长 19.2%，拉动财产净收入增长 17.3 个百分点。

4. 转移净收入。人均转移净收入 2969 元，比上年增长 12.8%。2023 年，吉林外出务工农民工 160 万人，比上年增长 6.5%，人均家庭外出从业人员寄回带回收入 493 元，比上年增长 9.0%。社会保险待遇累计发放 1937 亿元，人均养老金或离退休金、社会救济和补助、政策性生活补贴、现金政策性惠农补贴分别比上年增长 26.3%、40.5%、34.1%和 6.4%。

二、消费支出恢复性增长明显

2023 年，吉林深挖潜能促进消费，精准发放消费券，举办汽博会、农博会、雪博会、房交会等活动，启动实施旅游万亿级产业攻坚行动，坚持全域四季联动、冰雪避暑互动，推动旅游市场加快回暖，全力恢复扩大消费。

(一)消费增速排名次席，各消费类别全面增长

2023 年，吉林全体居民人均消费支出 21411 元，比上年增长 19.6%，扣除价格因素，实际增长 19.7%。绝对值在全国 31 个省(区、市)排名第 22 位，较上年前移 5 位，与全国平均水平差距较上年缩小 1256 元，相当于全国平均水平的 80.0%。增速在全国 31 个省(区、市)排名第 2 位，快于全国平均水平 10.4 个百分点。

八大类消费中，食品烟酒、居住分别比上年增长 7.2%和 8.8%，其余六类消费增速均

为两位数。详见表 2。

表 2　2023 年吉林居民人均消费支出情况

单位:元、%

指　　标	全体		城镇		农村	
	绝对值	增速	绝对值	增速	绝对值	增速
消费支出	21411	19.6	26677	22.2	14354	12.8
食品烟酒	5863	7.2	6967	8.8	4383	3.5
衣着	1351	16.5	1825	21.8	715	0.1
居住	3957	8.8	5304	9.8	2153	4.0
生活用品及服务	1014	16.4	1348	18.3	567	9.2
交通通信	3153	31.9	3942	42.0	2096	11.4
教育文化娱乐	2569	39.0	3249	45.2	1658	24.1
医疗保健	2816	36.2	3076	29.4	2467	48.5
其他用品及服务	688	50.0	966	69.4	316	1.2

分城乡看,城镇居民人均消费支出 26677 元,比上年增长 22.2%,扣除价格因素,实际增长 22.2%。农村居民人均消费支出 14354 元,比上年增长 12.8%,扣除价格因素,实际增长 13.4%。

(二)消费结构不断优化

全体居民人均生存型消费支出 11170 元,占消费支出比重为 52.2%,较上年降低 5.1 个百分点,其中食品烟酒、衣着、居住占比分别较上年降低 3.1 个、0.2 个和 1.8 个百分点;发展型消费支出 8538 元,占消费支出比重为 39.9%,较上年提高 4.7 个百分点,其中交通通信、教育文化娱乐、医疗保健占比分别较上年提高 1.4 个、1.7 个和 1.6 个百分点;享受型消费支出 1702 元,占消费支出比重为 8.0%,较上年提高 0.6 个百分点,其中生活用品及服务占比较上年降低 0.1 个百分点,其他用品及服务占比较上年提高 0.7 个百分点。详见下图。

(三)服务性消费增速快、占比升

全体居民人均服务性消费支出 9046 元,比上年增长 33.6%,占消费支出比重为 42.2%,较上年提高 4.4 个百分点。其中人均饮食服务、家政服务、交通费、通信服务、文化娱乐服务等服务性消费支出分别为 1264 元、42 元、310 元、414 元和 354 元,分别比上年增长 46.9%、2.1 倍、63.8%、9.4%和 2.2 倍。

全体居民人均商品性消费支出 12365 元,比上年增长 11.2%,占消费支出比重为

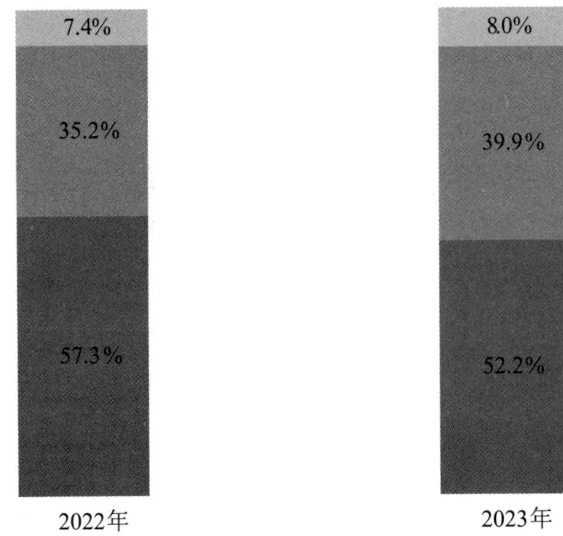

图1　2022年、2023年吉林居民消费结构占比变化

注：因四舍五入原因，存在总计≠100%的情况。

57.8%，较上年降低4.4个百分点。其中人均交通工具、通信工具、其他文娱用品等商品性消费支出分别为800元、258元和236元，分别比上年增长36.6%、5.2%和26.7%。

三、居民生活改善提高

2023年，吉林省委省政府坚持不懈推进自身建设，以改革的办法破解发展中的问题，坚持目标牵引、结果导向，打破思维惯性、摆脱路径依赖，提升执行的创造性、行动的力度和实干的效果，居民生活持续改善，乡村建设有序推进，打造高标准美丽乡村示范村201个、美丽村995个、吉乡农创园48个。

（一）社区基础设施持续完善

2023年，吉林改造棚户区近2万套，开工改造老旧小区830个，社区通宽带占比99.8%，并全部实现通电、通电话。

新改建农村公路3175公里，整治“畅返不畅”6217公里，社区通公路数量占比达到98.6%，能便利地乘坐公共汽车的社区占比达到92.9%。

全年免费为居民改造燃气管阀136万户，开通管道燃气的占比46.7%。饮用水经过集中净化处理、有市政或小区集中供暖、主要道路有路灯、垃圾能够做到集中处理、有绿化园林景观设计、有专职安全保卫人员的社区分别占比96.7%、54.9%、86.9%、97.6%、73.1%

和84.9%。

(二)居民生活条件日益改善

1. 住房方面。2023年开工保障性租赁住房1.34万套(间),住房来源为租赁公房的户数占比1.0%,比上年提高0.2个百分点。改造农村危房3306户,住房主要建筑材料为钢筋混凝土、砖混等优质材料户数占比76.6%;砖瓦砖木、竹草土坯等相对低等材料户数占比23.3%。

2. 医疗保险方面。2023年,吉林印发《关于做好2023年城乡居民基本医疗保险参保缴费工作的通知》,加强部门协同、优化缴费服务;制定《吉林省医疗保险异地就医经办规程》,完善医疗保险异地就医经办管理体系,加强业务管理,规范业务流程,提升医疗保障服务水平。参加城乡居民基本医疗保险人数占比76.9%。

3. 农村居民生活保障方面。农村自来水普及率达到97.8%;24小时供水工程比例为40.2%;主要饮用水来源为经过净化处理的自来水、受保护的井水和泉水户数合计占比99.7%。改造农村厕所近5万户,使用卫生旱厕的户数占比31.0%,比上年提高4.5个百分点;普通旱厕户数占比14.9%,比上年降低4.7个百分点。厕所为院内独用、院内合用户数合计占比39.4%,比上年提高4.8个百分点。

(三)耐用消费品提质换代

1. 改善生活质量类消费品稳定增长。2023年,吉林限额以上社会消费品中汽车类商品零售额比上年增长26.5%,省内龙头企业一汽集团省属口径产、销量分别增长16.7%和17.6%,红旗品牌汽车销量增长13.1%。吉林居民每百户家庭家用汽车拥有量为41辆。每百户家庭空调、热水器拥有量分别为22台和59台。

2. 基本生活保障类消费品渐显饱和。洗衣机、电冰箱等基本家用电器每百户家庭拥有量分别为99台和102台。移动电话持续更新换代,但数量渐显饱和,每百户家庭拥有量为233部。

3. 可替代类消费品减少明显。固定电话、照相机等可替代耐用消费品每百户家庭拥有量分别为2部和3台。

四、政策建议

(一)持续改善经营环境,促进居民增收

第三产业是吉林城镇居民经营净收入主要来源,占经营净收入比重为66.1%。2023

年，吉林城镇居民人均第三产业经营费用支出比上年增长4.6%，居民从业意愿有所下降，第三产业从业人数比上年下降0.7%，经营成本增加影响净收入水平是主要原因。应进一步强化服务举措，提振经营活力和信心，从企业和群众期盼中找准工作着眼点、政策发力点，打造优质营商环境，在有效满足融资需求的前提下，降低融资成本，特别是推动惠企减负政策有效落实，切实解决经营成本高等痛点难点问题。

（二）多措并举精准施策，促进消费稳定增长

2023年，吉林居民消费恢复性增长明显，消费结构有所优化，应继续改善消费环境，从增加收入、优化供给、培育壮大新型消费、减少限制性措施等方面综合施策。稳定和扩大传统消费，鼓励和推动消费品以旧换新，推动养老、家政等服务性消费提质扩容，促进消费持续稳定增长，更好地满足人民群众生活需要。

（执笔人：杨滨）

2023年黑龙江居民收支与生活状况报告

2023年是全面贯彻党的二十大精神的开局之年，黑龙江省坚持以推动高质量发展为目标，全面贯彻新发展理念，构建新发展格局，稳增长、稳就业、稳物价、着力扩大内需等政策措施成效明显，民生保障更加有力，消费市场得到拓展，经济运行总体平稳，全年城乡居民收入实现稳步增长，消费活力逐步释放，居民生活持续改善，但在发展中也存在一些不容忽视的问题。

一、居民收入稳步增长

(一)居民收入保持稳定增长，城乡收入差距持续缩小

2023年黑龙江全体居民人均可支配收入29694元，同比增长4.8%，比上年同期高0.4个百分点，增速低于全国平均水平1.5个百分点。分城乡看，城镇居民人均可支配收入36492元，同比增长4.1%，与上年同期持平，增速低于全国平均水平1.0个百分点；农村居民人均可支配收入19756元，同比增长6.3%，比上年同期高2.5个百分点，增速低于全国平均水平1.4个百分点。城乡居民人均可支配收入比值为1.85，比上年下降0.04，比十年前的2014年下降0.31。

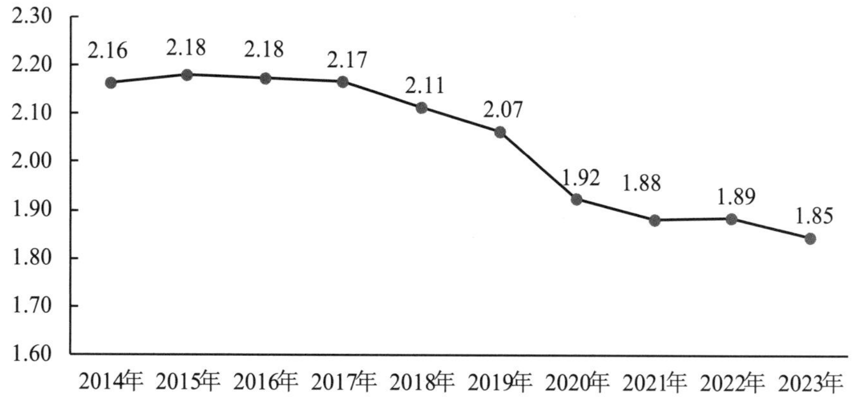

图1 近十年黑龙江城乡居民人均可支配收入比变化情况

(二)四项收入三增一降,工资性收入增长贡献大

从收入来源看,2023年黑龙江全体居民人均可支配收入结构呈现“三增一降”。工资性收入是主力,全体居民人均工资性收入同比增长6.0%,占可支配收入比重47.1%,对可支配收入增长贡献率为58.9%;全体居民人均经营净收入同比增长3.9%,占可支配收入比重19.8%,对可支配收入增长贡献率为16.3%;受房价下跌等因素影响,全体居民人均财产净收入同比下降6.7%,占可支配收入比重4.3%,对可支配收入增长贡献率为负6.8%;全体居民人均转移净收入同比增长5.3%,占可支配收入比重28.8%,对可支配收入增长贡献率为31.6%。

表1 2023年黑龙江居民人均可支配收入情况表

指　　标	全体		城镇		农村	
	金额(元)	增速(%)	金额(元)	增速(%)	金额(元)	增速(%)
人均可支配收入	29694	4.8	36492	4.1	19756	6.3
工资性收入	13987	6.0	21006	5.6	3724	9.0
经营净收入	5894	3.9	3169	8.8	9877	1.8
财产净收入	1276	−6.7	1163	−17.4	1442	10.0
转移净收入	8538	5.3	11153	3.0	4713	13.5

1. 稳岗政策持续助力就业,工资性收入较快增长。2023年全体居民人均工资性收入13987元,同比增长6.0%。分城乡看,城镇居民人均工资性收入为21006元,同比增长5.6%,对城镇居民人均可支配收入增长的贡献率为76.6%,拉动同期可支配收入增长3.2个百分点,是城镇居民收入增长的主力。农村居民人均工资性收入为3724元,同比增长9.0%,对农村居民人均可支配收入增长的贡献率为26.1%,拉动同期可支配收入增长1.7个百分点。

2. 二、三产业产能得到释放,推动经营净收入增长。2023年全体居民人均经营净收入5894元,同比增长3.9%,其中,人均二、三产业经营净收入同比分别增长18.8%和13.1%。分城乡看,城镇居民人均经营净收入为3169元,同比增长8.8%,其中,人均二、三产业经营净收入同比分别增长18.7%和11.5%;农村居民人均经营净收入为9877元,同比增长1.8%,其中,人均二、三产业经营净收入同比分别增长18.1%和23.3%。

3. 受房价下滑影响,财产净收入下降。2023年全体居民人均财产净收入1276元,同比下降6.7%。分城乡看,城镇居民人均财产净收入为1163元,同比下降17.4%,对城镇居

民人均可支配收入增长的贡献率为负 16.9%，拉动同期可支配收入下降 0.7 个百分点；农村居民人均财产净收入为 1442 元，同比增长 10.0%，对农村居民人均可支配收入增长的贡献率为 11.2%，拉动同期可支配收入增长 0.7 个百分点。

4. 惠农补贴力度加大，转移净收入稳定增长。2023 年全体居民人均转移净收入 8538 元，同比增长 5.3%。分城乡看，城镇居民人均转移净收入为 11153 元，同比增长 3.0%，对城镇居民人均可支配收入增长的贡献率为 22.6%，拉动同期可支配收入增长 0.9 个百分点；农村居民人均转移净收入为 4713 元，同比增长 13.5%，对农村居民人均可支配收入增长的贡献率为 47.6%，拉动同期可支配收入增长 3.0 个百分点。转移净收入增长的原因，是大豆补贴标准大幅提高，农业补贴总量同比增加。2023 年农村居民人均现金政策性惠农补贴同比增长 18.4%。

二、消费活力逐步释放

2023 年年初以来，随着社会经济持续恢复，就业形势总体改善，消费场景恢复拓展，居民消费持续恢复，农村居民消费支出增速快于城镇。2023 年全体居民人均生活消费支出为 22052 元，同比增长 8.0%。分城乡看，城镇居民人均生活消费支出为 25882 元，同比增长 7.8%；农村居民人均生活消费支出为 16453 元，同比增长 8.5%。农村居民人均生活消费支出增速比城镇高 0.7 个百分点。

表 2　2023 年黑龙江居民消费支出情况表

指　　标	全体		城镇		农村	
	金额(元)	增速(%)	金额(元)	增速(%)	金额(元)	增速(%)
消费支出	22052	8.0	25882	7.8	16453	8.5
食品烟酒	6648	4.5	7608	5.1	5245	3.2
衣着	1441	6.0	1790	9.4	930	−2.6
居住	4092	3.1	5207	2.1	2462	6.1
生活用品及服务	1013	6.8	1286	10.2	614	−2.4
交通通信	2993	14.3	3333	15.5	2496	12.0
教育文化娱乐	2386	13.4	2804	12.6	1774	15.2
医疗保健	2903	15.0	3104	10.9	2609	22.7
其他用品及服务	577	9.7	751	8.3	322	14.5

(一)恩格尔系数持续下降

2023 年全体居民人均食品烟酒支出为 6648 元，同比增长 4.5%，恩格尔系数为

30.1%，较上年同期下降1.1个百分点。分城乡看，城镇居民人均食品烟酒支出为7608元，同比增长5.1%，恩格尔系数为29.4%，较上年同期下降0.8个百分点；农村居民人均食品烟酒支出为5245元，同比增长3.2%，恩格尔系数为31.9%，较上年同期下降1.6个百分点。

（二）医疗保健、交通通信和教育文化娱乐消费增速较快

1. 医疗保健支出显著增长。2023年全体居民人均医疗保健类支出为2903元，同比增长15.0%。分城乡看，城镇居民人均医疗保健支出为3104元，同比增长10.9%；农村居民人均医疗保健支出为2609元，同比增长22.7%。受新冠病毒感染和季节性流感等因素影响，居民就医需求增长较为明显。全体居民人均医疗服务支出1891元，同比增长15.2%。同时，居民对自身健康也愈发关注，购买药品及医疗保健器具增多，推动医疗保健消费快速增长。全体居民人均医疗器具及药品支出1012元，同比增长14.5%。

2. 交通通信、教育文化娱乐支出快速增长。随着黑龙江加大举措推进消费政策落地实施，发放购车补贴等促进汽车消费活动，增强居民购车意愿。同时，居民出游需求释放，旅游市场回暖明显，带动交通通信支出较快增长。2023年全体居民人均交通通信支出2993元，同比增长14.3%，其中，人均交通支出2264元，同比增长17.9%。分城乡看，城镇居民人均交通通信支出3333元，同比增长15.5%；农村居民人均交通通信支出2496元，同比增长12.0%。疫情转段后线下教学恢复，教育支出实现较快增长。2023年全体居民人均教育文化娱乐支出为2386元，同比增长13.4%，其中，人均文化娱乐支出550元，同比增长22.4%。分城乡看，城镇居民人均教育文化娱乐支出为2804元，同比增长12.6%；农村居民人均教育文化娱乐支出为1774元，同比增长15.2%。

（三）服务性消费增速高于生活消费

2023年全体居民人均服务性消费支出9089元，同比增长12.6%，增速高于全体居民人均消费支出4.6个百分点。服务性消费支出占居民消费支出比重为41.2%，比上年同期增长1.6个百分点。分城乡看，城镇居民服务性消费支出11196元，同比增长10.6%；农村居民服务性消费支出6008元，同比增长18.1%。

三、居民生活持续改善

（一）居住条件更加优越

2023年黑龙江全体居民人均住房面积33.0平方米，比2022年增加0.2平方米，比

2014年增加5.9平方米，十年间，人均住房面积提高了21.8%。其中，农村居民居住在钢筋混凝土和砖混材料房屋中的户比重为92.6%，比2014年提高了63.7个百分点。

（二）家居环境持续优化

2023年黑龙江城镇居民将天然气、液化石油气、煤气和电作为主要炊用能源的户合计占98.3%，农村居民合计占比37.6%，分别比2014年提高了14.3个百分点、27.7个百分点。城镇和农村居民使用水冲式厕所的户比重分别为95.2%、10.7%，分别比2014年提高了19.5个百分点、8.3个百分点。城镇和农村居民户中安装洗澡设施的占比分别为87.2%、23.4%，分别比2014年提高了37.2个百分点、6.1个百分点。

（三）耐用消费品更新换代

随着居民生活水平不断提高，黑龙江居民对家庭耐用消费品的追求不断变化和升级。2023年黑龙江居民主要生活家电基本普及，平均每百户拥有洗衣机96台、电冰箱99台、彩色电视机96台；平均每百户拥有移动电话221部，已连续5年保持在220部以上，移动通信设备保持更新换代，自带照相功能不断升级，逐渐替代专业的相机；家用汽车、热水器、排油烟机等生活享受型产品不断增长，达到平均每百户分别拥有35辆、57台、64台，分别比2014年增长289.6%、86.7%、38.6%。智能家具开始走进居民家庭，例如空气净化器、地面清洁电器等。

（四）社区公共服务更加完善

2023年黑龙江居民所在社区（村）能便利乘坐公共汽车的户比重为96.3%，比2014年提高5.0个百分点；进入社区（村）主要道路状况是水泥或柏油路面的户比重为90.0%，比2014年提高10.3个百分点。社区（村）内主要道路有路灯的户比重为88.2%，比2014年提高23.6个百分点；垃圾能集中处理的户比重为98.2%，比2014年提高29.7个百分点；有健身器材的户比重为85.9%，比2014年提高34.4个百分点；有卫生站（室）的户比重为95.8%，比2014年提高23.9个百分点；本年度未发生盗窃或其他刑事案件的户比重为99.1%，比2014年提高11.3个百分点。

四、存在问题不容忽视

随着经济发展，城乡居民收入不断增加，生活质量不断提高，但还存在收入结构不够优化、消费意愿不强等问题。一是工资性收入比重偏低。2023年全体居民人均工资性收入占可支配收入比重为47.1%，低于全国平均水平9.1个百分点。二是农村居民农业经营收入比重偏高。2023 年黑龙江农村居民人均经营净收入 9877 元，比全国平均水平高 32.9%；占可支配收入比重为 50.0%，比全国平均水平高 15.7 个百分点。农业经营净收入增长受粮食单产、粮食价格、农资价格等因素变化影响，增收稳定性相对较差。三是城镇居民财产净收入支撑不足。2023 年城镇居民人均财产净收入占可支配收入的比重仅为 3.2%，受房价下滑影响，促增收作用有限。四是居民消费意愿有待提升。2023 年黑龙江城镇居民人均消费支出增速低于农村居民 0.7 个百分点。农村居民消费支出结构中，衣着和生活用品及服务支出呈现负增长，医疗保健支出增长幅度最大，促进农村居民消费支出稳步增长难度加大。

五、促进收入消费建议

（一）抢抓机遇发展文旅，扩就业提升工资收入

结合黑龙江独特的自然环境，大力发展冰雪经济和特色文化旅游，推动冰雪运动、冰雪文化、冰雪装备、冰雪旅游、森林氧吧、避暑康养等延链拓面。加强省内区域合作，共同打造旅游目的地，丰富旅游产品，打造四季都是旅游旺季，满足不同人群需求。加大对旅游行业企业的扶持和旅游人才培养力度，提高旅游服务质量和体验感，发挥旅游带动就业富民作用，让更多人搭上旅游快车，促进二三产经营向好、本地就业充分，进而提高从业人员的收入水平，促进工资性收入增长。

（二）保障住房财产收益，科学引导居民理财

根据市场需求和经济发展情况，持续稳妥实施区域激励政策，稳定房地产价格，规范房地产交易，保障居民住房财产价值和收益。金融监管部门牵头，利用社区活动、专题讲座等方式，普及理财知识，引导居民树立正确的理财观念，建立参与理财的信心，以多元化的投资方式，引导和鼓励金融机构开发适合不同风险偏好和投资需求的理财产品，让居民有更多的机会实现财富增值。

（三）加大农业扶持力度，保障一产综合效益

加大对农业的投入，推动农业科技创新，特别是以优质新品种和良技良法为推手，提高农业生产的技术含量和现代化水平。以保障国家粮食安全为抓手，建立主产区、主销区省际横向利益补偿机制，进一步加大对农业的支持力度。发展精深加工、特色养殖、生态旅游等新兴行业，引导新型经营主体与农户建立紧密的利益联结机制，加强农业产业链的纵深发展，提高农业综合效益，让农民在产业链的中后段，分享到增值收益，促进农民更稳定的

增收致富。

(四)丰富消费业态场景,确保政策落实落靠

借助数字技术打造城乡文旅网络新IP,与文化街区、文旅体育、健康养老托育以及社区消费等有效结合,推出产业链互通的线上线下融合消费场景。结合本地消费市场特点,兼顾老中青不同消费群体和消费习惯,积极培育具有黑龙江特色消费新场景和增长点。持续推出消费促进政策,对中小企业、个体工商户进行扶持加引导,在消费券发放范围和参与活动的产品种类上不断优化,充分释放政策红利,有效衔接销售端和消费端,最大限度激发市场活力和居民消费热情。

(执笔人:高子珺)

2023年上海居民收支与生活状况报告

2023年，上海深入贯彻落实习近平总书记考察上海重要讲话精神，坚决贯彻落实党中央、国务院的决策部署，全市经济稳步恢复，高质量发展扎实推进，民生保障有力有效，居民收入保持稳定增长，城乡居民收入比进一步缩小，居民消费支出加快恢复，消费质量持续提升。上海城乡居民收入与消费支出水平继续保持全国首位。

一、居民收入增速先回升后企稳

（一）增速“先回升后企稳”，趋势与全国基本一致

2023年，上海居民人均可支配收入84834元，比上年增长6.6%，两年平均增长4.3%；扣除价格因素，实际增长6.3%，两年平均实际增长2.8%。受上年基数影响，2023年，上海居民收入增速呈现“上半年快速回升，下半年逐步趋稳”走势，趋势与全国基本一致，但波动幅度较大。

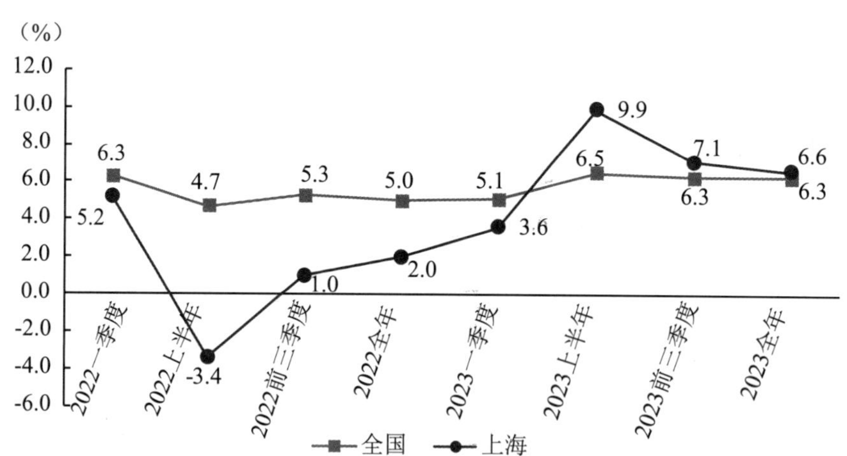

图1　2022年以来上海与全国居民人均可支配收入增长趋势图

居民收入稳定增长的主要原因：一是上海出台实施提信心扩需求稳增长促发展“32条”、投资促进“24条”、促消费“15条”、稳外贸“21条”等，帮扶市场主体减负赋能，经济总体

呈现持续恢复、回稳向好态势。二是促就业保民生政策连续出台，就业形势总体稳定，民生保障标准持续提高。三是受疫情影响，2022 年居民收入增幅较低(2.0%)。

(二)农村居民收入增长继续快于城镇，城乡居民收入比进一步缩小

2023 年，上海城镇居民人均可支配收入 89477 元，增长 6.5%；农村居民人均可支配收入 42988 元，增长 8.2%，城乡居民收入比由 2022 年的 2.12 进一步缩小至 2.08。

农村居民收入增长快于城镇居民的主要原因：一是惠农增收政策持续出台，有效促进农村居民收入增加。二是经营活动有力恢复，农村劳动力外出就业率、就业时间较上年明显回升，劳动收入增长较快。三是乡村振兴战略大力推进，农村综合帮扶项目投资收益显现。

表 1　2023 年上海城乡居民收入情况

人均可支配收入	金额(元)	比上年增长(%)	两年平均增长(%)
全体居民	84834	6.6	4.3
其中：城镇居民	89477	6.5	4.2
农村居民	42988	8.2	5.6

(三)居民收入增长快于经济增长

2023 年，上海居民人均可支配收入增长 6.6%，扣除价格因素后，实际增长 6.3%，快于经济增长 1.3 个百分点。

上海“十四五”规划纲要提出了“居民收入增长与经济增长基本同步”的目标。从调查数据看，2021—2023 年，上海居民人均可支配收入名义增长 5.5%，扣除价格因素以后，年均实际增长 4.1%；同期，上海地区生产总值年均增长 4.3%，基本同步目标总体实现。

(四)居民收入绝对水平继续保持全国首位

2023 年，上海居民人均可支配收入水平在 31 个省(自治区、直辖市)中继续位居第一，高出第二位的北京 3082 元。分城乡看，城镇居民人均可支配收入高出第二位的北京 827 元，农村居民人均可支配收入高出第二位的浙江 2677 元。

从增幅看，上海居民收入增幅在全国位列第八位。其中，城镇和农村居民收入增幅分别位列第一位和第五位。

二、居民收入结构基本稳定

(一)就业形势稳定，工资性收入增速回升较快

2023 年，上海居民人均工资性收入 53260 元，比上年增长 8.8%，占可支配收入比重

62.8%，是收入增长的决定性因素。

工资性收入回升较快的主要原因：一是就业形势逐步改善，就业岗位持续增加，城镇调查失业率保持低位。二是就业服务水平稳步提高，最低工资标准继续上调。上海出台《上海市就业促进条例》，组织开展促进就业专项行动，实施稳就业"18条"等政策。3月发布企业工资指导线，7月最低工资标准上调3.9%。

（二）生产经营环境持续改善，经营净收入恢复增长

2023年，上海居民人均经营净收入1592元，比上年增长4.4%，占可支配收入比重1.9%，对收入影响有限。生产经营持续恢复，主要是批发零售、文旅出行、住宿餐饮等行业恢复较快，带动相关经营收入增长。

（三）房地产市场价格总体平稳，财产净收入保持稳定

2023年，上海居民人均财产净收入10764元，比上年增长0.2%，占可支配收入比重12.7%。上海房地产与房屋租赁市场总体稳定，农村转让承包土地经营权收益稳中有升，居民财产净收入保持稳定。

（四）民生保障政策有力有效，转移净收入稳步增长

2023年，上海居民人均转移净收入19218元，比上年增长4.4%，占可支配收入比重22.6%，是收入增长的重要稳定因素。上海各项民生保障政策有力有效，促进居民转移净收入稳步增长。一是上调城镇职保退休养老金、居保基础养老金和最低生活保障标准，其他多类救助标准同步提高。二是出台多项医保惠民政策，包括降低职工医保门急诊报销门槛、提高门急诊报销比例等，减轻人民群众就医负担。

表2　2023年上海居民人均可支配收入来源及构成

指　　标	金额(元)	比上年增长(%)	比重(%)
人均可支配收入	84834	6.6	100.0
工资性收入	53260	8.8	62.8
经营净收入	1592	4.4	1.9
财产净收入	10764	0.2	12.7
转移净收入	19218	4.4	22.6

三、居民消费支出加快恢复

（一）多重积极因素助力消费恢复性增长

2023年，上海居民人均消费支出52508元，比上年增长14.0%，两年平均增长3.6%。

全年消费支出呈现“开局稳定、上半年恢复性较快增长、下半年逐步趋稳”的走势特征（一季度1.2%、上半年24.4%、前三季度21.9%，全年14.0%）。

经济发展和促消费政策共同发力，推动居民消费支出加快恢复。一是经济回稳向好，就业形势逐步改善，城镇调查失业率保持低位，居民收入稳步增长，为消费支出恢复夯实基础。二是上海实施一系列促消费政策，陆续出台《上海市提信心扩需求稳增长促发展行动方案》《关于我市进一步促进和扩大消费的若干措施》《上海市加强消费市场创新扩大消费的若干措施》等，延续实施新能源车置换和老旧汽车“以旧换新”补贴政策，鼓励推动健康、智能、绿色环保等新消费热点和新业态的创新发展。三是文旅市场有序复苏，“五五购物节”、六个主题消费季、上海旅游节、上海国际电影节等活动成功举办，商家企业多批次发放消费券和代金券，有效释放市民消费需求。四是上年基数较低，2022年上海居民人均消费支出下降5.8%。

（二）近年来农村居民消费增长情况总体好于城镇

分城乡来看，2023年，上海城镇居民人均消费支出54919元，增长14.2%；农村居民人均消费支出30782元，增长12.2%。但从近年增长情况看，2020—2023年，农村居民人均消费支出年均增长8.2%，快于城镇居民4.9个百分点。农村居民消费支出增长情况总体好于城镇的主要原因：一是近年来农村居民收入增长持续快于城镇。二是农村居民消费结构中，吃、住等刚需支出占比更大，受疫情影响波动相对较小。

（三）消费支出水平率先突破五万元

从全国来看，上海居民人均消费支出水平长期保持全国首位，2023年率先突破五万元，比第二名的北京高出4922元。从增幅来看，2023年上海居民人均消费支出增幅排名在全国靠前，位列第四。

四、居民消费质量持续升级

（一）八大类支出全面恢复增长

从结构来看，2023年居民消费八大类支出全面恢复性增长。其中，衣着、交通通信、教育文化娱乐、医疗保健和其他用品及服务五类支出回升较快，增幅均超过两位数。文旅消费带动作用最为明显，教育文化娱乐支出增幅超过六成。食品烟酒、居住和生活用品及服务类基本支出，由于刚性较强，叠加物价温和上涨因素（2023年全年CPI为100.3），增长较为平稳，分别比上年增长4.4%、5.1%和6.7%。

表3 2023年上海居民人均消费支出增长及结构情况

指标	金额（元）	比重（%）	比上年增长（%）	两年平均增长（%）
居民人均消费支出	52508	100.0	14.0	3.6
食品烟酒	13214	25.2	4.4	2.4
衣着	1996	3.8	16.2	−2.2
居住	17944	34.2	5.1	5.5
生活用品及服务	2270	4.3	6.7	0.5
交通通信	5728	10.9	26.5	0.9
教育文化娱乐	4976	9.5	60.5	2.8
医疗保健	4650	8.8	28.6	9.5
其他用品及服务	1730	3.3	40.8	4.3

（二）服务性支出快速回升

2023年，上海服务消费市场明显复苏，服务性支出快速回升。居民人均服务性消费支出31246元，比上年增长23.0%，占居民消费支出比重为59.5%，比上年扩大4.3个百分点。服务性支出对消费支出增长的贡献率为90.3%，拉动增幅12.7个百分点，促使居民平均消费倾向从上年的57.8%提升至61.9%。

（三）消费结构进一步优化

2023年，上海消费市场热点不断，文旅消费尤为火热，居民消费结构进一步优化。一是在各地大力推进乡村振兴、特色旅游和城市漫步风潮带动下，旅游出行和聚餐消费掀起热潮。居民人均团体旅游和门票支出增长4.1倍；旅馆住宿支出增长3.1倍；交通费支出增长1.4倍；在外饮食支出增长54.2%。二是户外运动、电影观展、看剧演出等健身娱乐消费热情激发。据上海市体育局统计数据，上海经常参加体育锻炼的人数比例已超过50%，2023年，居民人均体育健身活动支出增长55.5%。同时，上海电影市场票房收入领跑全国，人均电影话剧演出票支出增长1.8倍。三是新能源汽车、移动网络、成人培训、银发消费、宠物消费等多元化需求、个性化服务不断升温。居民人均购买交通工具支出增长18.2%；购买通讯工具支出增长22.1%；成人教育支出增长62.5%；家政服务支出增长90.5%；滋补保健品和保健器具支出增长23.7%；宠物及有关产品支出增长22.5%。

五、促进居民收入增长和扩大居民消费的对策建议

（一）稳增长、促就业，夯实居民收入增长基础

2023 年，居民收入增长更多仍属于恢复性增长，居民收入增长的基础还需巩固。一是做好稳就业工作，更加突出就业优先导向，精准做好高校毕业生、就业困难人员等重点群体就业帮扶，加强灵活就业人员权益保障，促进实现高质量充分就业，为工资性收入增长奠定良好基础。二是持续提高养老金、医保、低保等民生保障待遇标准，关注困难群体救助帮扶，有效发挥转移净收入增长对收入增长的稳定器作用。三是促进金融和房地产市场平稳健康有序发展，多渠道增加居民财产性收入。四是持续优化营商环境，支持小微企业和个体工商户的发展，为扩大居民经营性收入提供有力支撑。

（二）以建设美丽乡村为契机大力提升农民收入

全力落实 2024 年 1 月印发的《中共中央国务院关于全面推进美丽中国建设的意见》，进一步推进建设美丽乡村。学习运用“千万工程”经验，统筹推动乡村生态振兴和农村人居环境整治。通过财政资金撬动社会资本和金融资本，打造合作平台，出台更具体的支持措施，让社会资本在农村“大显身手”，让金融资本“下得去”村庄、普惠到农户，调动各方力量，破解乡村资金不足的困境。以乡村建设为契机，增加农民就业机会，提升农民各项经营性收入，同时持续完善农村综合帮扶机制，提高农村各类转移性收入。

（三）积极发展新兴业态，培育壮大新型消费

为更好应对居民消费结构升级，消费观念与行为转变的新情况，需积极顺应趋势变化，敏锐捕捉消费“新风口”，不断挖掘新消费热点。一是紧抓多元化需求快速扩张的趋势，关注中等收入群体、新生代和银发群体等消费中坚力量，满足不同群体的个性化、多样化、高品质消费需求。二是大力发展文旅、健康、智能、环保、消费金融等新消费业态，创新消费供给，培育壮大新型消费。三是不断优化改善产品和服务品质，丰富提升消费体验，营造更健康的居民消费大环境，进一步激发居民消费潜能。

（四）讲好上海故事，打响“上海文化”品牌

建设文化强国、推动文化和旅游高质量发展，是以习近平同志为核心的党中央作出的重大战略决策，也是更好满足人民美好生活需要的重要途径。应深入挖掘利用上海的红色文化、海派文化、江南文化资源，打响“上海文化”品牌，激发居民消费潜力与热情。一是用好红色文化名片，深入挖掘上海丰富的红色历史资源，串联红色文化地标，打造红色文化作

品，通过多样形式让红色文化活起来。二是弘扬海派文化精神，继续以开放、包容的姿态，进一步融合中西文化元素，推出更多具备上海特色的文化 IP、时尚 IP，进行有效的商业化转换，成为城市消费新引擎。三是挖掘江南文化特色，注重传承与创新，在保留优秀江南历史文化的基础上融入现代理念与创意，在美食、建筑、艺术等领域不断体现上海文化精髓，彰显有精神、有温度的上海文化底色，提升居民文化消费活力。

（执笔人：杨潇白）

2023年江苏居民收支与生活状况报告

2023年，江苏上下坚持以习近平新时代中国特色社会主义思想为指导，深入学习贯彻习近平总书记关于江苏工作重要讲话重要指示精神，牢牢把握高质量发展首要任务，做好稳增长、稳就业工作，多渠道增加居民收入，着力恢复和扩大消费。随着经济持续好转，就业保持总体稳定，城乡居民收入稳定增长，居民消费加快恢复，但制约居民收支稳定增长的困难挑战仍不容忽视，还需进一步提振发展信心，多方发力持续推动富民增收。

一、经济持续恢复向好，助推居民收入稳定增长

(一)居民收入增长与经济增长基本同步

2023年，江苏经济持续恢复、运行平稳，保障城乡居民收入平稳增长。2023年，江苏居民人均可支配收入52674元，比上年名义增长5.6%；扣除价格因素，实际增长5.2%，与经济增长基本同步。分城乡看，城镇居民人均可支配收入63211元，较上年同期增长5.0%；农村居民人均可支配收入30488元，较上年同期增长7.0%。

(二)居民收入结构特点

1. 收入相对差距进一步缩小。城乡收入差距连续十四年缩小。2023年，江苏农村居民收入增速高于城镇居民2个百分点，城乡居民收入比缩小至2.07(2021年、2022年同期分别为2.16、2.11)，比全国平均水平(2.39)低0.32，是全国城乡收入差距较小的省份之一。南中北收入差距进一步收窄。苏南地区农村居民人均收入41809元，增长6.3%，苏北地区农村居民人均收入26591元，增长7.4%，苏南与苏北农民收入比值由上年同期的1.59缩小为1.57。

2. 工资性收入和经营净收入平稳增长为居民增收奠定良好基础。工资性收入贡献率稳步提升。2023年，江苏居民人均工资性收入30054元，较上年同期增长6.9%。工资性收入占人均可支配收入比重为57.1%，比上年同期提升0.7个百分点，对居民收入增长的

贡献率达 68.7%,拉动居民可支配收入增长 3.9 个百分点,贡献率较上年同期提升 9.3 个百分点。经营净收入持续恢复。2023 年,受交通出行、住宿餐饮等行业经营形势恢复带动,居民经营净收入稳定增长。江苏居民人均经营净收入 6645 元,较上年同期增长 3.5%。

3. 财产净收入小幅增长。2023 年,江苏居民人均财产净收入 5417 元,较上年同期增长 1.2%。分城乡看,城镇居民人均财产净收入 7522 元,较上年同期增长 0.8%,增速较前三季度加快 0.2 个百分点;农村居民人均财产净收入 986 元,较上年同期增长 1.1%,增速较前三季度放缓 0.4 个百分点。

4. 农村居民转移支付作用发挥更加明显。2023 年,江苏居民人均转移净收入 10557 元,较上年同期增长 5.9%,占人均可支配收入比重为 20.0%,与上年同期持平,对居民收入增长的贡献率达 21.1%。分城乡看,城镇居民人均转移净收入 12308 元,较上年同期增长 4.4%;农村居民人均转移净收入 6869 元,较上年同期增长 11.1%,增速快于城镇居民 6.7 个百分点。

(三)收入水平位列全国第四

2023 年,江苏居民人均可支配收入 52674 元,比全国平均水平高 34.3%。在全国各省(市、区)中,居上海(84834 元)、北京(81752 元)、浙江(63830 元)之后,位列第四。分城乡看,城乡居民收入排位与上年保持一致。城镇居民人均可支配收入 63211 元,居上海(89477 元)、北京(88650 元)、浙江(74997 元)之后,位列第四;农村居民人均可支配收入 30488 元,居上海(42988 元)、浙江(40311 元)、北京(37358 元)、天津(30851 元)之后,位列第五。

二、居民消费加快恢复,服务性消费支出增长较快

(一)居民消费加快恢复

2023 年,江苏居民人均消费支出 35491 元,同比增长 8.0%,增速比上年同期快 3.6 个百分点,高于全体居民收入增速 2.4 个百分点。分城乡看,城镇居民人均消费支出 40461 元,同比增长 7.1%,增速比上年同期快 3.7 个百分点,高于城镇居民收入增速 2.1 个百分点;农村居民人均消费支出 25029 元,同比增长 10.8%,增速比上年同期快 3.9 个百分点,高于农村居民收入增速 3.8 个百分点。

(二)八大类消费支出均保持增长态势

2023 年,江苏居民人均交通通信消费支出 5075 元,同比增长 10.6%,增速高于居民人

均消费支出 2.6 个百分点；教育文化娱乐消费支出 3334 元，同比增长 20.0%，增速高于居民人均消费支出 12.0 个百分点；医疗保健消费支出 2916 元，同比增长 13.7%，增速高于居民人均消费支出 5.7 个百分点；其他用品及服务消费支出 1151 元，同比增长 17.1%，增速高于居民人均消费支出 9.1 个百分点。此外，基本生活类消费支出稳定增长。人均食品烟酒消费支出 9926 元，同比增长 8.6%；衣着消费支出 1891 元，同比增长 6.8%；居住消费支出 9169 元，同比增长 1.1%；生活用品及服务消费支出 2030 元，同比增长 3.9%。

（三）居民消费结构优化升级

1. 服务性支出快速增长。2023 年，江苏居民在外饮食、交通出行、文化旅游等接触性服务消费支出快速增长，带动服务性消费支出较快增长。居民人均服务性消费支出 16351 元，比上年同期增长 17.0%，增速高于居民人均消费支出 9.0 个百分点。服务性消费支出占居民消费支出比重为 46.1%，比上年同期提升 3.5 个百分点。其中，食品烟酒服务性支出和交通通信服务性支出恢复较快，分别增长 39.7%、35.3%。

2. 发展享受型消费占比回暖。2023 年，江苏居民发展与享受型消费（包括生活用品及服务、交通通信、教育文化娱乐、医疗保健、其他用品及服务）支出 14506 元，比去年同期增加 1639 元，占消费支出比重为 40.9%，比重从去年下降 0.8 个百分点转为上升 1.7 个百分点。居民基本生活支出等生存型消费（包括食品烟酒、衣着、居住）支出 20986 元，比去年同期增加 1004 元，占消费支出比重为 59.1%。

3. 居住环境持续改善。2023 年，江苏社区能方便乘坐公共汽车的户占比 96.1%，比 2019 年提高 0.2 个百分点；进入社区道路为水泥或柏油的户占比 99.7%，比 2019 年提高 0.8 个百分点；社区内主要道路有灯的户占比 99.2%，比 2019 年提高 7.9 个百分点；社区有健身器材的户占比 97.4%，比 2019 年提高 4.4 个百分点；社区有绿化的户占比 85.8%，比 2019 年提高 12.7 个百分点。

（四）居民消费水平位居全国第四

2023 年，江苏居民人均消费支出 35491 元，同比增长 8.0%，比全国平均水平高 8696 元。在全国各省（区、市）中，居上海（52508 元）、北京（47586 元）、浙江（42194 元）后，连续两年位列全国第四。分城乡看，江苏城镇居民人均消费支出 40461 元，比全国平均水平高 7467 元，居上海（54919 元）、北京（50897 元）、浙江（47762 元）后，位列第四；江苏农村居民人均消费支出 25029 元，比全国平均水平高 6854 元，居上海（30782 元）、浙江（30468 元）、北京（26277）之后，位列第四。

三、多方因素助推收支稳定增长，困难挑战仍不容忽视

（一）多方面积极因素助推居民收支稳定增长

1. 政策叠加利好收入平稳增长。一是政策效应持续释放。2023 年 8 月，江苏省委省政府出台《关于促进经济持续回升向好的若干政策措施》（以下简称“苏 28 条”），受到企业高度认可，普惠性政策有效降低了企业成本。二是外贸进出口企稳回升。据南京海关统计，2023 年，江苏外贸呈“前低后高、逐季回升”走势，全年实现外贸进出口总值 5.25 万亿元，同比下降 3.2%，占同期我国进出口总值的 12.6%。三是调高城乡居民养老保险基础养老金标准。10 月 31 日，江苏完成城乡居民养老保险基础养老金调整工作，省定最低标准由每人每月 192 元提高至 208 元，增幅 8.3%。新标准 10 月底前发放并补发到位，全省 1100 多万老年居民受益。

2. 针对性措施迅速出台，专项政策推动消费恢复扩大。一是出台恢复和扩大消费 22 条措施。从稳定和改善大宗消费、扩大和提升服务消费、促进农村消费提质扩容、加快发展新型消费、完善消费载体设施、营造良好消费环境等六方面，明确 22 条针对性政策举措。二是出台 18 条措施恢复和扩大体育休闲服务消费。安排省级资金 3000 万元，对各地承办举办高端体育赛事和特色品牌赛事进行奖补。

3. 消费品市场增势恢复常态，住宿、餐饮业加快恢复。2023 年，江苏社会消费品零售总额 45547.5 亿元，同比增长 6.5%，比上年加快 6.4 个百分点，与疫情前增速水平相当。衣、食、行类消费增势平稳。全年限上服装鞋帽针纺织品类零售额增长 8.1%；粮油食品类、饮料类分别增长 7.9%、19.9%；汽车类、石油及制品类分别增长 5%、7.3%。住餐、餐饮业加快恢复。文旅消费强劲复苏，带动限上住宿业、餐饮业营业额分别增长 29.2%、21.3%，比上年分别加快 31.3 个、26.0 个百分点。

（二）制约居民增收的困难挑战不容忽视

1. 工资性收入增长的支撑不足。调研显示，企业经营面临多方面压力：一是市场竞争激烈，“价格战”挤压发展空间。二是部分劳动密集型企业人工成本逐年上升，经营压力较大。三是职工涨薪幅度较往年有所降低，存在供需矛盾和地区配套不完善情况。

2. 居民财产性和经营收入增长较慢。受房地产市场调整影响，部分城市新建商品住宅和二手住宅价格环比下降，房屋虚拟租金明显下降，银行存款利息下调，投资理财市场收益不佳。市场信心和有效需求尚未完全恢复，部分中小企业和个体工商户经营压力仍然

较大。

3. 农村中低收入家庭劳动力就业仍面临一定困难问题。调研显示，江苏农村中低收入家庭劳动力就业质量总体偏低，面临职业技能匮乏，收入水平提升难，家庭负担偏重，"家门口"灵活就业质量不高，帮扶政策覆盖面窄，劳动力就业渠道有限，劳动者社保参与率低，家庭抗风险能力弱等问题。

4. 部分农产品经营效益不佳。生猪养殖持续亏损。调查显示，2023 年，江苏大县生猪出栏均价为每公斤 15.6 元，比上年下跌 16.5%；出栏一头猪平均亏损 288.1 元，生猪养殖已持续亏损一年。小麦、大豆种植效益下降。调查显示，2023 年，江苏小麦亩均总收入同比下降一成左右；亩均纯收益较上年下降两成左右。大豆亩均收益较上年减约一成，大豆收益已连续两年下降。

(三)促进居民消费增长面临三方面制约因素

1. 收入增长放缓制约部分居民消费能力提升。2019－2023 年，江苏居民人均可支配收入年均增长 6.2%，相比疫情前 2015－2019 年年均 8.8%的增速，回落 2.6 个百分点。近年居民收入增长放缓，一定程度上影响了部分居民消费能力的提升，居民消费基础有待继续夯实。

2. 居民消费意愿仍待持续恢复。新冠疫情发生以来，江苏居民平均消费率总体呈波动式回稳，但仍有待进一步恢复提升。调研显示，江苏居民对未来一段时间的收入支配方式更倾向于储蓄。近三千名受访居民中，56.7%表示对于接下来的收入，更倾向于储蓄；31.7%更倾向于消费；9.9%更倾向于投资；1.7%的倾向于其他用途。

3. 房地产市场尚未恢复，耐用消费品消费乏力。受供给端结构性过剩和需求端紧缩等不利因素影响，房地产市场仍较为低迷，与其关联的家庭耐用消费品消费走弱。据住户调查数据，2023 年江苏居民空调、洗衣机、电视等人均耐用品支出 418 元，同比减少 12.6%。

四、期盼进一步提振发展信心，多方发力持续富民增收

(一)进一步稳定就业形势，促进高质量充分就业

一是充分落实各项就业政策。做好《关于优化调整稳就业政策措施全力促发展惠民生的通知》《政府购买公共就业服务管理办法》等政策配套宣传和落实。二是持续帮扶重点群体就业。针对高校毕业生、农民工、退役军人等重点群体，开展专场招聘会，与高校、企业对接，精准匹配岗位供需，跟踪推进工作去向落实率。三是加强职业技能培训。深化技能提

升行动，分类实施就业技能培训、岗位技能提升培训、创业培训，充分利用腾讯会议、钉钉等平台开展线上培训。

（二）完善收入分配调节制度，提升社会救助质效

一是进一步完善工资收入分配制度。认真落实最低工资标准，围绕提高劳动报酬在初次分配中的比重，完善工资收入分配制度。着力提高治理效能，促进劳动关系和谐稳定。二是整合优势资源，实施精准救助。加强对四类低收入人口的教育资助、就业救助，条件符合的纳入为农房改造对象。三是加强监测预警，掌握低收入人口最新动态。继续加强对困难群体的摸排，充分发挥省级低收入人口动态监测平台作用，及时对收集的数据进行分析研判。

（三）推动消费转型升级，积极发展新兴业态

一是大力优化市场供给，全面提升国产商品服务的质量与知名度，发挥“国潮”品牌优势，持续加强市场拓展。二是大力发展“互联网＋社会服务”消费模式，加快构建“智能＋”消费生态体系，满足中等收入群体、新生代等不同群体的多样化消费需求，大力发展智能、环保等新消费业态，进一步激发居民消费潜能。三是重点推进文旅休闲消费提质升级，丰富消费场景，打造消费新地标。利用微博、小红书等平台吸引年轻人来苏旅游，积极配合宣传、放大对消费的引流功能，带动形成新的消费增长点。

（四）强化助企纾困和兜底保障，拓宽居民增收空间

一是持续强化帮扶政策推进落实。持续深入推进“苏28条”落实落细，充分发挥其扩大有效需求、增强发展动能、保障改善民生等方面的作用。二是加大对个体工商户帮扶力度。落实国家针对小规模纳税人减免增值税、小微企业和个体工商户所得税优惠等政策，推出银行业个体工商户信贷产品便捷通道，完善配套优惠服务。三是强化低收入人群托底保障。保持兜底保障政策稳定，及时精准下达困难群众救助补助资金，加强对低保户、残疾人的兜底保障。

（执笔人：陈曦）

2023 年浙江居民收支与生活状况报告

2023 年，浙江全面贯彻落实党中央、国务院决策部署，持续推动“八八战略”走深走实，深入实施三个“一号工程”和“十项重大工程”，精准高效推动“8＋4”政策兑现、直达快享，经济持续稳进向好，高质量发展迈出坚实步伐，民生福祉持续增进，基本民生得到有力保障，居民收入保持稳定增长，消费加速恢复。

一、居民收入增长概况

（一）居民收入增长主要特点

1. 居民收入水平不断提高。2023 年浙江全体居民人均可支配收入 63830 元，比上年增加 3528 元，增长 5.9％。其中：城镇居民人均可支配收入 74997 元，比上年增加 3729 元，增长 5.2％；农村居民人均可支配收入 40311 元，首次突破四万元大关，比上年增加 2746 元，增长 7.3％。

2. 居民收入增速稳步回升。2023 年浙江全体居民收入增速较上年提高 1.1 个百分点。其中，城镇和农村居民收入增速分别较上年提高 1.1 和 0.7 个百分点。分季度看，2023 年一季度、上半年、前三季度及全年全体居民收入增速分别为 4.1％、5.8％、5.9％和 5.9％，整体呈现逐季稳步回升态势。

3. 城乡居民相对收入差距进一步缩小。2023 年浙江农村居民收入增速快于城镇 2.1 个百分点，增长势头更足。城乡居民收入分配格局不断优化，相对收入差距进一步缩小。2023 年浙江城乡居民收入比为 1.86，比上年缩小 0.04，已连续 11 年呈缩小态势。

4. 居民收入水平蝉联全国各省区首位。2023 年浙江全体居民人均可支配收入比全国平均水平高 24612 元，居全国 31 个省（区、市）第 3 位、省（区）第 1 位，仅次于上海和北京。城镇居民人均可支配收入比全国平均水平高 23176 元，居全国 31 个省（区、市）第 3 位，仅次于上海和北京；农村居民人均可支配收入比全国平均水平高 18620 元，居全国 31 个省（区、市)第2位,仅次于上海。浙江城乡居民收入水平已经连续第23和第39年荣膺全国各省区首位。

(二)居民增收有利因素分析

1. 就业形势总体稳定,工资性收入稳步增长。2023年浙江全体居民人均工资性收入增长4.7%,占人均可支配收入的比重为56.0%,对可支配收入增长的贡献率为45.1%,是支撑收入增长的主要因素。其中,城镇、农村居民人均工资性收入分别增长4.3%和5.0%。2023年浙江深入实施就业优先政策,全面落实助企纾困、稳就业等系列政策措施,就业形势总体稳定,为居民工资性收入增长提供有力保障。一是出台岗位补贴、见习补贴、社保补贴等多项就业补贴政策,促进就业形势稳定发展。二是针对高校毕业生、农民工、退役军人等重点群体优化就业服务,提供政策咨询、职业指导、创业扶持等,帮助重点群体更好实现就业。三是不断加大职业技能培训投入力度,通过线上线下等多种方式满足不同人群需求,不断增强劳动者就业竞争力,提升就业质量。

2. 经营状况向好,经营净收入较快增长。2023年浙江全体居民人均经营净收入增长7.9%,其中城镇、农村分别增长5.9%和12.7%,农村居民经营净收入增长相对较快。一产方面,化肥、饲料等农资价格上涨提高农业生产经营成本,对农民增收产生一定影响,但随着新时代"千万工程"深入推进,农业规模化、产业化、品牌化发展促进农业产业链延伸、价值提升,农村居民一产经营净收入稳定增长。二产方面,浙江充分打好减负惠企组合拳,提前完成"全年为市场主体减负2500亿元以上"目标任务,切实减轻企业负担,同时,"千项万亿"重点工程落地实施,重大项目开工建设带动制造业、建筑业经营向好,夯实二产经营净收入增长基础。三产方面,各类服务消费场景恢复,居民消费需求释放,接触型聚集型服务业快速回暖,住宿餐饮业、批发零售业、交通运输业等行业收入较快增长。

3. 强村富民效应显现,财产净收入持续增长。2023年浙江全体居民人均财产净收入增长5.2%,其中城镇、农村分别增长4.6%和7.0%,增长较为稳健。近年来,居民投资理财认知逐渐深化,除传统储蓄方式之外积极寻找多元化投资渠道,居民红利收入较快增长。同时,浙江深入推进村级集体经济巩固提升三年行动计划,依托"强村公司""飞地"抱团项目等提高村集体经济分红金额和比例,有效增加农村居民集体分红福利。此外,随着重大项目开工布局和人员正常流动,农村地区租房市场平稳发展,农村居民出租房屋收入稳定增长。

4. 民生兜底政策发力,转移净收入较快增长。2023年浙江全体居民人均转移净收入增长 8.7%，为四大项收入中增长最快的一项。其中城镇、农村分别增长 8.5%和 8.1%。一是养老金和离退休金标准稳步提高。按照定额调整、挂钩调整和倾斜调整三结合的方案为退休人员上调养老金，并将增加部分发放到位。二是社会保障持续加强。不断加大重点群体和困难群体帮扶力度，逐步提高城乡低保、特困供养、抚恤补助等标准，针对老年群体出台高龄津贴，各项津贴补贴及时发放到位。

表 1　2023 年浙江居民收入增长情况

指　标		2023 年(元)	2022 年(元)	增速(%)
全体居民	人均可支配收入	63830	60302	5.9
	工资性收入	35769	34177	4.7
	经营净收入	10664	9880	7.9
	财产净收入	7783	7397	5.2
	转移净收入	9615	8848	8.7
城镇居民	人均可支配收入	74997	71268	5.2
	工资性收入	41439	39718	4.3
	经营净收入	10833	10233	5.9
	财产净收入	10880	10397	4.6
	转移净收入	11844	10919	8.5
农村居民	人均可支配收入	40311	37565	7.3
	工资性收入	23825	22687	5.0
	经营净收入	10307	9149	12.7
	财产净收入	1259	1177	7.0
	转移净收入	4920	4552	8.1

二、居民消费增长概况

(一)居民消费加速恢复

1. 消费增速较上年回升。2023 年浙江全体居民人均消费支出较上年增长 8.3%，增速较上年提高 2.0 个百分点。分城乡看，城镇居民人均消费支出增长 7.3%，较上年提高 1.8 个百分点；农村居民人均消费支出增长 10.9%，较上年提高 2.8 个百分点。

2. 消费水平居全国各省区首位。2023 年浙江全体居民人均消费支出 42194 元，比全国平均水平高 15398 元，居全国 31 个省(区、市)第 3 位、省(区)第 1 位，仅次于上海、北京。分城乡看，浙江城镇居民人均消费支出 47762 元，比全国平均水平高 14768 元，居全国 31 个省(区、市)第3位、省(区)第1位,仅次于上海和北京;农村居民人均消费支出30468元,比全国平均水平高12293元,居全国31个省(区、市)第2位,仅次于上海。

3. 服务性消费快速回暖。2023年浙江全体居民服务性消费较上年增长17.1%,增速较上年提高15.9个百分点,占人均消费支出的比重为47.1%,较上年提高3.5个百分点。随着疫情防控平稳转段,线下消费场景全面开放,在外餐饮、文教娱乐等接触型聚集型消费回归居民日常生活,推动服务性消费快速回暖。

(二)八大类消费"七增一减"

从构成居民消费的八大类来看,除居住支出较上年减少0.9%外,其他七项消费支出均不同程度增长。具体看,教育文化娱乐支出增长最快,人均支出4458元,较上年增长25.6%;其他用品及服务、医疗保健、交通通信支出快速增长,人均支出分别为1371元、2939元、6484元,增长17.7%、16.0%、11.3%;食品烟酒、衣着、生活用品及服务支出平稳增长,人均支出分别为11757元、2254元、2472元,增长7.6%、7.4%、6.9%。2023年,浙江全体居民人均食品烟酒消费支出占人均消费支出的比重(恩格尔系数)为27.9%,较上年下降0.2个百分点。

三、居民生活品质不断提高

(一)享受型家用电器助力生活更轻松舒适

2023年末,浙江居民每百户空调拥有量为220.2台,比上年末增加1.4台,其中城镇居民每百户空调拥有量为238.5台。居民每百户空气净化器(含新风系统)拥有量为12.1台,其中城镇和农村居民空气净化器(含新风系统)拥有量分别为15.7和4.6台。居民每百户拥有烤箱11.4台、洗碗机7.3台,其中,城镇居民每百户拥有烤箱12.4台、洗碗机9.5台;农村居民每百户拥有烤箱9.5台、洗碗机2.5台。居民每百户地面清洁电器拥有量为23.0台,其中城镇和农村居民地面清洁电器拥有量分别为29.6和9.3台。

(二)休闲娱乐耐用品助力文娱活动更丰富

2023年末,浙江居民每百户照相机拥有量为12.3台,其中城镇居民每百户照相机拥有量为16.4台。居民每百户乐器拥有量为8.7架,其中,城镇和农村居民每百户乐器拥有量分别为11.3和3.2架。居民每百户健身器材拥有量为9.1台,其中,城镇和农村居民每百户健身器材拥有量分别为11.0和5.1台。

(三)新能源汽车崭露头角、助力扩大生活圈

2023年末,浙江居民每百户家用汽车拥有量为64.7辆,其中新能源汽车拥有量为4.1

辆。城镇居民每百户家用汽车拥有量为 72.2 辆，其中新能源汽车拥有量为 4.3 辆；农村居民每百户家用汽车拥有量为 43.9 辆，其中新能源汽车拥有量为 3.6 辆。

四、促进居民收支稳定增长存在的难点和对策建议

（一）收入增长与经济发展不完全同步

2023 年浙江居民人均可支配收入实际增速为 5.6%，低于同期浙江地区生产总值增速 0.4 个百分点。2012—2023 年，浙江居民人均可支配收入年均实际增速为 6.3%，低于浙江生产总值 6.8%的年均增长率 0.5 个百分点，共同富裕发展基础还需进一步夯实，实现居民收入与经济同步增长面临一定困难和压力。

（二）居民收入绝对值差距仍在扩大

2023 年浙江城乡居民收入差距为 34686 元，较上年扩大 983 元。尽管农村居民收入增速快于城镇居民，但收入增速的追赶仍不足以弥补绝对水平的差距，城乡居民收入绝对差距仍在不断扩大。同时，浙江山区 26 县区位条件差、经济发展难，长年累月形成的差距短期内难以通过政策倾斜、资金投入弥补，与全省平均的收入绝对差距仍在继续扩大。

（三）收入稳定增长基础仍待夯实

宏观经济的持续稳定增长对居民增收具有关键性作用。2023 年浙江顶住外部压力、克服各项困难，经济持续稳进向好，高质量发展扎实推进。但外部环境复杂性、严峻性、不确定性上升，外需疲软、内需不足、社会预期偏弱等问题仍然存在，经济增长基础仍待夯实，居民生产经营、就业等方面仍面临不确定性。

（四）几点建议

1. 加快完善居民收入分配机制。加快完善收入分配机制，努力实现劳动报酬增长和劳动生产率同步提高，稳步提高劳动报酬在初次分配中的比重。同时加快慈善事业发展，发挥好三次分配的积极作用。促进更加充分的高质量就业，继续坚持就业优先战略，既要积极发展壮大新动能，提供更多高质量的就业岗位，又要加快传统产业转型升级，引导劳动者转岗提质就业。

2. 提升农民和山区县增收潜力。通过多元打造农产品产销对接平台、集成改革加快农村集体经济发展、赋权活权激活农民农村资产、综合赋能农民多途径高质量就业、大力推进乡村振兴等途径，全方位提升农村居民增收动力。围绕发展高效农业、赋权活权、强村富民、就业创业等补齐山区 26 县发展短板，多途径增强山区 26 县发展潜力，有效促进山区县

居民增收。

3. 进一步稳定预期促进消费。通过稳定就业等方式夯实居民增收基础，稳定居民消费预期。加强传统大宗消费支持，借助城镇老旧小区更新、城乡充换电基础设施建设等政策支持，促进传统大宗消费回补和潜力释放。紧抓文娱消费、老龄康养市场培育等消费新增长点，发展消费新业态新模式，不断丰富消费场景、优化消费供给。

（执笔人：来孟菲）

2024 年安徽居民收支与生活状况报告

2023 年，安徽上下认真贯彻落实党中央、国务院决策部署，完整、准确、全面贯彻新发展理念，攻坚克难，开拓奋进，坚持高质量发展，推动经济持续回升向好，居民收入保持稳步增长，城乡收入差距不断缩小，消费能力复苏回升，生活品质不断提高。

一、城乡居民收入状况

（一）居民收入持续较快增长

党的十八大以来，安徽居民人均可支配收入从 2012 年的 13593 元，增长到 2023 年的 34893 元，增加 21300 元，增长 1.6 倍，年均增长 8.9%，于 2017 年和 2021 年分别突破 2 万和 3 万元大关。按常住地分，2023 年，城镇居民人均可支配收入 47446 元，较 2012 年增长 1.3 倍，年均增长 7.8%；农村居民人均可支配收入 21144 元，较 2012 年增长 1.7 倍，年均增长 9.5%。

（二）增速与经济增长基本同步

近年来，安徽居民人均可支配收入增速与人均 GDP 增长趋势基本一致，随着经济由高

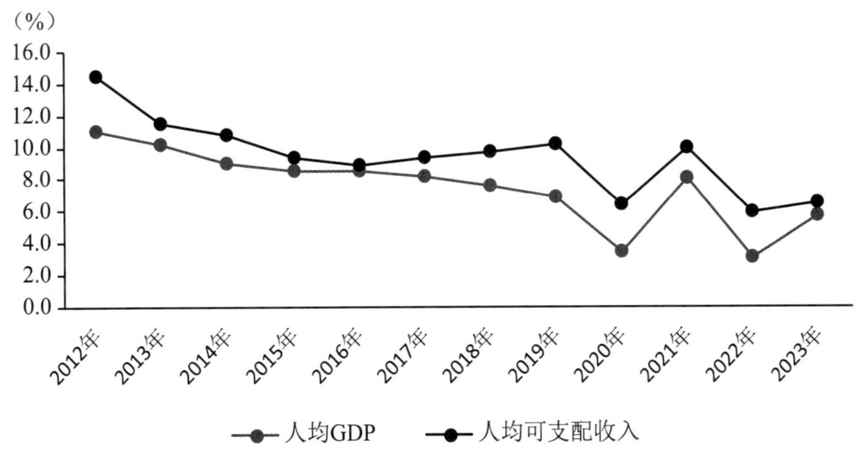

图 1　2012 年以来安徽居民人均可支配收入与人均 GDP 增速

速发展向高质量发展转变，收入增速也逐渐回落。2012 年安徽居民人均可支配收入增长 14.5%，较人均 GDP(11.0%)高 3.5 个百分点，2023 年居民人均可支配收入增长 6.6%，较人均 GDP(5.7%)高 0.9 个百分点，收入增速年均回落 0.72 个百分点。

(三)收入位次再上新台阶

近年来，安徽居民人均可支配收入持续增长，收入位次再上新台阶。2023 年，安徽居民人均可支配收入居全国第 14 位，较 2012 年前移 4 位。其中，城镇居民人均可支配收入居全国第 12 位，较 2012 年前移 1 位，自 1978 年以来，首次超过重庆；农村居民人均可支配收入居全国第 13 位，较 2012 年前移 5 位。

(四)城乡收入差距不断缩小

随着安徽居民收入分配状况不断改善，农村居民收入增速持续高于城镇，城乡收入差距进一步缩小。2023 年，安徽城乡居民收入比为 2.24，比 2022 年缩小 0.07，比 2012 年缩小 0.40，呈现逐渐缩小的态势。安徽城乡居民收入比优于全国平均水平，较全国(2.39)低 0.15，处于中游水平，居第 16 位。

二、城乡居民收入增长特点

(一)城镇居民收入增长特点

宏观经济保持稳定运行，就业形势总体稳定，营商环境不断优化，各项民生政策保障有力，总体上带动居民收入实现较快增长。从收入构成看，2023 年安徽城镇居民四项收入呈“三升一降”的态势。

1. 就业形势总体稳定，工资性收入较快增长。安徽各级党委政府深入贯彻落实党中央关于就业工作的部署要求，突出就业优先政策导向，有效扩大劳动力市场需求，新增大量就业岗位，进一步提高居民就业质量，促进工资性收入较快增长。2023 年，安徽城镇居民人均工资性收入 28466 元，同比增长 6.3%，增幅较 2022 年提高了 1.5 个百分点，占可支配收入的 60.0%，对收入增长的贡献率为 73.2%，是拉动城镇居民收入上涨的第一动力。

2. 营商环境不断改善，经营净收入稳步增长。近年来，安徽各地出台了一系列扶持创业、鼓励创新的政策，为企业和居民提供良好的营商环境和发展平台，并通过税收、金融等支持措施，有效降低创业成本，进而增加城镇居民经营净收入。2023 年，安徽新登记各类经营主体 141.1 万户，同比增长 19.0%；实有在业经营主体 801.7 万户，同比增长 9.8%。城镇居民人均经营净收入 7306 元，同比增长 4.6%，占可支配收入的 15.4%，对收入增长的贡献率为 13.8%。分产业看，第一产业经营净收入 660 元，同比增长 0.8%，第二产业经营净收入 1153 元，同比增长 3.8%，第三产业经营净收入 5493 元，同比增长 5.2%。

3. 着力改善民生福祉，转移净收入平稳增长。多年来，安徽各级党委政府多措并举保障和改善民生，首先是提高机关事业单位和企业退休人员养老金水平；其次是开展补贴性技能培训，发放技能提升补贴；三是提高居民基础养老金、失业人员保险金、最低生活保障金、残疾军人抚恤金等标准。通过实施更加公平公正的社会保障政策，加大财政转移支付力度，有效增加居民收入。2023 年，安徽城镇居民人均转移净收入 7636 元，同比增长 4.7%。

4. 财产净收入小幅下降。城镇居民财产性收入主要来源是房产出租和金融理财，其中房租收入占全部财产性收入九成以上，2022 年以来安徽各地房地产价格持续下跌，受此影响，居民通过房产获得的收入明显下降，叠加存款利率下降等因素，导致财产净收入由升转降。2023 年，安徽城镇居民财产净收入 4038 元，下降 1.0%，比全国平均水平低 1354 元，相当于全国水平的 74.9%。

表 1　2023 年安徽省城镇居民人均可支配收入结构

单位：元、%

指　　标	2023 年	2022 年	增速	占比	增长贡献率	拉动增长
可支配收入	47446	45133	5.1	100.0	100.0	5.1
工资性收入	28466	26773	6.3	60.0	73.2	3.7
经营净收入	7306	6987	4.6	15.4	13.8	0.7
财产净收入	4038	4078	−1.0	8.5	−1.7	−0.1
转移净收入	7636	7296	4.7	16.1	14.7	0.8

（二）农村居民收入增长特点

2023 年，安徽省全面推进乡村振兴，各项涉农惠农政策发力显效，农村居民收入稳步增长，一举突破 2 万元大关，达到 21144 元。从收入构成看，2023 年安徽农村居民四项收入呈全面增长的态势。

1. 工资性收入是农村居民收入增长的重要支撑。近年来，安徽各地积极推动乡村振兴和“两强一增”行动计划，以“三产融合”发展为主导，带动县域经济稳定增长，创造大量本地就业岗位，促进农村劳动力本地务工规模快速增长，是稳定和提高农村居民工资性收入的最根本原因。2023 年，安徽农村居民人均工资性收入 7449 元，同比增长 8.6%，对农民收入增长的贡献率 37.5%，拉动农村居民收入增长 3.0 个百分点。

2. 农业经营净收入增幅最高。经营净收入一直是安徽农民收入增长的优势所在，2023年，安徽粮食产量再创历史新高，总产830.2亿斤，较上年增产10.1亿斤，同比增长1.2%，总量居全国第5位；畜产品总产量755.7万吨，同比增长6.2%，其中肉产量为495.8万吨，同比增长4.5%；禽蛋和牛奶也有所增长，同比增长分别为10.5%和5.7%。安徽农村居民人均经营净收入7962元，同比增长10.2%，比全国水平高3.6个百分点，对农民收入增长的贡献率为46.8%，拉动农民收入增长3.8个百分点，影响作用最大。

3. 盘活利用农村资源要素拉动财产净收入较快增长。一是农村土地流转平稳有序。2023年，安徽农村承包地经营权流转面积累计达5134.6万亩，耕地流转率为61.7%。其中新增375.6万亩，新增土地流转收入18.8亿元。二是实施农村产权制度改革，引导农民将闲置和低效利用的资源要素，通过股份合作、委托经营等方式盘活利用。三是村集体经济发展取得明显成效。安徽各地围绕扶持村集体经济发展，实施新一轮支持政策，推动村级集体经济发展取得新成效，更好联农带农富农。2023年，安徽农村居民财产净收入456元，同比增长6.6%。

4. 惠农政策精准实施促进转移净收入平稳增长。2023年，安徽不断加大惠农政策帮扶力度，及时发放粮食种植、农机购置等补贴资金，上调城乡居民基础养老、农村低保和特困供养等社保标准。全年农村居民转移净收入5276元，较上年增长218元，同比增长4.3%。

表2　2023年安徽省农村居民人均可支配收入结构

单位:元、%

指　　标	2023年	2022年	增速	占比	增长贡献率	拉动增长
可支配收入	21144	19575	8.0	100.0	100.0	8.0
工资性收入	7449	6861	8.6	35.2	37.5	3.0
经营净收入	7962	7228	10.2	37.7	46.8	3.8
财产净收入	456	428	6.6	2.1	1.8	0.1
转移净收入	5276	5058	4.3	25.0	13.9	1.1

三、城乡居民生活消费支出特点

(一)消费支出复苏回升

随着城乡居民收入持续增长，安徽各地出台一系列促进消费政策，消费品市场规模持续扩大，消费热点接连涌现，居民消费逐渐回暖。2023年，安徽实现社会消费品零售总额

23008.3亿元，同比增长6.9%，居全国第17位、长三角第2位、中部第2位；居民人均消费支出23607元，同比增长4.7%，较上年同期提高1.8个百分点。其中增速靠前的是医疗保健、衣着和教育文化娱乐，分别增长12.2%、9.2%和8.4%。分城乡看，城镇居民人均消费支出27900元，同比增长4.0%，农村居民人均消费支出18905元，同比增长5.1%。

表3　2023年安徽城乡居民人均消费支出

单位：元、%

指　标	2023年消费支出			2023年消费增速		
	全体	城镇	农村	全体	城镇	农村
生活消费支出	23607	27900	18905	4.7	4.0	5.1
食品烟酒	7919	9164	6555	3.1	2.7	3.2
衣着	1543	1925	1125	9.2	9.2	7.9
居住	4902	5968	3734	−0.5	−1.8	1.0
生活用品及服务	1451	1695	1183	7.1	3.9	11.6
交通通信	2665	3170	2111	7.3	8.9	4.0
教育文化娱乐	2619	3109	2083	8.4	8.0	8.1
医疗保健	1962	2131	1777	12.2	10.2	14.4
其他用品及服务	546	737	336	4.9	3.3	6.9

（二）恩格尔系数继续下降

恩格尔系数是衡量居民生活水平的重要指标，恩格尔系数保持下降，反映出安徽居民消费中非食物性支出在不断上升，体现了消费升级的变化趋势。2023年，安徽居民人均食品烟酒支出7919元，同比增长3.1%，低于消费支出增速1.6个百分点，恩格尔系数为33.5%，较上年同期下降0.6个百分点。但与沪苏浙等发达省份相比差距明显，2023年上海、江苏和浙江恩格尔系数分别为25.2%、28.0%和27.9%，分别比安徽低8.3、5.5和5.6个百分点。

（三）食品消费提质升级

安徽居民食物消费结构不断优化，从"吃得饱"向"吃得好"的转变趋势更加明显，膳食越来越健康多元。从食品消费量增速看，2023年，居民人均食品消费增长6.0%，其中，蛋类、肉类、鲜瓜果、奶类、禽类和水产品消费量较快增长，分别增长17.1%、15.2%、15.0%、9.7%、8.2%和7.9%；蔬菜及菜制品、油脂类、粮食和食糖消费量分别增长4.1%、3.3%、0.0%和−0.2%。从食品消费量占比看，肉类、禽类、水产品、蛋类、奶类、鲜瓜果六类食品占食品消费总量的37.9%，较上年同期提高2.5个百分点。

(四)发展享受型消费[①]增长较快

从消费类型看,安徽居民发展享受型消费支出总体上呈现较快增长的态势。2023年,安徽居民人均发展享受型消费支出同比增长8.4%,比消费支出增速高3.7个百分点,占生活消费支出的比重为39.2%,较上年同期提高1.3个百分点。其中,人均生活用品及服务消费支出1451元,增长7.1%;人均交通通信消费支出2665元,增长7.3%;人均教育文化娱乐消费支出2619元,增长8.4%;人均医疗保健消费支出1962元,增长12.2%,这四类消费支出增幅均明显高于消费支出增速。

四、居民生活质量不断提高

(一)居住条件进一步改善

从住房建筑材料看,安徽居民现住房主要建筑材料进一步优化,钢筋混凝土住房的比重为60.3%,砖混材料结构住房的比重为33.0%;从居住空间看,居住单元房的住户比重为40.2%;从厕所类型看,使用水冲式卫生厕所的住户比重为91.7%,使用普通旱厕的住户比重为1.6%;住宅外道路有水泥或柏油等硬质路面的住户比重为99.4%。

(二)生活设施配套更加齐全

从社区基础设施公共服务情况看,2023年末,安徽已经实现电力电信入户和公路交通服务的社区比例为100%,主要道路有路灯的社区比例为98.5%,垃圾能够做到集中处理的社区比例为99.7%;配备健身器材的社区比例为95.3%,有专职安全保卫人员的社区比例为71.4%。

(三)耐用消费品保有量不断增长

2023年,安徽居民家庭平均每百户家用汽车拥有量为43.1辆,分城乡看,城镇居民家庭平均每百户家用汽车拥有量为49.7辆,农村居民家庭平均每百户家用汽车拥有量为35.1辆。居民家庭平均每百户空调拥有量为179.3台,居民家庭平均每百户电冰箱拥有量为105.0台,居民家庭平均每百户健身器材拥有量为4.1台,居民家庭平均每百户乐器拥有量为4.9台。

五、促进居民增收的意见建议

从居民收入与经济发展的关系看,经济增长是提高居民收入的必要基础,居民增收是

---

① 生存型消费包括食品烟酒、衣着、居住三类消费;发展享受型消费包括生活用品及服务、交通通信、教育文化娱乐、医疗保健、其他用品及服务五类消费。

经济发展的充分体现。安徽各级党委政府要认真贯彻落实高质量发展是全面建设社会主义现代化国家首要任务的要求，坚定不移贯彻新发展理念，加快构建新发展格局，为城乡居民稳定就业、增加收入，不断改善和提高生活质量创造有利环境。

（一）健全工资增长长效机制，扩大发展成果共享范围

一是健全最低工资标准增长机制，加强劳动者权益保护，通过市场和行政双重手段，合力解决低收入群体就业难题，积极推动低收入群体迈入中等收入群体。二是深化收入分配制度改革，建立工资性收入与居民收入、工资性收入与经济发展协同的长效机制，实现劳动报酬增长与劳动生产率提高同步，提高劳动报酬在初次分配中的比重，确保工资性收入稳步增长，让经济发展成果更多更公平惠及居民家庭。

（二）不断改善营商环境，进一步提高经营效益

一是培育壮大市场经营主体，不断推进减税降费，尤其需要保持政策的稳定性，避免对市场主体预期带来不利影响。聚焦提高居民经营净收入，加大对小微企业、个体工商户的扶持力度，助力产业发展兴旺。二是抓好农业生产经营，争取实现主要粮食作物和畜牧业产品产量稳中有升，探索建立粮食产销区横向补偿机制，推动种粮农民增产增收。

（三）拓宽投资金融理财渠道，促进财产收入稳步增长

一是推动金融产品创新，增加普通居民投资渠道，保护投资者正常权益，促进城乡居民资产能够保值增值。二是稳定房地产市场，避免房价大起大落，保障居民财产收入稳定可靠。三是持续推动村民入股乡村产业，在土地流转的基础上，健全完善林地、牧业、机械等方面的入股形式，扩大居民财产性收入来源。

（四）健全社会保障体系，不断提升转移性收入

一是进一步健全城乡居民社会保障体系。持续提高城乡居民低保、临时救助、养老金等标准，适度扩大居民医疗报销范围和比例，加大特殊群体救助力度，确保困难群众基本生活水平的同时，不断提高城乡居民收入。二是不断完善惠农助农政策。加大财政对“三农”工作支持力度，稳步提高农资、粮食等补贴标准，提高农民生产积极性，保障农村居民转移性收入持续稳定增长。

（执笔人：冉地）

2023 年福建居民收支与生活状况报告

2023 年，福建上下深入实施“深学争优、敢为争先、实干争效”行动，持续加大就业帮扶力度，各项稳增长促增收政策实施效果持续显现，居民就业形势总体稳定，居民收入持续增长。从消费情况看，疫情平稳转段后居民接触性消费快速复苏，春节以来各种假期消费持续旺盛，带动居民消费加速回升。从居民生活状况看，随着乡村振兴及老旧小区改造系列政策相继落地见效，福建居民的住房条件和生活环境持续改善。

一、居民人均可支配收入保持稳定增长

(一)居民收入在全国位次情况

2023 年，全国全体居民人均可支配收入 39218 元，增长 6.3%；福建全体居民可支配收入 45426 元，居全国第 7 位；增长 5.4%，居全国第 26 位。全国城镇居民人均可支配收入 51821 元，增长 5.1%；福建城镇居民可支配收入 56153 元，居全国第 6 位；增长 4.3%，居全国第 21 位。全国农村居民人均可支配收入 21691 元，增长 7.7%；福建农村居民可支配收入 26722 元，居全国第 6 位；增长 6.9%，居全国第 27 位。

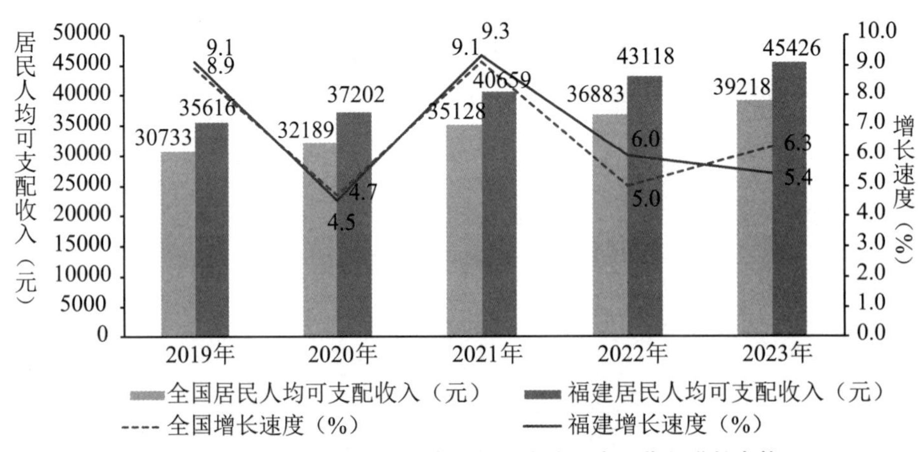

图 1　2019—2023 年福建和全国居民人均可支配收入增长走势

2020 年受新冠疫情爆发的影响，当年全国居民人均可支配收入增幅显著下降，全国及福建居民人均可支配收入增幅分别从 8.9％和 9.1％回落至 4.7％和 4.5％；2021 年在低基数的影响下呈快速恢复性增长，分别回升至 9.1％和 9.3％；2022－2023 年居民收入增速呈稳中有进增长态势。

（二）农村居民收入增速快于城镇，城乡收入持续缩小

在乡村振兴战略及一系列惠农增收措施的带动下，福建农村居民就业形势好转，收入保持稳定增长，增幅持续快于城镇。2023 年，福建农村居民人均可支配收入增速快于同期城镇居民收入增速 2.6 个百分点，差距比 2022 年扩大 0.2 个百分点。从近年趋势看，虽然 2020 年前后受到新冠疫情的影响，城镇和农村居民人均可支配收入的增速都出现较大波动，但是城乡居民收入比逐年缩小的趋势不变，从 2019 年的 2.33 逐年缩小至 2023 年的 2.10。

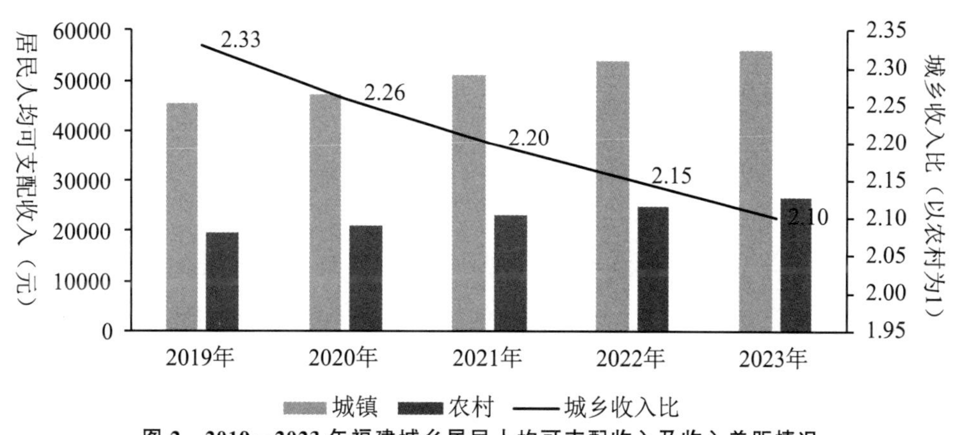

图 2　2019－2023 年福建城乡居民人均可支配收入及收入差距情况

（三）四大项收入增长形势及增收因素分析

1. 工资性收入稳定增长。2023 年，福建居民人均工资性收入 26659 元，同比增长 5.5％；占人均可支配收入 58.7％，同比提高 0.1 个百分点；拉动居民人均可支配收入增长 3.2 个百分点，对居民人均可支配收入增长贡献率达 59.8％。

居民人均工资性收入增长支撑因素分析：一是稳就业政策组合拳持续发力，就业形势总体平稳。2023 年，省人社厅相继开展多场招聘会，积极落实企业引工用工扶持政策，开展以工代赈和对外劳务合作促进增收。据劳动力调查，2023 年福建城镇调查失业率平均值为 4.8％，比 2022 年下降 0.3 个百分点，比全国低 0.4 个百分点。二是深化机关事业单位收入分配制度改革，落实规范发放机关事业单位奖励性津贴政策。三是深入实施农民工素质提升行动，提升农民工就业能力。据农民工监测调查数据，2023 年福建省农民工总量为

1007.8 万人，同比增长 2.4%；月均就业收入 5019 元，同比增长 1.6%。

2. 经营净收入增速继续领涨。2023 年，居民人均经营净收入 8365 元，比上年增长 6.2%，占居民人均可支配收入的 18.4%，拉动居民人均可支配收入增长 1.1 个百分点，对居民人均可支配收入增长贡献率为 21.2%。

居民经营净收入增长支撑因素分析：一是持续加大对中小微企业和个体工商户的帮扶力度，落实税费减免等政策支持，营商环境进一步优化。如全面落实增值税小规模纳税人减免增值税等政策，自 2023 年 1 月 1 日至 2023 年 12 月 31 日，对月销售额 10 万元以下的增值税小规模纳税人，免征增值税。二是居民家庭非农经营活跃向好，疫情防控平稳转段后，文旅消费、餐饮消费迎来恢复式增长，特别是春节、“五一”、端午、国庆等节假日及暑假期间，文旅消费旺盛，直接带动了餐饮、住宿等非农经营收入的增长。三是借力快递物流带动农村特色产业发展。如福州市大力推动“快递＋鱼丸制品”“快递＋李梅制品”等项目，助力特色农产品出村进城，有力带动农产品产值增加。

3. 财产净收入小幅增长。2023 年，居民人均财产净收入 4978 元，比上年增长 3.8%；占人均可支配收入的 11.0%，拉动居民人均可支配收入增长 0.4 个百分点，对居民人均可支配收入增长的贡献率为 7.8%。

居民财产净收入增长支撑因素分析：一是随着疫情防控平稳转段，居民生产生活秩序恢复，人员流动性不断增强，带动出租房屋需求增多。二是经济形势稳定向好，居民入伙家庭产业和生意、入伙亲戚或朋友等经营活动较为活跃，与之相关的红利分红收入增长较快。三是随着乡村振兴战略稳步推进，农村土地流转市场更加活跃，农村居民土地流转收入有所上涨。

4. 转移净收入保持平稳增长。2023 年，居民人均转移净收入 5425 元，比上年增长 5.0%；占人均可支配收入 11.9%，拉动居民人均可支配收入增长 0.6 个百分点，对居民人均可支配收入增长贡献率为 11.2%。

转移净收入保持稳定增长主要得益于：一是调整提高基本养老金水平。福建企业和机关事业单位退休人员养老金总体增幅约为 3.8%，新增养老金已于 7 月底前发放到位，惠及 231.38 万名退休人员。城乡居民基本养老保险基础养老金省定最低标准从每人每月 140 元提高到每人每月 150 元，增幅 7.14%，惠及 503.25 万名老年城乡居民。二是家庭外出从业人员寄回带回以及提供的赡养收入提高，促进居民转移净收入较快增长。2023 年，家庭外出从业人员寄回带回收入以及赡养收入均比上年增长 10%以上。

表 1 福建城乡居民人均可支配收入增长及占比情况

单位:元,%

指标	全体居民			城镇居民			农村居民		
	水平	增速	比重	水平	增速	比重	水平	增速	比重
可支配收入	45426	5.4	100.0	56153	4.3	100.0	26722	6.9	100.0
工资性收入	26659	5.5	58.7	35054	4.7	62.4	12020	5.8	45.0
经营净收入	8365	6.2	18.4	7509	5.2	13.4	9857	8.0	36.9
财产净收入	4978	3.8	11.0	7505	2.5	13.4	570	9.9	2.1
转移净收入	5425	5.0	11.9	6085	3.7	10.8	4274	7.4	16.0

二、居民消费加速复苏

2023 年,福建各地抢抓文旅恢复重要窗口期,密集出台一系列促消费政策,消费场景不断拓展,居民消费整体呈现回暖向好态势。全年居民人均消费支出 31869 元,同比增长 6.1%,比上年提升 0.5 个百分点。分消费类别看,八大类消费支出均呈现不同程度的增长,占比前三位的依次是食品类、居住类和交通通信类消费支出,分别占居民人均消费支出的 32.0%、27.1%和 11.6%。

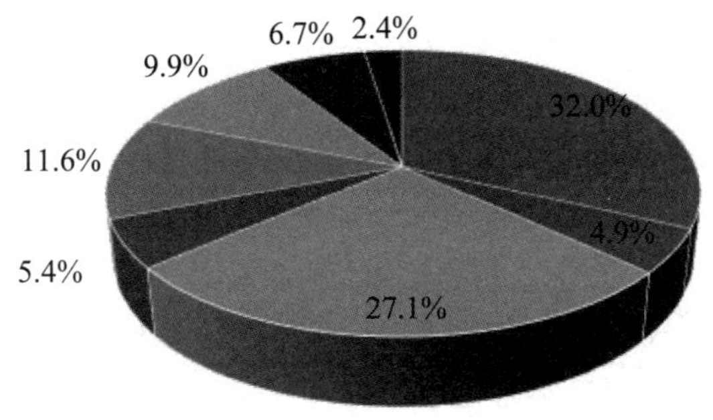

图 3 2023 年福建居民人均八大类消费消费支出占比情况

(一)基础性消费支出稳步增长,食品消费加速升级

2023 年,福建各地区各部门持续加大促消费力度,积极做好粮油肉蛋奶等民生物资生产供应工作,大力推动家居家电等生活用品更新换代,有效带动居民食品烟酒、衣着类、生活用品类消费提质扩容。2023 年,福建居民人均食品烟酒支出 10183 元,比上年增长 5.8%;人均衣着类消费支出 1546 元,比上年增长 5.2%;人均生活用品及服务支出 1727 元,比上年增长 8.9%。疫情平稳转段后,居民家庭、亲友聚餐趋于频繁,烟酒、饮料、在外饮

食消费支出快速增长，是带动食品消费增长的主要力量。2023 年，居民在烟酒、饮料、在外饮食方面的消费支出分别比上年增长 7.5%、7.9%和 11.9%，带动食品消费增长的贡献率达 61.2%。

（二）发展改善型消费支出有效提升，文娱服务消费强劲

2023 年，福建全力打造“清新福建”“福文化”品牌，文旅市场自春节以来高开稳走，各大节假日及暑期旅游市场持续火爆，居民外出旅游、研学、观影看剧等文娱消费旺盛，助推居民教育文化娱乐支出快速增长。疫情平稳转段后，居民安全防护、养生保健意识显著增强，更愿意投资在保健品、健康体检等方面，医疗保健用品消费较快增长。2023 年，居民文化娱乐消费支出、交通费用和医疗保健费用支出分别比上年增长 24.1%、13.2%和 11.6%，增幅比上年同期提升 21.0、2.5 和 3.9 个百分点。

（三）服务性消费持续增长，占居民人均消费支出的比重提升

疫情平稳转段后，居民接触性消费明显增加，带动居民人均服务性消费需求持续释放，居民餐饮服务需求、教育文化娱乐服务需求、交通服务需求及居民生活服务类需求呈现快速增长态势。2023 年，福建居民人均服务性消费支出 14875 元，比上年增长 7.9%，占人均消费支出的比重由上年的 45.9%上升至 46.7%。其中，居民人均服务性交通通信消费支出比上年增长 27.1%，人均服务性食品烟酒消费支出比上年增长 13.3%，人均服务性教育文化娱乐消费支出比上年增长 14.8%，人均服务性生活用品及服务类消费支出比上年增长 50.2%。

三、居民生活状况持续改善

近年来，各级政府对城镇居民老旧小区改造力度不断加大，乡村振兴系列政策持续发力，福建居民的住房条件和生活环境不断改善。

（一）居住条件不断改善

2023 年底，居民使用水冲式卫生厕所的户数占比达 99.6%，住宅内独用厕所的户数占比达 94.7%，以电、天然气、液化石油气、沼气等清洁能源为主要炊用能源的户数比重为 92.9%，居民住宅有管道供水入户的家庭比重占 97.3%，使用净化处理自来水或受保护的井水和泉水的户数比重达 99.2% ，住宅内统一供热水或家庭自装热水器的户数占比达 95.8%。

（二）家庭耐用消费品拥有情况

2023 年末，福建每百户居民家庭拥有家用汽车 35.61 辆、电冰箱（柜） 101.80 台、洗衣

机 94.37 台、热水器 111.61 台、空调 181.69 台。

表 2　2013 年和 2023 年福建居民每百户家庭主要耐用消费品拥有量

指　　标	单位	全体居民		城镇居民		农村居民	
		2023 年	2013 年	2023 年	2013 年	2023 年	2013 年
家用汽车	辆	35.61	15.30	40.11	19.91	26.84	8.08
摩托车	辆	36.72	58.95	27.14	42.33	55.42	84.94
电冰箱(柜)	台	101.80	92.74	99.54	93.03	106.21	92.29
洗衣机	台	94.37	79.52	92.97	85.75	97.09	69.78
热水器	台	111.61	89.39	111.06	96.40	112.67	78.43
空调	台	181.69	111.07	208.59	151.86	129.16	47.30
彩色电视机	台	101.13	135.25	94.80	134.27	113.49	136.78
移动电话	部	238.81	227.09	235.02	225.00	246.23	230.37

(三)配套基础设施逐渐完善

截至 2023 年底,99.4%的住户所在社区主要道路设有路灯,99.2%的社区内垃圾能集中处理,有 89.0%的住户所在社区有健身器材,有 86.3%的调查户所在社区设有卫生站(室),有 93.2%的调查户所在社区上幼儿园或学前班便利或比较便利,有 93.4%调查户所在社区上小学便利或比较便利,居民生活区域配套基础设施逐渐完善。

四、需关注的问题

(一)经济回升向好基础尚不牢固,影响居民就业

当前,福建经济回升向好基础还不牢固,一些工业行业增长压力较大,投资后劲有待增强,部分大宗商品消费需求仍较疲软,小微企业经营形势不稳定,影响相关行业居民就业。尤其是房地产业链条长、牵涉面广、对经济运行影响大。虽然 2023 年出台了多项刺激房地产市场的政策,但当前行业仍处于调整期,总体回暖形势不及预期,对上下游产业的带动效果尚不显著。

(二)重点群体就业增收压力较大

福建省 2023 届高校毕业生达 33.3 万人,比 2022 届增加 3.2 万人,增幅比全国高 3.0 个百分点,高校应届毕业生就业经验和能力相对不足,就业存在一定困难。农民工总体就业能力不强,在经济形势恢复向好基础尚不稳固的背景下,失业风险犹存,稳岗就业存在一定压力。据 2023 年 9 月福建调查总队对 477 名农民工就业服务专题调研结果显示,54.7%

的受访者表示工作不稳定或者稳定性一般。

(三)消费活力有待进一步激发

2023 年,福建居民人均生活消费支出增速比全国平均水平低 3.1 个百分点,消费需求有待进一步挖掘提升。疫情冲击后,居民消费信心有所提振,人均消费支出稳步增长,但以"吃"为主的基础消费仍具有较大占比,消费活力仍具有激发空间。内需总体不足,消费"马车"对刺激国内大循环、构建新发展格局和推进高质量发展的动力仍显不足。

五、相关建议

一是巩固经济回升基础,做大居民就业"蓄水池"。进一步加大各项税费减免政策力度,推进各项援企纾困政策落实落地,有效减轻中小微企业和个体工商户经营压力,做大居民就业"蓄水池",充分释放小微企业吸纳就业能力,创造更多灵活就业机会。加强对重点行业和企业的支持力度,精准制定惠企帮扶政策,通过强化金融信贷服务、拓展产品销售渠道等方式,做大做强重点行业和企业,促进民营企业健康发展,带动社会就业面不断扩大。

二是持续强化就业优先政策,守住居民增收"稳定器"。工资性收入占福建居民收入的比重近 60%,在居民增收中发挥着"稳定器"的作用。要坚持把稳就业摆在突出位置,继续细化、实化、优化就业帮扶政策举措,推动实现高质量充分就业。充分发挥政策性岗位吸纳作用,更有针对性地帮扶农民工、下岗工人、退役军人等重点群体就业。支持创业和灵活就业,鼓励和促进各类群体通过灵活就业方式实现多渠道就业创业。继续做好高校毕业生就业服务工作,加强校园招聘市场,为大学生就业创业提供更有利的条件。

三是着力挖掘消费潜力,打好促消费"组合拳"。持续关注居民消费热点,挖掘本地特色文化,持续打响"清新福建"文旅品牌,就近打造消费热点,进一步激发居民文旅消费需求,持续发挥促消费政策的提振作用。积极适应新业态消费模式变化,发挥政府导向,加强市场建设,推动相关部门与新业态行业合作,通过线上平台宣传,线下消费补贴等方式,给予消费者更多优惠,加速新业态消费模式发展成熟。加强核心商圈建设,通过集聚效应促进商业繁荣,进一步提振居民消费信心,优化消费结构,激发消费活力。

(执笔人:范春霞)

2023年江西居民收支与生活状况报告

2023年，江西坚持以习近平新时代中国特色社会主义思想为指导，深入贯彻落实党的二十大和习近平总书记考察江西重要讲话精神，坚持稳中求进工作总基调，持续做好稳增长、稳就业、稳物价工作，全面落实各项惠民政策，居民收入和消费保持稳定增长，生活条件持续改善。

一、居民收入稳步增长，农村居民收入首破两万元

（一）居民收入增长5.6%

2023年，江西居民人均可支配收入34242元，比上年名义增长5.6%，扣除价格因素后实际增长5.3%。分城乡看，2023年城镇居民人均可支配收入45554元，比上年名义增长4.2%，扣除价格因素后实际增长3.8%；农村居民人均可支配收入21358元，首次突破2万元，比上年名义增长7.1%，扣除价格因素后实际增长6.9%。

（二）城乡居民收入相对差距继续缩小

2023年，江西农村居民人均可支配收入名义增速和实际增速分别快于城镇居民2.9和

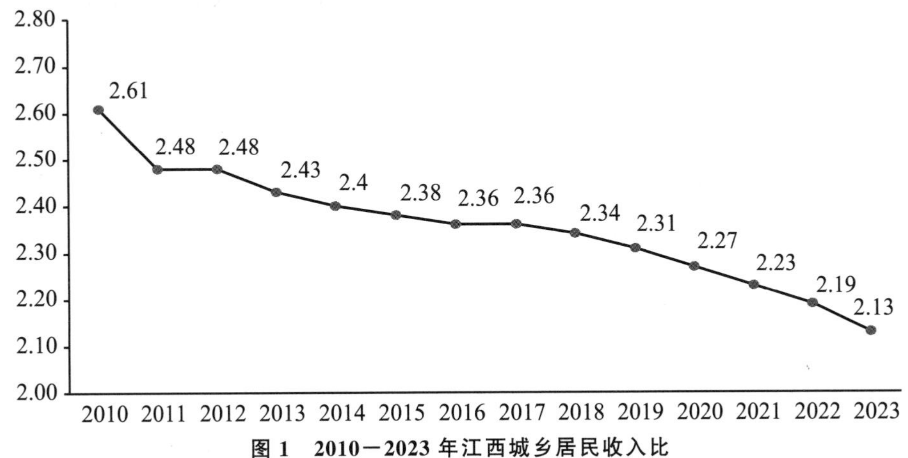

图1　2010—2023年江西城乡居民收入比

3.1个百分点，连续十四年保持快于城镇居民收入增长。城乡居民收入比从2022年的2.19缩小至2023年的2.13，低于全国的2.39，城乡居民收入相对差距呈现继续缩小态势。

（三）居民四项收入结构特征

1. 工资性收入仍占主导地位。江西持续实施就业优先战略，助推企业稳岗稳就业，多措并举促进多渠道灵活就业，保障了居民工资性收入增长。2023年，江西居民人均工资性收入19089元，比上年增长6.2%，对可支配收入增长的贡献率为61.0%，拉动人均可支配收入增长3.4个百分点；工资性收入比重为55.7%，比上年提高0.3个百分点，是支撑收入增长的主导因素。分城乡看，2023年城镇居民和农村居民人均工资性收入分别为27314元和9720元，比上年分别增长4.3%、9.4%，对可支配收入增长的贡献率分别为60.5%、58.8%，分别拉动人均可支配收入增长2.5和4.2个百分点。工资性收入比重分别为60.0%、45.5%，与上年持平和提高0.9个百分点。

2. 经营净收入持续恢复。江西各地接触型消费、服务消费加速恢复，市场活力进一步释放，带动居民经营净收入实现持续增长。2023年，江西居民人均经营净收入5408元，比上年增长4.7%，对可支配收入增长的贡献率为13.3%，拉动人均可支配收入增长0.8个百分点；经营净收入比重为15.8%，比上年下降0.1个百分点。其中第三产业经营净收入比上年增长9.7%，占经营净收入比重为53.4%。分城乡看，2023年城镇居民和农村居民人均经营净收入分别为4406元和6549元，比上年分别增长6.9%、3.6%。经营净收入比重分别为9.7%、30.7%，比上年提高0.2个百分点和下降1.0个百分点。

3. 财产净收入平稳增长。江西居民出租房屋租金收入呈现恢复性增长，居民投资分红收益增加，多因素带动居民财产净收入稳步增长。2023年，江西居民人均财产净收入2669元，比上年增长4.4%，对可支配收入增长的贡献率为6.1%，拉动人均可支配收入增长0.3个百分点；财产净收入比重为7.8%，比上年下降0.1个百分点。分城乡看，2023年城镇居民和农村居民人均财产净收入分别为4648元、415元，比上年分别增长2.7%、10.0%。财产净收入比重分别为10.2%、1.9%，比上年下降0.2个百分点和提高0.1个百分点。

4. 转移净收入稳定增长。江西民生领域投入不断增加，养老金、失业保险金、城乡困难群众最低保障标准逐年提高，外出务工形势总体稳定，促进居民转移净收入持续增长。2023年，江西居民人均转移净收入7077元，比上年增长5.3%，对可支配收入增长的贡献率为19.6%，拉动人均可支配收入增长1.1个百分点；转移净收入比重为20.7%，比上年下降0.1个百分点。分城乡看，2023年城镇居民和农村居民人均转移净收入分别为9186元、

4674 元，分别比上年增长 3.7%、7.4%，对可支配收入增长的贡献率分别为 17.8%、22.6%，分别拉动人均可支配收入增长 0.7 和 1.6 个百分点。转移净收入比重分别为 20.2%、21.9%，比上年下降 0.1 个百分点和提高 0.1 个百分点。

表 1　2023 年江西居民人均可支配收入来源及构成

指　　标	全省居民		城镇居民		农村居民	
	水平(元)	构成(%)	水平(元)	构成(%)	水平(元)	构成(%)
可支配收入	34242	100.0	45554	100.0	21358	100.0
工资性收入	19089	55.7	27314	60.0	9720	45.5
经营净收入	5408	15.8	4406	9.7	6549	30.7
财产净收入	2669	7.8	4648	10.2	415	1.9
转移净收入	7077	20.7	9186	20.2	4674	21.9

二、消费需求逐步恢复，居民消费支出回稳向好

2023 年，江西居民人均消费支出 23379 元，比上年增长 7.7%，增速较上年快 0.7 个百分点，居民消费呈现回稳向好态势。分城乡看，2023 年城镇居民人均消费支出 27733 元，比上年增长 6.8%，增速比上年快 1.2 个百分点；农村居民人均消费支出 18421 元，比上年增长 8.5%，增速比上年快 0.1 个百分点。城乡居民消费比(以农村居民消费为 1)为 1.51，比上年缩小 0.02。

(一)居民消费增长呈现“六升一平一降”态势

从居民八大类消费结构来看，2023 年，江西居民消费增速从高到低依次为居民人均教育文化娱乐支出比上年增长 21.2%，增速快于居民消费支出增速 13.5 个百分点，增速位居八大类消费第一；居民人均医疗保健、其他用品及服务、食品烟酒、交通通信和衣着支出比上年分别增长 20.2%、14.6%，7.4%、7.3%和 3.4%；居民人均居住支出增长 0.1%，与上年基本持平；居民人均生活用品及服务支出下降 2.5%。

表 2　2023 年江西居民人均消费支出增长情况

指　　标	全省居民		城镇居民		农村居民	
	水平(元)	增速(%)	水平(元)	增速(%)	水平(元)	增速(%)
消费支出	23379	7.7	27733	6.8	18421	8.5
食品烟酒	7460	7.4	8628	6.5	6129	8.2
衣着	1145	3.4	1455	1.0	791	7.3

续表

指标	全省居民		城镇居民		农村居民	
	水平(元)	增速(%)	水平(元)	增速(%)	水平(元)	增速(%)
居住	5061	0.1	6017	3.2	3973	−5.5
生活用品及服务	1221	−2.5	1535	−2.9	864	−2.8
交通通信	2815	7.3	3569	7.5	1956	5.5
教育文化娱乐	2967	21.2	3456	18.8	2411	24.5
医疗保健	2231	20.2	2400	9.8	2038	36.7
其他用品及服务	479	14.6	672	10.2	259	25.8

(二)恩格尔系数继续下降

2023年,江西居民人均食品烟酒支出7460元,比上年增长7.4%。恩格尔系数为31.9%,比上年下降0.1个百分点。分城乡看,城镇居民恩格尔系数为31.1%,农村居民恩格尔系数为33.3%,均较上年下降0.1个百分点。从江西居民人均主要食品消费量来看,增长最快的前三位分别是肉类、蛋类及蛋制品、薯类消费量,比上年分别增长14.9%、12.4%、12.0%;降幅最多的是谷物消费量,由上年的160.9公斤下降至150.3公斤,下降7.4%。

(三)交通通信消费恢复稳定增长

疫情防控转段后,各地居民交通消费支出稳定恢复,居民出行意愿不断增强。2023年,江西居民人均交通通信支出2815元,比上年增长7.3%,占居民消费支出比重为12.0%,比上年下降0.1个百分点。其中,人均交通支出增长9.5%,人均通信支出增长0.7%。分城乡看,2023年城镇居民和农村居民人均交通通信支出分别为3569元、1956元,比上年分别增长7.5%、5.5%,增长的动力主要来源是交通消费支出,比上年分别增长8.1%、10.8%。交通通信支出比重分别为12.9%、10.6%,比上年提高0.1个百分点和下降0.3个百分点。

(四)教育文化娱乐消费快速增长

随着休闲旅游、文化娱乐行业快速复苏,线下文化娱乐消费场景火爆,各类消费新业态、新场景不断涌现,居民用在教育文化娱乐方面的消费快速回升。2023年,江西居民人均教育文化娱乐支出2967元,比上年增长21.2%,占居民消费支出比重为12.7%,比上年提高1.4个百分点。分城乡看,2023年城镇居民和农村居民人均教育文化娱乐类支出分别为3456元、2411元,比上年分别增长18.8%、24.5%。教育文化娱乐支出比重分别为12.5%、13.1%,比上年分别提高1.3和1.7个百分点。

（五）医疗保健消费保持较快增长

疫情防控转段后，江西居民更加重视健康，居民持续释放健康消费需求，带动医疗保健支出较快增长。2023 年，江西居民人均医疗保健支出 2231 元，比上年增长 20.2%，占居民消费支出比重为 9.5%，比上年提高 1.0 个百分点。分城乡看，2023 年城镇居民和农村居民人均医疗保健支出为 2400 元、2038 元，比上年分别增长 9.8%、36.7%。医疗保健支出比重分别为 8.7%、11.1%，比上年分别提高 0.2 和 2.3 个百分点。

（六）服务性消费支出加速回升

江西积极出台各项恢复和扩大消费政策，城乡居民消费潜力逐渐释放，旅游、餐饮、交通运输等接触性、聚集性服务消费意愿增强。2023 年，江西居民人均服务性消费支出 10234 元，比上年增长 14.4%，占居民消费支出比重为 43.8%，比上年提高 2.6 个百分点。分城乡看，2023 年城镇居民和农村居民人均服务性消费支出为 12372 元、7799 元，比上年分别增长 13.6%、14.8%。服务性消费支出比重分别为 44.6%、42.3%，比上年分别提高 2.7 和 2.3 个百分点。

三、居民生活条件不断改善

（一）居住条件持续改善

江西居民居住配套设施不断完善，建筑面积平稳扩大，居住环境持续改善。据住户收支与生活状况抽样调查显示，2023 年，江西居民现住房建筑面积高于 60 平方米以上的户比重为 95.2%；住宅内独用厕所的户比重为 98.4%；住宅内管道取水的户比重为 92.2%；使用经过净化处理自来水的户比重为 73.7%；自装热水器洗澡的户比重为 93.7%；使用取暖设备自行供暖的户比重为 83.1%。

（二）社区基础设施进一步完善

随着各地民生项目的扎实推进，社区道路、配套设施不断完善，小区居住环境越来越好，居民出行更加便利。据住户收支与生活状况抽样调查显示，2023 年，江西居民进入社区内主要道路为水泥或柏油路面的户比重为 97.6%；社区内主要道路有路灯的户比重为 96.3%；社区内垃圾能够做到集中处理的户比重为 98.8%；社区内有健身器材的户比重为 89.7%；能便利地乘坐公共汽车的户比重为 88.7%；上小学便利的户比重为 95.6%。

（三）居民耐用消费品不断更新

随着江西居民收入的不断提高，居民消费观念也发生了转变，居民家庭耐用消费品更新换代速度加快。据住户收支与生活状况抽样调查显示，2023 年，江西居民家庭平均每百户空调拥有量为 154.9 台；居民家庭平均每百户家用汽车拥有量为 45.9 辆；居民家庭平均每百户排油烟机拥有量为 70.0 台。

四、影响居民收入和消费增长的不利因素

（一）居民收入增速有所放缓

2023 年，江西居民人均可支配收入比上年增长 5.6%，增速比上年下降 0.3 个百分点，增速比全国平均水平低 0.7 个百分点。其中，江西居民人均工资性收入、经营净收入、转移净收入比上年分别增长 6.2%、4.7%和 5.3%，增速分别低于全国平均水平 0.9、1.3 和 0.1 个百分点。

（二）居民消费意愿回升不足

随着居民收入预期下降，居民的消费意愿也受到一定程度的影响。2023 年，江西居民人均消费支出 23379 元，占全国平均消费水平 26796 元的比重为 87.2%，比上年下降 1.3 个百分点；江西居民消费支出增速比全国平均水平低 1.5 个百分点。居民消费更加谨慎和理性，更多地倾向于储蓄和存款，居民消费信心和消费意愿仍然不足。

（三）城乡居民消费水平差距有所扩大

近年来，虽然江西农村居民消费增速持续高于城镇居民，城乡居民人均消费比逐年缩小，但从绝对值来看，2023 年，江西城乡居民人均消费差额从上年的 8991 元扩大至 9312 元。由于农村消费市场开拓不足，设施不完善一定程度上影响了农村居民消费潜力的进一步释放。

五、促进居民收入和消费增长的对策建议

（一）稳定收入预期，拓宽增收渠道

以科技创新为驱动力，培育新制造经济，发展新服务经济，以创业带动就业，促进居民稳步增收。一是稳定和扩大就业，持续提高居民收入总体水平，健全完善工资分配制度和工资合理增长机制；二是加快社会保障城乡一体化建设，重点围绕低收入群体尤其是农民和农民工，扩大社会保障覆盖面，有效缩小城乡收入差距；三是加强居民理财投资知识和投资风险的宣传力度，引导居民更新理财观念，增加红利、租金、利息、储蓄性保险收益等财产性收入。

（二）加大政府投入，持续释放内需

一是继续加大对教育、医疗、养老、就业等民生领域的政府投入，促进公共服务资源优质均衡配置，进一步满足居民消费需求；二是完善新型消费设施建设，强化服务水平，持续培育和壮大新的消费增长点，调动居民消费热情；三是深入实施乡村振兴战略，立足江西地域特色，充分挖掘农村新能源汽车消费、智能家电消费潜力，带动农村居民消费提档升级。

（三）提振消费信心，增强消费活力

一方面继续降低居民的住房、子女教育、看病养老等挤占消费的负担支出，增强居民敢于消费的信心和动力；另一方面通过举办各类文旅节展赛会等活动，不断放大其对消费的引流功能，打造推介江西的文旅特色名片，推动传统商业综合体转型升级为文体商旅综合体，成为城市文化和旅游消费目的地，为消费增长打开新空间。

（执笔人：王敏）

2023年山东居民收支与生活状况报告

2023年，山东各级党委政府认真贯彻落实党中央、国务院决策部署，坚持在发展中保障和改善民生，持续加大民生投入，多措并举促进增收，随着经济持续回升向好，居民收入实现稳步增长，居民消费支出较快恢复，居民生活品质进一步提高。

一、居民收入增长情况

(一)居民收入稳步增长

2023年，山东居民人均可支配收入39890元，比上年名义增长6.2%，增速较上年加快1.0个百分点；扣除价格因素，实际增长6.1%，较上年加快2.7个百分点。山东居民人均可支配收入比全国平均水平高672元，居全国31个省(区、市)第8位。

分城乡看，城镇居民人均可支配收入首次突破“五万”大关，达到51571元，同比增长5.1%，增速较上年加快0.9个百分点；农村居民人均可支配收入23776元，增长7.5%，增速较上年加快1.2个百分点。城乡居民人均可支配收入比值2.17，同比缩小0.05。

表1　2023年山东居民人均可支配收入及构成

指　标	全体居民		城镇居民		农村居民	
	金额(元)	增幅(%)	金额(元)	增幅(%)	金额(元)	增幅(%)
人均可支配收入	39890	6.2	51571	5.1	23776	7.5
工资性收入	22908	6.9	30908	6.1	11872	7.5
经营净收入	8374	4.9	8565	2.7	8110	8.1
财产净收入	2676	4.5	4230	3.9	532	0.0
转移净收入	5932	6.1	7868	4.9	3262	7.8

(二)四项收入全面增长

1. 工资性收入较快增长。山东各级深入落实就业优先战略，多措并举保障重点群体就业，促进企业稳岗扩岗，就业形势总体改善，居民工资性收入较快增长。山东居民人均工资性收入 22908 元，同比增长 6.9%，在四项收入中增速最快，是居民增收的第一动力，增收贡献率达 63.8%，拉动居民可支配收入增长 4.0 个百分点。分城乡看，城镇居民人均工资性收入 30908 元，增长 6.1%；农村居民人均工资性收入 11872 元，增长 7.5%。

2. 经营净收入稳定增长。山东持续优化营商环境、创新政策供给，全力服务保障民营经济高质量发展，经营主体活力不断增强，居民经营性收入稳定增长。山东居民人均经营净收入 8374 元，同比增长 4.9%。其中，城镇居民人均经营净收入 8565 元，增长 2.7%；农村居民人均经营净收入 8110 元，增长 8.1%。

3. 财产净收入平稳增长。山东土地流转、房屋租赁市场健康有序发展，利息、基金、股票等各类投资渠道畅通，居民财产性收入稳步增长。居民人均财产净收入 2676 元，同比增长 4.5%。其中，城镇居民人均财产净收入 4230 元，增长 3.9%；农村居民人均财产净收入 532 元，与上年同期持平。

4. 转移净收入稳步增长。山东基本民生保障有力，各项帮扶救助补贴政策及时落实，居民养老金和医保水平持续上调，转移净收入稳步增长。居民人均转移净收入 5932 元，同比增长 6.1%。其中，城镇居民人均转移净收入 7868 元，增长 4.9%；农村居民人均转移净收入 3262 元，增长 7.8%。

（三）2023 年居民收入主要特点

1. 经济全面恢复拉动居民就业改善、收入增加。随着疫情较快平稳转段，山东生产生活秩序全面恢复，居民娱乐、旅游、外出就餐等意愿大幅提升，服务消费活跃，服务业企业经营持续改善，吸纳就业能力明显增强，服务业从业相关收入明显增加。调研显示，2023 年，在批发零售业、文化体育娱乐业从业的人员数量、工资收入、工作时长均比上年有所增加，其中从业人员数量增幅达到 10%以上。经济持续恢复、稳就业等政策措施落实落地，农村劳动力外出务工形势好转，带动寄带回收入稳步增长，同比增长 7.7%。

2. 乡村振兴有力带动农村居民增收致富。山东着力打造乡村振兴齐鲁样板，农业优势产业、新型农业经营主体不断壮大，带动农村居民就近就业增收。2023 年，农村居民第一产业务工人数稳定增加，农村居民工资性收入同比增幅高于城镇居民 1.4 个百分点。乡村交通运输设施进一步改善，乡村文旅等新业态不断涌现，农村居民第三产业经营净收入比上年增长 15.0%。

3. 不同群体收入变动差距加大。一方面，山东高质量发展深入推进，新动能加速培育，带动就业质量不断提高，相关群体收入较快攀升。调研显示，2023 年科研人员、信息传输、软件业和信息技术服务业从业人员工资增长较快。另一方面，落后产能淘汰力度持续加大，国际贸易争端对产业链带来一定冲击，使部分产业转移、产能外迁，加上房地产等经济动力有所减弱，造成短期内部分群体、部分行业的居民收入增势较弱。如建筑业、房地产业从业人员数量和工资同比均有所下降，建筑业从业人员工资收入平均水平大幅低于科学研究和技术服务业、文体娱乐业。

二、居民消费支出情况

（一）居民消费支出较快恢复

2023 年，山东居民人均消费支出 24293 元，同比增长 7.3%，上年为下降 0.8%。从构成看，八大类消费支出“七升一降”，吃、穿、用等基本生活类消费稳定增长，交通、教育文化娱乐、医疗保健等消费支出增速较快。

表 2　2023 年山东居民人均消费支出及构成

指标	全体居民		城镇居民		农村居民	
	金额（元）	增幅（%）	金额（元）	增幅（%）	金额（元）	增幅（%）
人均消费支出	24293	7.3	30251	5.9	16075	9.5
食品烟酒	6791	8.3	8275	7.4	4743	9.3
衣着	1549	4.2	2050	3.1	858	5.8
居住	4726	−1.8	6058	−4.7	2888	5.5
生活用品及服务	1762	5.6	2327	4.8	984	6.3
交通通信	3795	13.1	4510	13.7	2808	10.8
教育文化娱乐	2915	13.6	3742	12.3	1774	15.5
医疗保健	2247	11.6	2592	10.8	1772	12.3
其他用品及服务	509	8.2	697	7.2	248	8.7

（二）农村居民消费支出增长快于城镇

伴随县域商业网络设施不断完善、物流效率持续提升、优质商品投放力度逐步加大，农村居民消费恢复较快，增速快于城镇。2023 年，农村居民人均消费支出 16075 元，增长 9.5%，增速较上年提高 6.8 个百分点，快于城镇 3.6 个百分点。

（三）2023 年居民消费结构主要特点

1. 吃、穿、用等刚性消费支出总体稳定。居民收入稳步增长、消费环境不断改善，带动居民吃、穿、用等基本生活消费支出稳步增加。2023年，居民人均食品烟酒、衣着、生活用品及服务支出同比分别增长8.3%、4.2%和5.6%。随着消费场景的拓展和消费意愿的回暖，居民外出用餐活动增加，在外饮食服务支出增长26.0%。受房地产市场调整影响，居住类消费需求减弱，居民人均居住消费支出下降1.8%。

2. 交通、文化娱乐消费支出快速反弹。随着经济社会全面恢复常态化运行，接触型、聚集型服务消费需求不断释放，居民出行、旅游相关需求大幅回升，文化旅游市场火热，交通、文化娱乐消费持续升温。2023年，居民人均交通消费支出3108元，增速由上年同期下降1.9%转为增长17.0%。其中，购买飞机票、火车票等交通费支出增长133.7%。居民人均文化娱乐消费支出838元，增长15.2%。其中，景点门票、电影话剧演出票支出均实现倍增。

3. 服务性消费快速增长。餐饮、住宿、文化、体育及旅游等服务性消费快速增长，引领消费市场加快复苏。2023年，居民人均服务性消费支出9603元，同比增长10.1%，增速较上年加快13.5个百分点，快于居民消费支出2.8个百分点。服务性消费支出占消费支出比重较上年提高1.0个百分点，拉动居民消费支出增长3.9个百分点。

（四）需要关注的方面

1. 居民消费意愿有待进一步提升。疫情防控转段后，居民消费意愿稳步回升，但与2019年相比仍然偏弱，疫情的“疤痕效应”客观存在，居民消费恢复不及预期。2023年，山东居民平均消费倾向（人均消费支出占可支配收入比重）为60.9%，低于2019年3.7个百分点，低于全国平均水平7.4个百分点，仍有较大回补和拓展空间。

2. 居住消费表现疲软。当前，居民居住消费较为谨慎，与房地产密切相关的部分家装类消费整体需求相对低迷。2023年，居民人均居住支出4726元，同比下降1.8%，其中，居民人均住房装潢、家具及室内装饰品消费支出下降幅度较大。

3. 优质消费供给不足。随着居民收入水平持续提高和中高收入群体不断扩大，性能好、功能优、特色足的产品对消费者具有强劲吸引力，但部分有消费能力、有消费意愿的人群反映市场上缺乏满意的产品和服务，优质消费、高端消费供给不足的问题值得关注。

三、居民生活质量持续改善

（一）居住条件持续提升

山东不断加大困难群体的住房保障力度，随着老旧小区持续改造提升，居民居住状况持续优化。2023年，山东居民人均住房建筑面积达到43.7平方米。其中，城镇居民人均住房建筑面积40.1平方米，农村居民人均住房建筑面积48.7平方米。

（二）基础设施配套不断完善

居民所在社区开通管道燃气的户比重为68.3%，有绿化园林景观的户比重为79.1%，有卫生站（室）的户比重为98.6%，居民生活基础设施日趋齐全，生活环境不断改善。

（三）耐用消费品升级

居民每百户家庭拥有汽车63.5辆。其中，城镇居民71.3辆，农村居民52.4辆。耐用消费品高端化趋势更加明显，每百户居民家庭拥有健身器材、空气净化器和地面清洁电器分别为5.1、7.6和14.3台。

四、促进居民收入和消费稳定增长的对策建议

（一）持续大力发挥乡村产业带农富民作用

继续因地制宜分类推进"一村一品""一乡一业"等特色经济，支持各地发展特色种养、特色加工、传统手工艺，不断强化特色产业促就业、促增收力度。进一步理顺优化主要特色农产品加工布局，引导经营主体细分专业市场、错位规范发展。对于规模大、产业链长、知名度较高的产业集群，如莘县蔬菜、枣庄石榴、阳信牛肉、曹县桐木加工和演出服汉服生产产业等，应着力做精做优，注重品质提升，面向中高端市场探索打造优质高端特色品牌，提高产品盈利能力。持续推进农村电商发展，强化农村电商在特色产品推广中的优势，组织线上销售技能培训，鼓励经营者通过与购物平台合作、开展直播带货等方式进行线上推广展销，为农产品销售提供更广阔的空间。

（二）及时关注并实施重点行业和重点群体转岗就业帮扶

有序推进落后产能淘汰，面对因大型企业产能转移可能带来的职工失业问题，提前制定优化安置方案，综合考虑职工年龄、知识结构、家庭情况等，分类施策帮助转岗或创业，避免因动能转换放大失业问题。重点关注建筑业、受国际贸易争端影响较大的外贸企业等吸纳就业情况，对劳动密集型行业就业的农民工等重点群体加强就业监测和帮扶，提供更多的培训机会，帮助其提升就业技能和竞争力。积极引导劳动者抓住新产业、新业态、新商业模式发展中产生的新岗位机会。顺应消费需求升级趋势，大力提振服务业发展，推动服务行业企业经营从疫后恢复转向持续扩大，进一步发挥其对就业和增收的带动作用。

（三）加大对低收入群体的慈善帮扶引导

逐步加大收入三次分配力度，广泛征求社会各界意见，完善社会救助、民间捐赠、慈善

事业、志愿者行动等制度机制。通过公益广告、主流媒体、树立典型等多种方式加强宣传推广，推动面向低收入地区、低收入群体的慈善事业发展。以社区、企业、学校等为组织单位，搭建自愿对口帮扶、捐赠和志愿服务渠道，吸引更多有意愿有能力的企业、社会组织和个人参与慈善事业。

（四）多向发力拓展消费空间

一是培育壮大新型消费。顺应消费升级趋势，挖掘释放新零售、直播电商、在线文娱等新型升级类的消费潜力，增加优质消费供给，满足高端化、品质化、多样化消费需求。二是推动大宗商品消费。落实落细新能源汽车购置税减免、购车补贴政策，促进新能源汽车消费。继续开展绿色智能家电下乡、以旧换新优惠促销活动，全面促进家居家电消费。探索完善"卖旧买新"契税优惠政策，针对多孩家庭、新市民等群体出台购房补贴政策，促进住房消费健康发展。

（五）着力打造消费新地标

一是充分发挥政府"有形之手"的作用，通过举办文旅节展赛会等活动，打造更多像淄博烧烤、贵州"村超""南方小土豆"齐聚哈尔滨等现象级消费新热点、新场景，放大对消费的引流功能，带动形成新的消费增长点。二是围绕数字服务、绿色低碳等消费新热点，在中心商圈、特色街区、夜市等空间植入新元素、新业态、新场景，培育体验消费、定制消费、时尚消费等消费热点，形成具有广泛吸引力、较强辐射力的消费地标和智慧商圈，为消费者提供更多选择、提供更好体验，以新消费引领带动消费市场稳步扩大。

（执笔人：张妍）

2023 年河南居民收支与生活状况报告

2023 年是“十四五”规划的承前启后之年，河南坚持以习近平新时代中国特色社会主义思想为指引，深入贯彻落实党中央、国务院关于经济工作的各项决策部署，全力以赴攻难关、解难题、防风险，“十大战略”深入实施，“两个确保”扎实推进，经济稳中向好的基础持续巩固，内生动力持续增强，民生保障持续改善，居民收入稳定增长，居民消费支出加快恢复。

一、居民收入稳定增长，分配格局逐步优化

（一）居民收入稳定增长，城镇、农村居民收入再上新台阶

2023 年河南居民人均可支配收入 29933 元，比上年增加 1711 元，名义增长 6.1%，增速比上年快 0.8 个百分点，扣除价格因素，实际增长 6.3 %，比全国实际增速高 0.2 个百分点。分城乡看，城镇、农村居民人均可支配收入分别突破 4 万元和 2 万元。其中，城镇居民人均可支配收入 40234 元，较上年增加 1751 元，名义增长 4.5%，增速比上年快 0.8 个百分点，扣除价格因素，实际增长 5.0%；农村居民人均可支配收入 20053 元，较上年增加 1356 元，名义增长 7.3%，增速比上年快 0.7 个百分点，扣除价格因素，实际增长 7.0%。

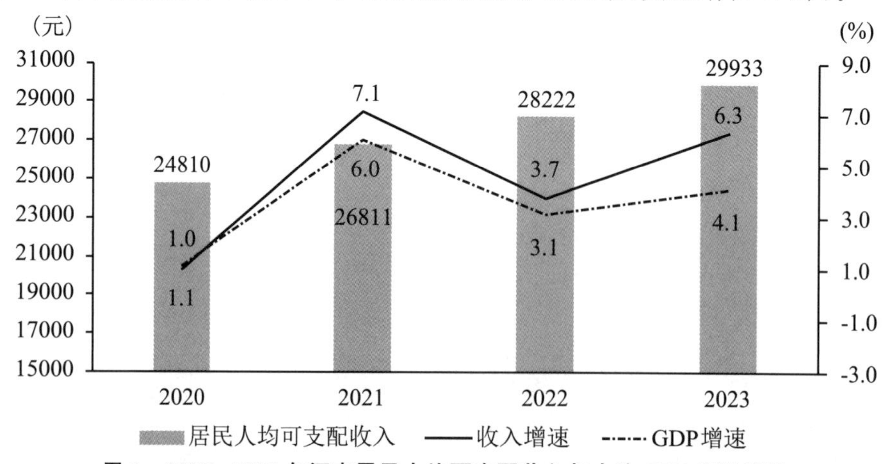

图 1　2020—2023 年河南居民人均可支配收入与人均 GDP 实际增速

“十四五”以来，河南经济社会发展持续向好，人均 GDP 达到 6 万元，产业结构不断优化，第三产业占比升至 53.4%，为居民收入的提高打下良好基础。2023 年河南居民人均可支配收入较 2020 年增加 5123 元，累计名义增长 20.6%，年均名义增长 6.5%，扣除价格因素，累计实际增长 18.0%，年均实际增长 5.7%，增速高于 GDP。

（二）农村居民收入增速持续高于城镇，城乡居民收入相对差距逐步缩小

“十四五”以来，河南全面推进乡村振兴，农村居民人均可支配收入稳步增长，年均增速比城镇居民快 2.6 个百分点，城乡居民人均可支配收入比从 2020 年的 2.16:1 缩小至 2023 年的 2.01:1，比全国平均水平低 0.38，城乡居民收入倍差呈现持续性下降态势。

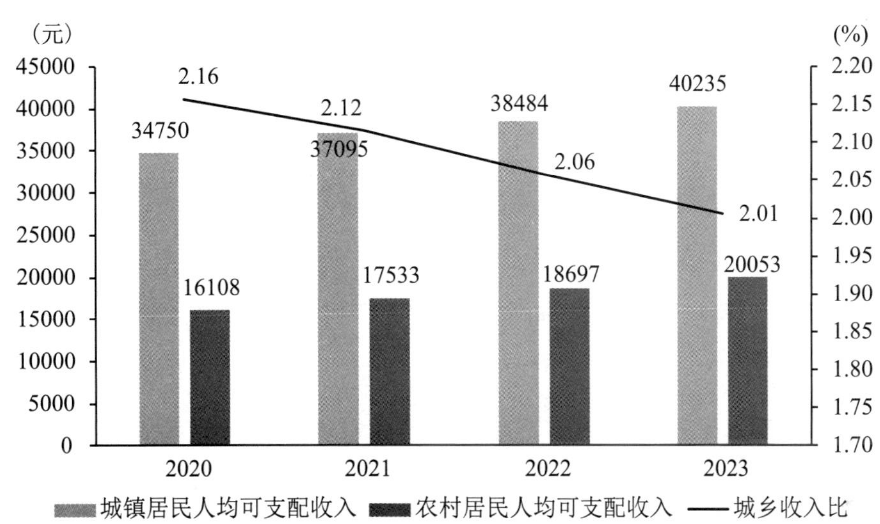

图 2　2020—2023 年河南城乡居民人均可支配收入及收入比

（三）增收渠道不断拓宽，收入结构总体平稳

1. 工资性收入呈现积极增长势头，是居民收入持续增长主动力。2023 年，河南居民人均工资性收入 15166 元，增长 6.9%，增速较上年快 2 个百分点，占可支配收入的比重为 50.7%，对可支配收入增长的贡献率为 57.3%，拉动居民增收 3.5 个百分点。分城乡看，城镇居民和农村居民人均工资性收入比上年分别增长 5.5%和 7.4%。就业是工资性收入增加的基础，2023 年河南深入实施就业优先战略，多措并举稳定和扩大就业岗位，河南就业形势总体改善，2023 年城镇新增就业 119.3 万人，城镇企业就业人员周平均工作时间较上年增加 2.7 个小时，新增农村劳动力转移就业 48.9 万人。经济社会全面恢复常态化运行后，接触型服务业快速恢复，吸纳就业人数增加，2023 年河南规上服务业企业营业收入同比增长 10.5%，增速比一季度、上半年、前三季度分别加快 3.2、4.8、5.2 个百分点，比全国高 2.2

个百分点。

2. 经营净收入稳步提高。2023年，河南居民人均经营净收入6037元，增长4.1%，占可支配收入比重为20.2%，对可支配收入增长的贡献率为13.8%，拉动居民增收0.8个百分点。分城乡看，城镇居民和农村居民人均经营净收入比上年分别增长2.2%和5.8%。随着宏观政策持续显效发力，河南经济不断恢复，工业生产明显提速，服务业实现较快增长，住宿餐饮、批发零售等行业经营形势恢复较好，带动二三产经营净收入快速增长。2023年河南居民人均二产、三产经营净收入分别为729元和2920元，较去年分别增长8.4%和5.3%，增速分别加快2.9、1.5个百分点。

3. 财产净收入增长相对较快但占比较低。2023年，河南居民人均财产净收入1889元，增长7.1%，增速较上年高2.5个百分点，占可支配收入比重为6.3%，对可支配收入增长的贡献率为7.3%，拉动居民增收0.4个百分点。随着人员流动、务工形势总体向好，带动出租房屋财产性收入增长。居民储蓄存款持续增加，2023年河南人民币存款余额达10万亿元，同比增长8.3%，较年初增加7658.4亿元，利息净收入有所增加。

4. 转移净收入平稳增长，对保障基本民生发挥重要作用。2023年，河南居民人均转移净收入6841元，增长5.7 %，占可支配收入比重为22.9%，对可支配收入增长的贡献率为21.5%，拉动居民增收1.3个百分点。分城乡看，城镇居民和农村居民人均转移净收入比上年分别增长3.0%和8.7%。河南政府转移支付力度不断加大，进一步兜牢基本民生保障底线，持续落实企业职工基本养老保险全国统筹，企业退休人员基本养老金、城乡居民基础养老金最低标准分别提高4.0%、4.6%，实现退休人员养老金19连涨，惠及河南564万退休人员。外出务工形势好转，居民寄回带回收入增长11%，增速较上年高3.5个百分点。

“十四五”以来，河南居民人均可支配收入结构呈现“两升一降一平”的趋势。其中工资性收入占比由2020年的50.1%上升至2023年的50.7%；经营净收入占比由2020年的20.7%下降至2023年的20.2%；财产净收入占比保持6.3%不变；转移净收入占比由2020年的22.8%上升至2023年的22.9%。

二、居民消费支出全面增长，消费结构提质升级

（一）居民消费能力持续提升

2023年，河南居民人均消费支出21011元，较上年增加1991元，增长10.5%，增速较上年高7.1个百分点，较全国高1.3个百分点。河南居民平均消费率为70.2%，较全国高1.9

个百分点，较上年提高2.8个百分点。分城乡看，城镇居民人均消费支出25570元，较上年增加2031元，增长8.6%，增速与全国持平；农村居民人均消费支出16638元，较上年增加1814元，增长12.2%，高于全国2.9个百分点。“十四五”以来，河南着力引导消费预期，系列促消费政策持续落地显效，不断释放内需潜力。2023年河南居民人均消费支出较2020年增加4868元，累计名义增长30.2%，年均名义增长9.2%，扣除价格因素，累计实际增长27.3%，年均实际增长8.4%。

（二）消费结构不断优化

2023年河南居民八大类消费支出全面增长，恢复势头明显，居民消费结构持续优化升级，交通通信、教育文化娱乐、医疗保健等消费增速明显。2023年河南居民人均交通通信支出2570元，比上年增加214元，增长9.1%，占人均生活消费支出的比重为12.2%，比2020年上升0.3个百分点；人均教育文化娱乐支出2461元，比上年增加281元，增长12.9%，占人均生活消费支出的比重为11.7%，比2020年上升1.3个百分点；人均医疗保健支出2116元，比上年增加196元，增长10.2%，占人均生活消费支出的比重为10.1%，比2020年上升0.1个百分点。

表1 2020—2023年河南居民人均消费支出结构

指标	2023		2022		2021		2020	
	水平（元）	构成（%）	水平（元）	构成（%）	水平（元）	构成（%）	水平（元）	构成（%）
消费支出	21011	100.0	19019	100.0	18391	100.0	16143	100.0
食品烟酒	6275	29.9	5467	28.7	5231	28.4	4418	27.4
衣着	1509	7.2	1323	7.0	1405	7.6	1222	7.6
居住	4334	20.6	4144	21.8	4027	21.9	3808	23.6
生活用品及服务	1267	6.0	1203	6.3	1229	6.7	1078	6.7
交通通信	2570	12.2	2356	12.4	2104	11.4	1917	11.9
教育文化娱乐	2461	11.7	2180	11.5	2209	12.0	1685	10.4
医疗保健	2116	10.1	1920	10.1	1787	9.7	1622	10.0
其他用品及服务	479	2.3	427	2.2	399	2.2	393	2.4

（三）服务消费支出增速领先，对消费支撑作用增强

随着经济社会持续恢复，餐饮、出行、旅游、文化娱乐等接触型、聚集型服务消费场景快速恢复，带动服务性消费支出较快增长。2023年河南居民人均服务性消费支出增长16.3%，快于河南居民人均消费支出5.8个百分点，与2020年相比，河南居民人均服务性

消费支出累计增长55.6%,年均增速15.9%。2023年河南服务性消费支出占居民消费支出比重为43.9%,比2020年提高17.9个百分点。

三、人居环境不断改善,居民生活品质持续提升

(一)基础设施进一步健全

"十四五"以来,河南以实际行动践行习近平生态文明思想,坚持以人民为中心,以高质量发展为主题,以满足人民群众美好生活需要为目标,大力实施以人为核心的新型城镇化战略和乡村振兴战略。创建现代化城市和美丽文明乡村,城乡社区垃圾全部实现集中处理,城乡人居环境整体改善,公共交通覆盖面不断扩大。2023年河南进入社区道路为水泥、柏油等硬质路面的比例达到99.6%,社区内道路状况持续完善,社区内道路硬化比例为99.7%。2023年河南66.1%的社区已开通管道天然气,其中城镇地区开通管道天然气的社区比例为82.1%,农村地区开通管道天然气的自然村比例为48.2%。饮用水经过集中净化处理的社区占比92.6%,其中城镇地区占比96.1%,农村地区占比88.8%。

(二)居住条件持续提升

河南居民居住条件和居住环境全面提升,农村地区改善效果尤为明显。2023年河南居民家庭人均居住支出为4334元,较2020年增加526元,累计增长13.8%,年均增速4.4%。一是居住条件改善,舒适度提升。2023年河南城镇居民人均现住房建筑面积45.4平方米,农村居民人均现住房建筑面积54.5平方米。2023年河南城镇、农村居民单独配备厨房的比例均达到98.9%,饮用水经过净化处理的比例分别为94.2%、85.0%,水冲式卫生厕所的比例分别为96.7%、77.8%。二是室内设施不断完善,生活品质得到提升。2023年河南城镇、农村居民安装洗澡设施的户比例分别为98.5%、96.7%,住宅内有洗手设施及肥皂和水的户比例分别为99.4%、99.1%,有取暖设备及条件的户比例分别为91.9%、90.9%。

(三)耐用消费品升级换代

河南居民家庭耐用消费品拥有量持续增加,空气净化器、地面清洁电器等新兴家电受到住户欢迎,消费呈现升级换代趋势。2023年河南城镇居民平均每百户汽车拥有量为58.0辆;农村居民平均每百户汽车拥有量为52.1辆。城镇居民平均每百户空调拥有量220.4台;农村居民平均每百户空调拥有量165.4台。城镇居民平均每百户电冰箱拥有量为101.0台,农村居民平均每百户电冰箱拥有量为103.2台。城镇居民平均每百户洗衣机

拥有量为102.3台,农村居民平均每百户洗衣机拥有量为104.6台。

四、需关注的问题

(一)居民增收的基础仍需夯实

经济持续回升向好的基础仍不牢固,消费需求不足、投资增速不高、预期偏弱等困难挑战仍比较突出。夏粮减产、畜牧业产品价格下降,第一产业经营净收入增速下滑。房地产市场低迷,对劳动力就业稳定性产生影响,从调查对象从业情况看,建筑业、房地产业、居民服务修理和其他服务业从业人数明显减少。

(二)收入结构仍需改善

2023年河南居民人均可支配收入水平约为全国居民平均收入的76.3%,差距依然较大。从收入结构看:工资性收入对可支配收入增长贡献最大,但河南工资性收入绝对水平偏低,约为全国平均水平的68.8%,占可支配收入的比重较全国低5.6个百分点;经营净收入和转移净收入较高,约为全国的92.0%和94.0%,接近全国平均水平,占可支配收入的比重较全国高3.5和4.3个百分点,对河南居民增收重要性较突出;财产净收入虽然增长较快,但远低于全国平均水平,仅为全国的56.2%,占可支配收入比重较低,拉动收入增长作用有限。

五、促进河南居民增收的建议

(一)强化就业优先政策,促进居民充分就业

在居民收入增长的过程中,工资性收入发挥着主引擎的作用,是拉动居民增收的重要抓手,但河南居民工资性收入水平、占可支配收入比重均明显低于全国。要通过建立长效机制,保持工资性收入持续稳定增长。落实促进就业政策,持续完善创业扶持政策。提高工资标准,保障低收入群体收入水平,保证工资正向增长,确保收入与经济发展相适应。

(二)持续推动产业升级和技术人才培养

河南推动"7+28+N"产业链群规模持续壮大,制造业头部企业、高技术制造业、工业战略性新兴产业不断培育。要继续推进"人人持证、技能河南"建设,坚持加强技能培训,提升就业竞争力,更好适应市场需求,继续稳固制造业对就业和收入的支撑作用。

(三)完善保障体系,增加居民转移性收入

转移净收入是居民生活的重要保障。要不断完善社会保障体系,密切关注低收入群

体，切实提高低保、社会救济等保障标准；继续保持好强农惠农富农政策的连续性稳定性，构建新型农业补贴政策体系。巩固拓展脱贫攻坚成果，不断增强脱贫地区和脱贫群众内生发展动力，牢牢守住不发生规模性返贫底线。

（执笔人：拓福星、左俊勇）

2023 年湖北居民收支与生活状况报告

2023 年，湖北认真贯彻落实党中央、国务院决策部署，坚持稳中求进工作总基调，着力扩大内需、优化结构、提振信心、高质量发展扎实推进，经济持续回升向好，为城乡居民收入和消费稳定增长奠定基础。

一、城乡居民收入持续稳定增长，共同富裕步伐稳健

(一)居民收入增长特点

1. 全体居民收入增速逐季加快。2023 年，湖北全体居民人均可支配收入 35146 元，增长 6.8%。增速比一季度、上半年、前三季度分别快 1.4、0.5 和 0.4 个百分点，呈现出稳步加速、逐季加快的增长特点。

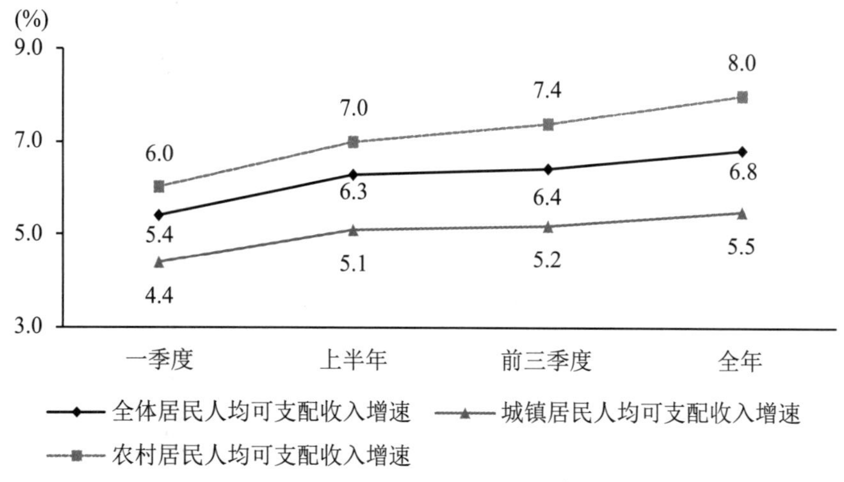

图 1　2023 年湖北居民人均可支配收入分季度增速

2. 城镇居民收入增速居中部六省首位。2023 年，湖北城镇居民人均可支配收入 44990 元，增长 5.5%。增速高于全国平均水平(5.1%)0.4 个百分点，位居全国第 8 位、中部六省第 1 位。

3. 农村居民收入增速再超全国平均水平。2023年，湖北农村居民人均可支配收入21293元，首次突破2万元大关，增长8.0%。增速高于全国平均水平(7.7%)0.3个百分点，延续了自2020年疫情以来连续三年高于全国平均水平的恢复性增长态势，位居全国第9位、中部六省第2位。

4. 城乡居民收入比持续缩小。2023年，湖北农村居民人均可支配收入增速比城镇快2.5个百分点，城乡居民人均可支配收入比为2.11(农村居民人均可支配收入=1)，比2022年下降0.05，城乡居民收入差距比持续缩小，共同富裕基础进一步筑实。

(二)居民收入结构特点

1. 工资性收入是居民增收的“压舱石”。2023年，湖北着力构建高质量充分就业政策体系，开展“春暖荆楚、助鄂企航”保用工促发展活动和“就业援助月”“民营企业服务月”等活动，深入实施“才聚荆楚”系统工程，加快建设服务规范、功能完善的零工驿站，持续推进重点群体稳定就业、困难群体帮扶就业、特殊群体灵活就业，就业形势总体稳定。湖北全体居民人均工资性收入17626元，增长6.7%，占可支配收入的比重(50.2%)居四项收入之首，拉动可支配收入增长3.4个百分点，增收贡献率为49.8%，较好发挥了“压舱石”作用。分城乡看，城镇、农村居民工资性收入分别为25232元、6923元，增长5.4%和7.9%。

2. 经营净收入是居民增收的“助推器”。2023年，湖北相继出台“服务市场主体16条”“降低企业成本33条”等多项针对性强、支持力度大的惠企政策“大礼包”，多轮次投放消费券，各项存量政策和增量政策叠加发力，住宿餐饮、批发零售、居民服务等经营状况明显改善，市场主体活力增强。启动实施培育壮大农业产业化龙头企业“十百千万”工程，注重发展品牌作物、国家地理标志产品等高附加值特色农产品，主要农业收益稳中向好，全年粮食总产增长1.3%，部分农作物出售价格上涨，农业增产增效有力带动经营净收入增长。湖北全体居民人均经营净收入7146元，增长7.7%，增速比上年加快2.3个百分点，占可支配收入比重为20.3%，拉动可支配收入增长1.6个百分点，增收贡献率为23.0%，是带动居民稳步增收的坚实力量。分城乡看，城镇、农村居民经营净收入分别为5961元、8814元，增长7.8%和8.4%。

3. 财产净收入是居民增收的“潜动力”。2023年，城乡居民流动加快恢复，房屋出租市场活跃度提升，城市建设扩张过程中居民用土地置换商业门面增加，老旧小区改造升级等带动房屋租赁价格上涨。同时，土地承包经营权流转加快，农村居民房屋、场地、机械等各类资产出租收益增长，为居民财产收入增长提供支撑，但受楼市持续疲软，银行存款利率下调等因素影响，财产净收入增速有所放缓。湖北全体居民人均财产净收入 2449 元，增长 3.3%，增速比上年回落 3.8 个百分点，占可支配收入的比重为 7.0%，拉动可支配收入增长 0.2 个百分点，增收贡献率为 3.5%，潜在增收动能有待进一步释放。分城乡看，城镇、农村居民财产净收入分别为 3984 元、290 元，增长 1.9%和 2.8%。

4. 转移净收入是居民增收的“坚后盾”。2023 年，湖北持续加大民生领域转移支付力度，惠农补贴及时兑现，养老金、社会救助等提标扩面增效，退休人员基本养老金 19 连涨，平均上调 3.8%，新增城乡低保对象 8.5 万人，城乡低保标准月人均分别增长 5.7%和 10.2%，增速高于上年度人均消费支出增速。医疗新政红利持续释放，实现社会“大共济”、个人账户家庭“小共济”的双轨保障和普通门诊费用报销。湖北全体居民人均转移净收入 7924 元，增长 7.2%，增速比上年加快 1.1 个百分点，占可支配收入的比重为 22.5%，拉动可支配收入增长 1.6 个百分点，增收贡献率为 23.7%，是收入稳步增长的坚实后盾。分城乡看，城镇、农村居民转移净收入分别为 9813 元、5267 元，增长 6.1%和 7.9%。

二、城乡居民消费加快恢复性增长，消费能力显著提升

（一）居民消费增长回升向好

1. 居民消费加快恢复。2023 年，湖北全体居民人均消费支出 27106 元，增长 9.2%，增速比上年加快 5.1 个百分点，与全国平均水平持平，位居全国第 17 位、中部六省第 3 位。分季度看，各类促消费活动有力激活居民消费动能，特别是进入三季度后，消费增速明显提升。

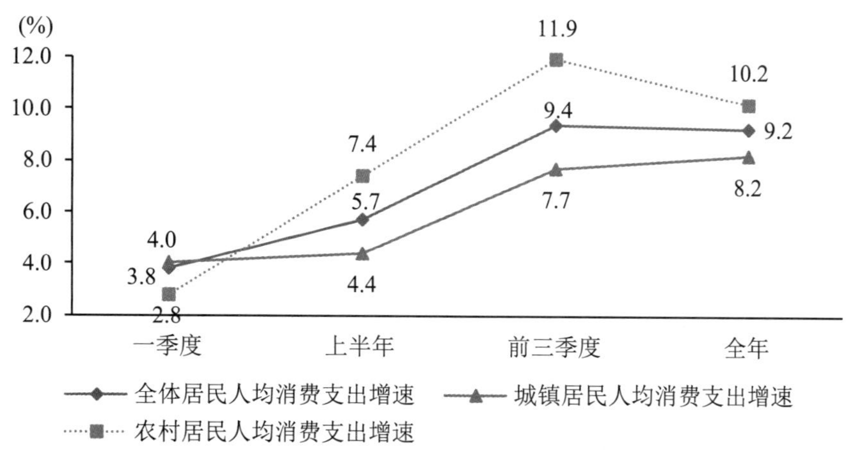

图 2　2023 年湖北居民人均消费支出分季度增速

2. 农村居民消费增长快于城镇。2023 年，湖北农村居民人均消费支出 20922 元，增长

10.2%，增速快于城镇居民2.0个百分点，城乡居民人均消费支出比为1.51(农村居民人均消费支出=1)，比2022年下降0.02。

(二)居民消费结构优化升级

1. 消费呈多元化。湖北全体居民八大项消费支出由2022年“六涨二降”转为2023年“全面上涨”，其中教育文化娱乐、医疗保健、其他用品及服务消费增速均超两位数，分别增长12.5%、29.7%和17.2%。分城乡看，城镇居民消费支出与全体居民增长趋势相同，农村居民消费支出“七涨一降”，交通通信消费小幅下降1.4%。

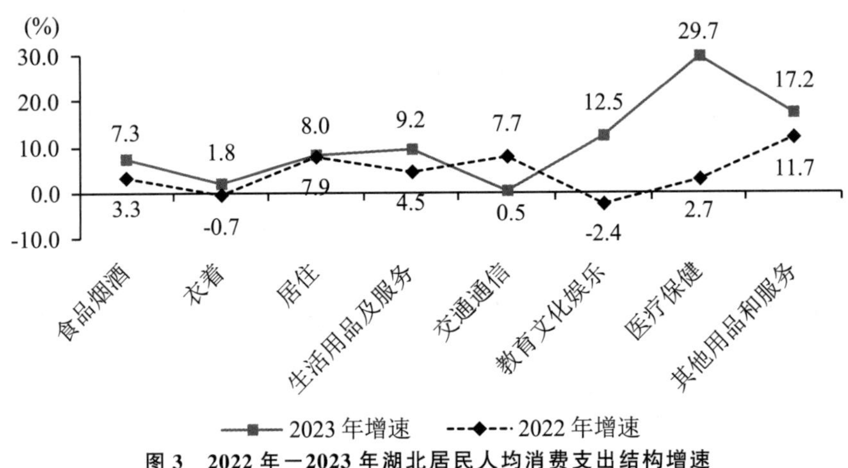

图3 2022年—2023年湖北居民人均消费支出结构增速

2. 服务型消费恢复明显。2023年，接触型、聚集型服务消费场景快速恢复，餐饮、旅游等服务行业推出多样化服务消费产品，持续提升服务消费体验，居民服务消费需求快速释放。服务型消费支出12578元，增长13.1%，增速比居民消费支出高3.9个百分点，拉动消费支出增长5.9个百分点；占消费支出的比重为46.4%，比上年提高1.6个百分点。分城乡看，城镇、农村居民服务型消费分别增长15.6%和5.2%。

3. 医疗保健消费增幅最大。2023年，医保政策全面优化改革，医保覆盖面和保障力度进一步提高，居民就医问诊负担持续降低。疫情后居民健康管理意识增强，医疗防护用品及药品等需求明显增加，推动医疗保健消费增长29.7%。分城乡看，城镇、农村居民医疗保健消费分别增长36.0%和17.6%。

4. 城镇居民发展享受型消费增长较快。疫情防控转段后，社会生活消费逐步恢复，湖北分领域、多轮次投放消费券，与市州联动开展“荆楚购·精彩全年”系列促消费活动，特别是暑期游、“金九银十”等特色游活动有力带动居民出游享受生活，文旅消费活力彰显。城镇居民教育文化娱乐消费增长16.6%。美容洗浴等服务行业复苏、金银首饰价格上涨等，推动其他用品及服务消费增长17.2%。

5. 农村居民食品、居住类消费占主导。随着农村人居环境改善，居民间人情往来、外出就餐需求增多，农村地区餐饮场景不断拓展，居民房屋改善需求增加，带动农村居民食品烟酒、居住消费分别增长10.5%和18.2%。随着湖北农村物流寄递体系不断完善，工业品下乡“最后一公里”打通，叠加智能家居下乡、家电消费券等活动不断推陈出新，带动农村生活用品及服务消费增长21.5%。

三、城乡居民生活环境不断改善，生活质量持续提升

（一）家庭恩格尔系数持续下降

2023年，湖北全体居民人均食品烟酒支出8069元，增长7.3%。食品烟酒支出占消费支出的比重（恩格尔系数）为29.8%，比上年下降0.5个百分点，重新回落至30%以下。按常住地分，城镇、农村居民食品烟酒支出分别增长5.3%和10.5%，居民恩格尔系数分别为29.4%和30.6%。从近年数据看，除2020年疫情影响外，恩格尔系数呈逐年下降趋势，居民消费结构持续改善，居民生活水平不断上升。

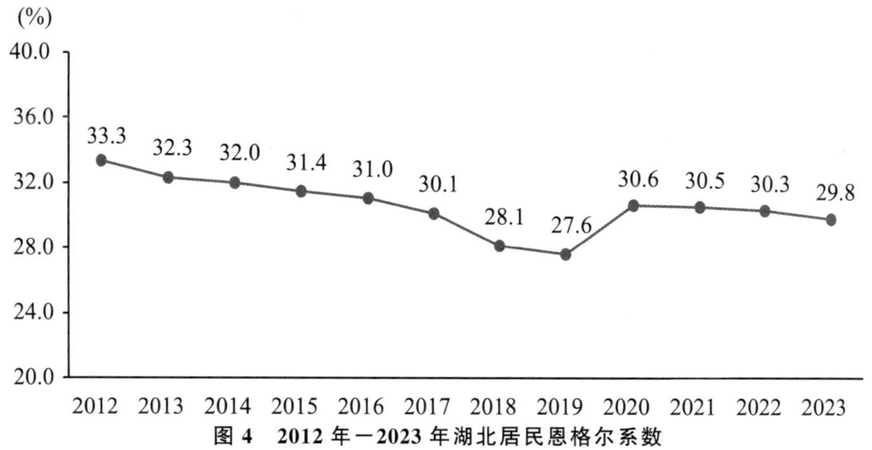

图4　2012年—2023年湖北居民恩格尔系数

（二）基础设施更加完善

2023年，湖北村（社区）通路、通电、通电话、通有线、垃圾集中处理的户比重已达100%，实现全覆盖。从安全条件看，87.2%的户所在村（社区）有专职保卫人员；92.7%的主要道路有路灯；94.5%的饮用水经过集中净化处理。从医疗条件看，95.1%的户所在村（社区）有卫生站（室）。从娱乐条件看，92.6%的户所在村（社）有健身器材；83.0%的有绿化园林景观。

(三)居住条件更加舒适

2023年,湖北坚持把改善人居环境作为发展的重要任务之一,城镇居民住房需求不断得到满足,农村人居环境持续改善提升。从住房面积看,湖北城镇居民人均现住房建筑面积为45.6平方米,农村居民人均现住房建筑面积53.2平方米。从卫生设施看,使用水冲式卫生厕所的户比重为98.8%。从清洁能源使用看,主要炊用能源使用管道天然气和电的户比重为46.9%。从建筑材料看,居住在钢筋混凝土和砖混材料结构住房的户比重为95.0%。

(四)耐用消费品升级换代更加明显

居民家庭耐用消费品拥有情况是居民生活状况的重要衡量指标,见证社会发展变迁,记录人民美好生活。随着居民收入水平不断提高,消费能力进一步增强,消费升级步伐加快。2023年,湖北居民家庭平均每百户家用汽车拥有量为42.6辆,其中,新能源汽车拥有量为0.9辆;平均每百户家用空调拥有量为163.6台。农村居民基本生活家电拥有量较快增加,生活便捷度明显提高,平均每百户电冰箱拥有量为114.2台;平均每百户洗衣机拥有量为97.3台;平均每百户移动电话拥有量为285.6部。

四、促进城乡居民生活高质量发展的建议

(一)强化就业优先,拓宽居民增收渠道,提升应对风险能力

1. 扩岗稳就业,稳定居民增收基本面。大力发展县域经济,推动经济实现质的稳步提升和量的合理增长,坚持稳住就业基本盘。对金融信誉良好、就业带动作用强、有发展价值的企业加大奖补力度,切实筑好小微企业就业"蓄水池";强化以工代赈项目开展力度,加大对先进制造业、交通运输业等重点吸纳就业行业的关注支持;创造提供一批公益性岗位,多措并举扩大就业容量,持续推动多渠道灵活就业。落实好失业保险金政策,用好最低工资标准指导线,稳定适龄就业人员求职信心。立足产业发展需求,持续加强劳动力技能培训和评价力度,促进高校毕业生、困难家庭、退役军人、大龄劳动力、农民工等重点群体高质量就业。

2. 挖掘潜动能,促进居民稳定增收。充分考虑疫情等风险因素对居民收入影响,合理规划布局增收政策,确保短、中、长期政策有机结合,使增收成效持续显现。完善减税降费援企政策体系,促进企业降本增效。加大对粮食生产企业和种养大户的政策扶持、惠农补贴力度,稳住农业种、养殖生产信心。因地制宜发展优势、特色农业产业,推动农业经营主

体与农户之间通过土地流转、单向销售、零时用工等方式进行联结，鼓励农民共享一二三产业融合发展的增值收益。引导和鼓励盘活宅基地、农村闲置房屋资源等用于产业发展，充分挖掘集体经济发展红利。狠抓民生保障，完善多层次救助体系，健全灵活就业劳动用工和社会保障政策，持续扩大基本养老保险覆盖面，适时调整基本养老金待遇标准。统筹做好房地产业风险化解工作，加强金融行业监管，注重理财产品创新，设计开发更多适宜普通群众、低收入群体的投资品种，提振居民投资信心。

（二）培育新型消费，激发居民消费潜力，提升居民生活品质

1. 优化消费环境，疏通消费堵点。加快公共服务设施建设，形成城乡均衡发展的高品质消费空间布局。推动商品及服务品质加快升级，打造湖北热门 IP 形象，精准满足不同群体消费需求。合理布局促消费政策，结合地区特点、年龄结构、四季更替等因素推出特色活动，持续不断激发居民消费热情。进一步完善镇村基础设施建设，加快镇村物流配送中心、冷链仓储物流网络建设，推动高品质产品和服务下乡进村。做好市场价格监管，保障生活必需品供应充足、价格平稳。倡导科学合理的生活理念，抵制奢靡攀比等不良风气，从价值导向上为居民消费升级提供更持久更强劲的动力。

2. 丰富消费供给，提升消费体验。推动消费短期刺激政策与长期有效政策结合，释放中高收入群体消费潜力，刺激低收入群体消费需求。加快提档升级吃穿用实物消费，提质扩容旅游、文化等服务消费，培育健康、绿色及个性化新兴消费热点，提高养老、家政、托育、医疗、教育、体育等领域服务能力和质量。推动支持鼓励发展直播电商，通过线上线下深度融合带动，构建多层次的服务消费供给体系，为农村居民提供更多文娱消费选择。

（执笔人：李支立、朱豆、王媛）

2023年湖南居民收支与生活状况报告

2023年,湖南省委省政府深入贯彻习近平总书记关于湖南工作的重要讲话指示批示精神,全省上下锚定实现"三高四新"美好蓝图,全力以赴稳增长、调结构、防风险、保民生,推动经济呈现稳中有进、进中提质的良好态势,居民收入消费保持增长。

一、居民收入持续增长

(一)全体居民人均可支配收入稳步增长

2023年,湖南居民人均可支配收入35895元,比上年增加1859元,名义增长5.5%;扣除价格因素,实际增长5.3%。

1. 从增长速度看。工资性收入17811元,增长5.3%;经营净收入7541元,增长6.3%;财产净收入2701元,增长4.6%;转移净收入7842元,增长5.2%。

表1 2023年湖南居民人均可支配收入及构成

指标	2023年(元)	2022年(元)	增加(元)	增速(%)	占比(%)	贡献率(%)
可支配收入	35895	34036	1859	5.5	—	—
工资性收入	17811	16908	903	5.3	49.6	48.6
经营净收入	7541	7094	448	6.3	21.0	24.1
财产净收入	2701	2583	118	4.6	7.5	6.3
转移净收入	7842	7451	391	5.2	21.9	21.0

2. 从增长贡献率来看。工资性收入对全体居民收入增长的贡献率最高,为48.6%;经营净收入对全体居民收入增长的贡献率为24.1%,两项收入贡献率占比达到72.7%。转移净收入对全体居民收入增长的贡献率为21.0%。

3. 从收入占比来看。全体居民的工资性收入、经营净收入、财产净收入、转移净收入占可支配收入的比重(下文简称"占比")分别为49.6%、21.0%、7.5%和21.9%。

(二)城镇居民人均可支配收入保持增长

按常住地分,2023 年,湖南城镇居民人均可支配收入 49243 元,比上年增加 1942 元,名义增长 4.1%;扣除价格因素,实际增长 3.8%。

1. 从增长速度看。城镇居民四大类收入均呈增长态势。其中,经营净收入增长 5.4%;工资性收入增长 3.9%;转移净收入增长 4.0%;财产净收入增长 3.3%。

表 2　2023 年湖南城镇居民人均可支配收入及构成

指　　标	2023 年(元)	2022 年(元)	增加(元)	增速(%)	占比(%)	贡献率(%)
可支配收入	49243	47301	1942	4.1	—	—
工资性收入	26398	25402	996	3.9	53.6	51.3
经营净收入	7604	7215	390	5.4	15.5	20.1
财产净收入	4842	4688	154	3.3	9.8	7.9
转移净收入	10399	9997	402	4.0	21.1	20.7

2. 从增长贡献率来看。工资性收入增长是城镇居民增收最重要的保障,对城镇居民收入增长的贡献率为 51.3%。转移净收入、经营净收入和财产净收入对城镇居民收入增长的贡献率分别为 20.7%、20.1%、7.9%。

3. 从收入占比来看。城镇居民工资性收入占比最高,为 53.6%;转移净收入占 21.1%,经营净收入占 15.5%,财产净收入占 9.8%。

4. 从生活状况来看。2023 年,湖南城镇居民户均使用水冲式卫生厕所的占比为 99.8%,比上年提高 1.5 个百分点;室内拥有热水洗澡设施的占比为 98.3%,比上年提高 0.9 个百分点。

(三)农村居民人均可支配收入稳定增长

按常住地分,2023 年,湖南农村居民人均可支配收入 20921 元,比上年增加 1375 元,名义增长 7.0%;扣除价格因素,实际增长 7.1%。

表 3　2023 年湖南农村居民人均可支配收入及构成

指　　标	2023 年(元)	2022 年(元)	增加(元)	增速(%)	占比(%)	贡献率(%)
可支配收入	20921	19546	1375	7.0	—	—
工资性收入	8179	7631	547	7.2	39.1	39.8
经营净收入	7470	6961	509	7.3	35.7	37.0
财产净收入	299	283	16	5.5	1.4	1.2
转移净收入	4973	4670	303	6.5	23.8	22.0

1. 从增长速度看。农村居民四大类收入均呈增长态势。其中,经营净收入增长7.3%;工资性收入增长7.2%;转移净收入增长6.5%;财产净收入增长5.5%。

2. 从增长贡献率来看。四项收入中,工资性收入和经营净收入对农村居民收入增长的贡献率分别为39.8%、37.0%,两项收入的贡献率占比达到76.8%,是农村居民增收的主要动力。转移净收入对农村居民收入增长的贡献率为22.0%。

3. 从收入占比来看。农村居民工资性收入、经营净收入、财产净收入、转移净收入占比分别为39.1%、35.7%、1.4%和23.8%。

4. 从生活状况来看。2023年,湖南农村居民户均使用水冲式卫生厕所的占比为93.5%,比上年提高1.7个百分点;室内拥有热水洗澡设施的占比为87.8%,比上年提高1.7个百分点。

二、居民收入增长特点

(一)经营结构优化,经营净收入增长最快

随着生产经营不断恢复,生产结构不断优化,居民消费市场逐步回暖,文旅、交通、餐饮等行业回暖尤为明显,带动了居民服务、住宿餐饮、文化娱乐等行业收入增长;湖南实有经营主体增长明显,"湘商回归"成效显著,助推经营净收入增长。2023年,湖南居民人均经营净收入7541元,比上年增长6.3%。

(二)就业形势稳定,工资性收入保持增长

湖南持续推进稳岗就业政策,围绕就业优先战略,出台18条措施稳定和促进就业,有序推进高校毕业生就业,发放职业技能提升补贴,工资性收入保持增长。2023年,湖南居民人均工资性收入17811元,比上年增长5.3%。

(三)民生政策发力,转移净收入稳定增长

湖南在民生领域不断发力,持续加强民生保障,多项基本民生保障标准提高,社会兜底保障范围进一步扩大,门诊共济保障机制的实施,进一步拓宽医保报销渠道,拉动转移净收入增长。2023年,湖南居民人均转移净收入7842元,比上年增长5.2%。

(四)住户存款增加,财产净收入小幅增长

2023年,湖南居民人均财产净收入2701元,比上年增长4.6%。其中,居民存款增加推动居民人均利息净收入比上年增长11.3%。

三、居民人均生活消费支出持续回升

(一)湖南居民消费支出稳定增长

2023年，湖南居民消费支出25462元，比上年增长5.7%。从消费类别来看，教育文化娱乐和医疗保健增长最快，分别增长8.7%和8.3%，其他用品及服务、交通通信、食品烟酒、衣着、生活用品及服务、居住分别增长7.9%、7.4%、5.2%、4.3%、3.8%和3.1%。

(二)城镇居民消费支出保持增长

2023年，湖南城镇居民人均消费支出31035元，比上年增长4.9%。分类别来看，八大类消费全部增长，其中教育文化娱乐、其他用品及服务支出增长较快，分别增长7.6%和7.1%；衣着、生活用品及服务、居住支出增幅相对较低，分别增长3.6%、3.4%和2.3%。

表4 2023年湖南城镇居民消费支出及构成

指　　标	2023年(元)	比上年增加(元)	增速(%)	贡献率(%)	占比(%)
消费支出	31035	1455	4.9	—	—
食品烟酒	8835	392	4.6	26.9	28.5
衣着	1962	68	3.6	4.6	6.3
居住	6167	136	2.3	9.3	19.9
生活用品及服务	1990	65	3.4	4.5	6.4
交通通信	4336	266	6.5	18.3	14.0
教育文化娱乐	4311	305	7.6	21.0	13.9
医疗保健	2739	177	6.9	12.2	8.8
其他用品及服务	695	46	7.1	3.2	2.2

(三)农村居民消费支出较快增长

2023年，湖南农村居民人均消费支出19210元，比上年增长6.3%。分类别来看，八大类消费全部增长。医疗保健、教育文化娱乐支出增长较快，分别增长9.8%和9.7%。居住、生活用品及服务支出增幅相对较低，分别增长3.7%和3.3%。

表5 2023年湖南农村居民消费支出及构成

指　　标	2023年(元)	比上年增加(元)	增速(%)	贡献率(%)	占比(%)
消费支出	19210	1132	6.3	—	—
食品烟酒	5822	301	5.5	26.6	30.3
衣着	824	34	4.3	3.0	4.3
居住	4100	146	3.7	13.0	21.3

续表

指　　标	2023年(元)	比上年增加(元)	增速(%)	贡献率(%)	占比(%)
生活用品及服务	1050	33	3.3	2.9	5.5
交通通信	2281	166	7.8	14.7	11.9
教育文化娱乐	2659	235	9.7	20.7	13.8
医疗保健	2202	197	9.8	17.4	11.5
其他用品及服务	272	20	7.8	1.7	1.4

四、居民消费支出增长的主要特点

(一)教育文化娱乐支出增长最快

文旅行业持续复苏,旅游市场多元化发展,文化演出市场火爆,文化娱乐消费需求得到集中释放,助推居民文化娱乐消费支出加速回升。2023年,湖南居民人均教育文化娱乐支出3533元,增长8.7%。

(二)医疗保健消费增长较快

疫情防控平稳转段后,居民更加关注身体健康,健康防疫意识不断加强,医疗保障机制不断完善,带动医疗保健消费支出较快增长。2023年,湖南居民人均医疗保健支出2486元,增长8.3%。分城乡看,城镇居民人均医疗保健支出2739元,增长6.9%;农村居民人均医疗保健支出2202元,增长9.8%。

(三)服务消费支出延续快速增长态势

随着经济社会全面恢复常态化运行,消费场景不断拓展,服务消费潜力进一步释放。2023年,湖南居民服务性消费支出8299元,增长14.6%。在假期旅游带动下,交通、餐饮、文旅等相关行业消费回升向好。交通通信服务性消费支出1167元,增长18.0%;在外饮食消费支出1332元,增长15.8%;教育文化娱乐服务性消费支出2989元,增长10.0%。

五、相关建议

(一)持续稳岗保就业,多渠道提高居民收入

一要稳定就业,从税费减免、稳岗补贴等方面持续优化营商环境,支持吸纳就业能力强的中小微企业、劳动密集型企业和服务业发展,通过失业保险稳岗返还、职业培训补贴等多渠道支持企业稳定就业岗位。二要加强就业指导和技能培训,切实搭建供需有效对接的机制和平台,聚焦企业人才需求和职工技能培训意向,开展订单式、定向式、定岗式技能培训,

强化居民就业能力。三要持续关注困难群体就业，完善就业服务体系和困难群体再就业援助制度，加强对城乡困难家庭的就业帮扶，继续提供和增加公益性岗位，让城乡居民能够依靠劳动创造收入。

（二）深化产权改革，稳固财产性收入增长基础

一是拓宽投资理财渠道。让居民拥有更为多样的金融理财工具和产品，规范可持续回报股东的分红制度，以满足居民日益增长的财富管理需求。二是积极探索农村产权激活路径。通过股份合作方式发展集体经济，实现资源变资产、农民变股东；规范土地流转市场，完善流转制度，保障农民土地权益，促进土地合理流转与增值；加强土地、果园、池塘等集体资产管理，盘活闲置房屋、设备等资产；牢固树立和践行绿水青山就是金山银山理念，积极稳妥推进集体林权制度创新，依法保护农民和林业经营者的集体林权益，增强生态保护和林业发展内生动力，推动林业高质量发展。

（三）持续优化消费环境，不断挖掘消费潜力

完善电子商务领域售后服务制度，畅通消费者投诉反馈和处理渠道，营造良好安全放心的消费环境，让消费者敢于消费、乐于消费，不断拓展消费空间。激发数字消费潜能，健全数字消费领域法律法规，构建数字消费体系；激发文化消费潜能，提升优质文化产品供给能力，释放文化产业新动能；提振新能源汽车消费，完善新能源汽车消费配套设施建设；大力发展“银发经济”，积极应对人口老龄化，培育壮大消费新动能。

（执笔人：罗金城）

2023 年广东居民收支与生活状况报告

2023 年，广东省委、省政府坚持稳中求进工作总基调，高效落实稳经济一揽子政策，推动一系列惠企利民政策精准落地，在高质量发展中保障和改善民生。2023 年，广东居民收支增长呈现“承压回升，企稳恢复”态势，全年收入稳中有增，消费复苏态势明显。

一、居民收入增长 4.8%，全年稳中有增

（一）居民收入稳步增长，城乡差距持续缩小

2023 年，广东居民人均可支配收入 49327 元，同比增长 4.8%，增速比 2022 年同期提升 0.2 个百分点；扣除价格因素影响，实际增长 4.4%，比 2022 年同期提升 2.0 个百分点。

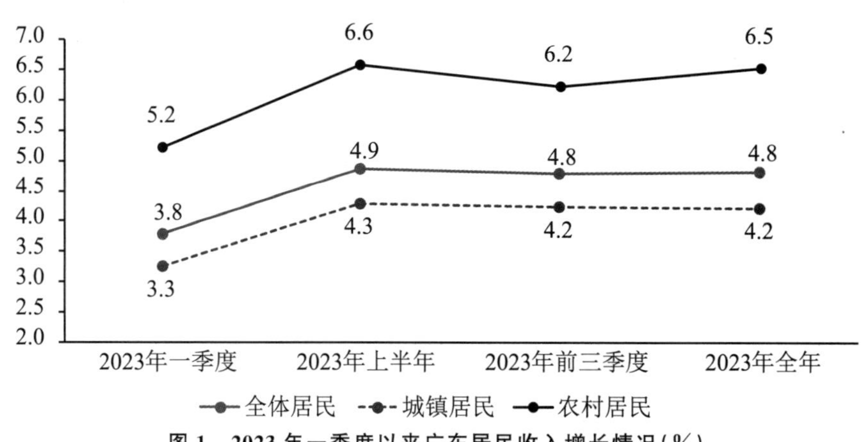

图 1　2023 年一季度以来广东居民收入增长情况（%）

2023 年，广东各级政府制定出台一系列稳经济、促发展、保民生政策措施，推动居民收入顺利迈过一季度的低谷期，经历二季度明显回升，三季度承压企稳，四季度继续在爬坡过坎中保持平稳增长，全年实现稳中有增。

分城乡看，城镇居民人均可支配收入 59307 元，同比增长 4.2%，增速比 2022 年同期提升 0.5 个百分点；扣除价格因素影响，实际增长 3.6%，增速比 2022 年同期加快 2.1 个百分

点;农村居民人均可支配收入25142元,同比增长6.5%,增速比2022年同期提升0.7个百分点;扣除价格因素影响,实际增长7.0%,增速比2022年同期加快3.6个百分点。农村居民人均可支配收入名义增速快于城镇居民2.3个百分点,实际增速快于城镇居民3.4个百分点。城乡居民收入比为2.36,比2022年降低0.05,城乡居民收入相对差距继续缩小。

(二)四大类收入全面增长,为居民增收提供有力支撑

1. 工资性收入平稳增长。2023年以来,广东各地深入实施就业优先战略,落实落细减负稳岗扩就业各项政策措施。开展"南粤春暖"稳就业促发展特别行动、"薪暖农民工"服务行动,持续深入实施"粤菜师傅""广东技工""南粤家政"三项工程,在广东省范围内进一步推行"妈妈岗"就业模式,加强灵活就业和新业态劳动者保障,出台职业技能培训补贴政策,推动居民工资性收入平稳增长,发挥增收"压舱石"作用。

2023年,广东居民人均工资性收入33663元,同比增长4.5%,对可支配收入增长的贡献率达64.6%,是拉动居民收入增长的中坚力量。其中,城镇居民人均工资性收入41580元,同比增长3.9%;农村居民人均工资性收入14474元,同比增长6.7%。

2. 经营净收入增速最快。2023年以来,广东出台激发企业活力"59条"、培育扶持个体工商户"31条",全面实施"百县千镇万村高质量发展工程",通过扩大投资、减税降费、金融扶持等一揽子政策,有力提振市场主体信心。截至10月,广东新登记个体工商户148.66万户,同比增长32.2%,为近五年最高值。全年各地持续出台提振和扩大消费政策措施,餐饮、文旅等接触型、聚集型服务为主的消费市场强劲复苏,促进相关二三产经营加快恢复,市场活跃度不断提高。

2023年,广东居民人均经营净收入6328元,同比增长5.9%,对可支配收入增长的贡献率达15.5%,成为促进增收的第二大引擎。其中,城镇居民人均经营净收入6422元,同比增长5.8%;农村居民人均经营净收入6101元,同比增长5.9%。

3. 财产净收入较快增长。2023年,多地出现提前归还房屋贷款热潮;9月,全国存量首套房贷利率批量下调。此类房屋贷款变化均减少居民住房贷款利息支出,推动城镇居民财产净收入上涨。同时,农村地区与经营相关投资逐步活跃,各地土地流转进程加快,有力增强村集体经济实力,带动居民红利收入较快增长。部分城中村及老旧小区改造,农村转让承包土地经营权费用上涨,共同推动财产性净收入保持增长。

2023年,广东居民人均财产净收入6412元,同比增长5.0%,对可支配收入增长的贡献率为13.4%,是支撑居民收入增长的第三大支柱。其中,城镇居民人均财产净收入8665

元,同比增长4.3%;农村居民人均财产净收入952元,同比增长9.6%。

4. 转移净收入稳中有增。2023年以来,广东加大民生保障力度,推动一系列惠民惠农政策精准落地。上调离退休人员养老金待遇、城乡居民最低生活保障标准,及时启动社会救助和保障标准与物价上涨挂钩联动机制,有力加强困难群体基本生活保障;实行异地就医直接结算改革和提高职工医保门诊共济待遇,进一步提升居民医疗保障水平;提高个税专项附加标准与发放政府惠民消费券等举措,也有力带动居民转移净收入稳步增长。

2023年,广东居民人均转移净收入2924元,同比增长5.2%,对可支配收入增长的贡献率为6.4%。其中,城镇居民人均转移净收入2639元,同比增长5.0%;农村居民人均转移净收入3615元,同比增长6.0%,对可支配收入增长的贡献率为13.3%,为农村居民增收提供重要补充。

表1 2023年广东居民四大类收入增长情况

指　　标	本年(元)	上年(元)	增幅(%)
人均可支配收入	49327	47065	4.8
工资性收入	33663	32201	4.5
经营净收入	6328	5978	5.9
财产净收入	6412	6108	5.0
转移净收入	2924	2779	5.2

二、居民消费支出增长6.7%,消费加快恢复

(一)居民消费支出增速加快,八大类消费均实现正增长

2023年以来,随着广东各地促消费惠民政策落地见效,居民补偿性出行、文娱需求逐渐释放,消费复苏效应逐季加强。2023年,广东居民人均生活消费支出34331元,同比增长6.7%,在政策力量支撑和2022年较低基数等因素共同作用下,增幅为近两年以来最高,分别比2023年一季度、上半年和前三季度加快4.8、2.8和1.5个百分点。在疫情影响进一步消散后,城乡居民消费增长分化趋势也基本结束。2023年,城镇居民人均消费支出39333元,同比增长6.5%;农村居民人均消费支出22209元,同比增长6.8%。

随着居民家庭聚会、商务宴请等聚集性活动增加,加之餐饮行业不断推陈出新促进消费,2023年,广东居民烟酒、饮料以及饮食服务消费增长明显,人均食品烟酒支出11137元,同比增长1.0%,增速首次由负转正,也结束了近两年来八大类消费无全部正增长的历史。

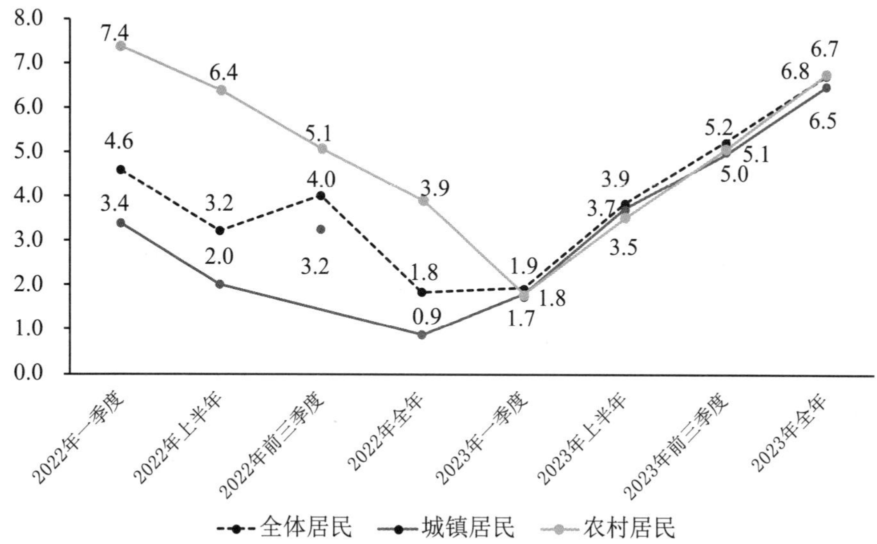

图 2　2022 年一季度以来广东居民消费支出增长情况(%)

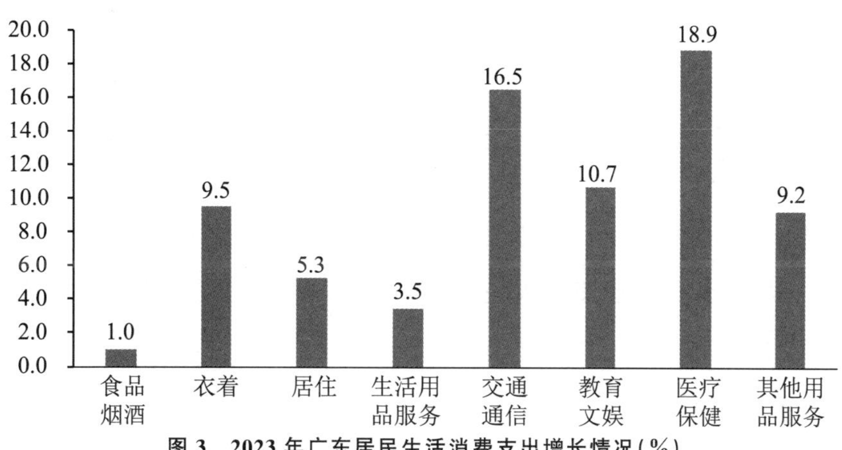

图 3　2023 年广东居民生活消费支出增长情况(%)

(二)医疗保健支出增速最高,发展型消费恢复明显

2023 年,广东居民人均医疗保健 2120 元,同比增长 18.9%,为八大类消费中增长最快的项目。后疫情时代,居民健康意识和健康消费意愿明显增强,养生保健投入增加,加之 2023 年中药材价格大幅攀升,推动居民医疗保健消费上涨。另两项消费增速较快项目为交通通信、教育文化娱乐支出,增幅分别为 16.5%、10.7%。它们同医疗保健支出共同组成发展型消费。经测算,2023 年广东居民人均发展型消费支出 10522 元,同比增长 15.0%,增速高于居民人均消费支出 8.3 个百分点,对居民消费支出增长的贡献率为 63.3%;人均发展型消费支出占居民人均消费支出比重为 30.6%,比 2022 年提高 2.1 个百分点。

(三)消费场景不断扩展,服务性消费稳步改善

2023 年,广东居民人均服务性消费支出 16964 元,同比增长 10.6%,增速高于居民人

均消费支出 3.9 个百分点；服务性消费支出占居民消费支出比重为 49.4%，比 2022 年提升 1.7 个百分点。2023 年以来，随着疫情防控平稳转段，人员流动逐步恢复，居民消费场景不断扩展，各类体育、演艺活动销售火爆，餐饮、娱乐、旅游等接触性消费持续回暖，通过供需两端不断发力共同推动服务性消费稳步增长。

三、问题与建议

(一)2024 年广东居民增收面临挑战

在新冠疫情防控转段后，经济加快恢复，广东居民增收走出一条回升向好的曲线。但是，疫情导致的"疤痕效应"对居民收入持续增长的负面影响尚未消除。进入 2024 年，广东作为经济大省、外贸大省、人口大省，外部环境复杂性、严峻性、不确定性上升，内部部分企业经营困难未根本缓解、就业总量和结构性矛盾仍然存在，这些宏观经济形势变化为广东居民增收带来不确定性。因此，在经济发展稳中求进、以进促稳、先立后破的同时，更要着力提升居民收入在国民收入分配中的占比，完善市场激励机制，营造良好的营商环境，聚焦民生关切，兜牢民生底线，提振居民增收信心，推动实现居民收入与经济发展并肩跑。

(二)收入来源多样性基础尚不牢固

近年来，受经济社会与产业结构发展影响，广东城镇居民的财产净收入和农村居民的转移净收入正分别成为支撑居民收入增长的第三根支柱，发挥着越来越重要的作用。然而，银行个人存款利率进入下行周期，房地产供求关系发生变化，为城镇居民财产净收入进一步增长带来隐忧；受城镇就业环境影响与地方财政限制，农村居民转移净收入增长存在天花板。下一步，继续拓宽居民收入来源渠道，增强居民家庭增收稳健性，有利于提升居民生活幸福感。

(三)引导消费从疫后恢复转向持续扩大

2023 年，居民的补偿性消费需求集中释放。在剔除基数效应后，广东居民消费整体仍呈弱复苏。在资产价格下跌、居民预期转弱、消费意愿不足的背景下，要推动居民消费进一步增长，还需采取针对性措施。一是增加并优化文旅市场供给，强化城市品牌效应，持续激发居民消费热情；二是培育壮大线上线下融合等新型消费，提升消费便利度、满意度，引领源源不断的消费新需求；三是着力提升社会保障水平，降低生育、养育、教育成本，改善居民增收预期，增强居民消费倾向。

（执笔人：叶田）

2023 年广西居民收支与生活状况报告

2023 年，广西各级党委政府认真落实中央经济工作会议精神，深入贯彻党的二十大关于“增加低收入者收入，扩大中等收入群体”精神，聚焦高质量发展首要任务，全力实施稳主体促就业惠民生政策，广西居民收入实现平稳增长，生活消费支出较快回升，居民生活环境明显改善。

一、广西居民可支配收入增长总体情况

（一）居民收入增长总体平稳

2023 年，广西居民人均可支配收入 29514 元，同比增长 5.5%；扣除价格因素，实际增长 5.7%。按常住地划分，城镇居民人均可支配收入 41287 元，同比增长 4.0%，扣除价格因素影响，实际增长 4.3%；农村居民人均可支配收入 18656 元，同比增长 7.0%，扣除价格因素影响，实际增长 7.0%。

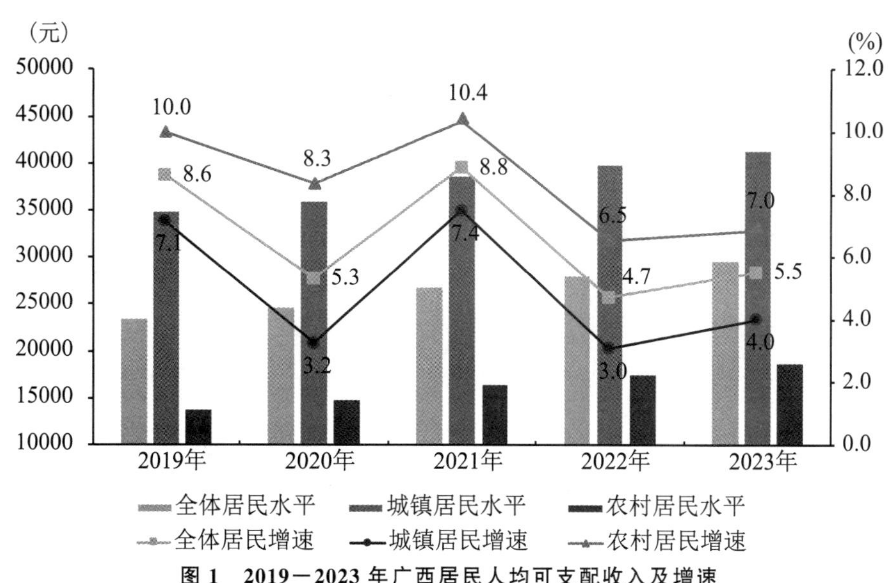

图 1　2019—2023 年广西居民人均可支配收入及增速

（二）城乡居民收入比继续缩小

2023年，广西农村居民人均可支配收入增长快于城镇居民3.0个百分点，城乡居民收入比为2.21，比上年缩小0.07，已连续14年呈缩小态势，城乡居民收入分配格局不断优化。

（三）全国排位有所下滑

从增速看，2023年，广西居民人均可支配收入增速比全国平均水平低0.8个百分点。其中：城镇居民人均可支配收入增速低1.1个百分点，农村居民人均可支配收入增速低0.7个百分点。广西居民人均可支配收入增速居全国第23位，较上年后移2位，其中：城镇、农村居民人均可支配收入增速分别居全国第30、23位，位次较上年分别后移6位、9位。从绝对量看，广西居民人均可支配收入绝对量居全国第25位，较上年后移一位，其中：城镇居民人均可支配收入居全国第25位，较上年后移一位；农村居民人均可支配收入居全国第23位，与上年排位一致。

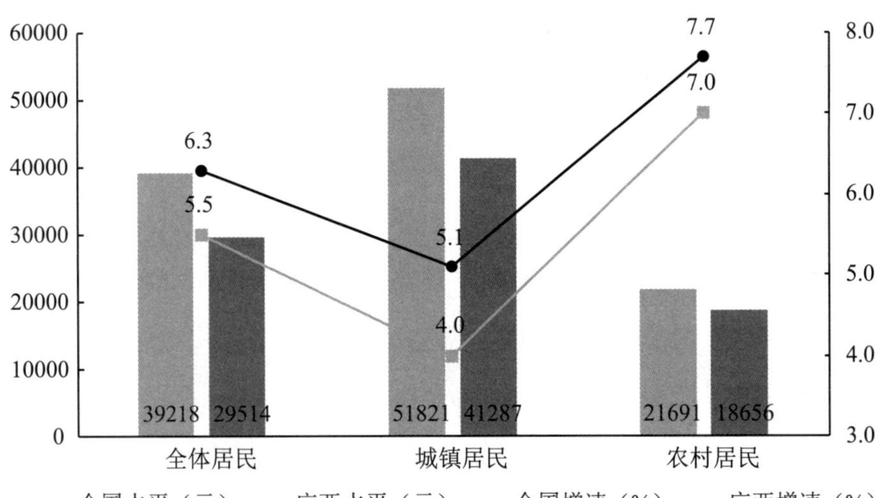

图2　2023年广西与全国居民人均可支配收入增长比较

二、居民增收主要因素

（一）就业形势总体向好，工资性收入持续增长

2023年，广西居民人均工资性收入为14020元，同比增长6.1%，占可支配收入的比重为47.5%，对居民人均可支配收入增长的贡献率为63.9%。工资性收入的稳定增长，主要得益于：一是就业形势整体向好。2023年，广西城镇新增就业人数39.90万人，失业人员再就业人数11.84万人，就业困难人员实现就业人数4.55万人；城镇调查失业率为5.5%，同比下降0.1个百分点。此外，2023年广西争取中央以工代赈专项资金同比增长71.2%，促

进务工人数增长。二是政策促进增资。落实新的事业单位收入分配政策，事业单位工资福利有较大提高，完成机关事业单位晋升薪级工资调标工作，人均增资每月 86 元；完成艰苦边远地区津贴调标工作，人均增资每月 46.3 元。2023 年，广西城镇非私营单位就业人员年平均工资为 96184 元，同比增长 4.5%；城镇私营单位就业人员年平均工资为 51527 元，同比增长 3.2%。

（二）市场活力不断恢复，经营净收入平稳增长

2023 年，广西经营净收入为 7426 元，同比增长 4.7%，增速较上年回落 2.7 个百分点，对居民人均可支配收入增长的贡献率为 19.2%。促进经营净收入增长的主要因素：一是政策扶持力度大。自治区层面相继出台降成本、优化营商环境、促进个体工商户高质量发展等一系列政策，政策扶持力度大、针对性强，缓解了企业压力。二是农业生产形势整体较好。一方面主要农产品产量保持增长，2023 年，广西粮食总产量同比增长 0.16%，连续 4 年保持稳定增长；水果、蚕茧产量分别增长 11.1%、6.4%，产量均稳居全国第一；蔬菜、禽肉、水产品产量同比分别增长 4.4%、5.7%、3.6%。另一方面大宗农产品价格上涨，2023 年广西柑橘类水果价格上涨 14.9%，作为广西产量最大的水果，柑橘价格的大幅上涨，有力促进农民增收；蚕茧价格同比上涨 18.2%，广西 20 个国家乡村振兴重点帮扶县有 18 个县发展蚕桑，约 24 万脱贫户受益。三是旅游业快速恢复。2023 年，广西累计接待国内游客 8.49 亿人次，同比增长 81.7%；实现国内旅游收入 9211.17 亿元，同比增长 70.0%。四是消费市场持续恢复。随着各地发放汽车消费券、餐饮电子消费券等一系列扩内需促消费政策落地显效，市场活力逐步恢复，消费品市场保持恢复增长态势。2023 年，广西新能源汽车零售额增长 35.8%，拉动广西限额以上消费品零售额增长 2.8 个百分点。

（三）投资渠道更加多元，财产净收入稳步增加

2023 年，广西居民财产净收入为 2329 元，同比增长 5.0%，占可支配收入的比重为 7.9%，对居民人均可支配收入增长的贡献率为 11.4%。主要得益于投资渠道增加，居民利息、红利收入均有不同程度的增长，企业经营状况基本稳定也为红利收入增长提供保障。

（四）民生保障更加有力，转移净收入恢复增长

2023 年，广西居民转移净收入为 5739 元，同比增长 5.3%，增速较上年的 0.2%提高了 5.1 个百分点，占可支配收入的比重为 19.4%，对居民人均可支配收入增长的贡献率为 3.7%。转移净收入增长的主要原因：一是养老金上调。从 2023 年 7 月起，广西全面上调基本养老金发放标准，共有 279.9 万名退休人员参加了调整，月人均调整增加 133.51 元。

城乡居民基础养老金最低标准从原来的每人每月136元提高至每人每月141元,65周岁以上提高至每人每月146元。二是各项惠民补贴金额及惠及范围不断增加。2023年,广西惠农补贴总额达到209.69亿元,较上年增长28.41亿元,增长15.7%,惠及5459.50万人次,同比增长57.3%。三是社会救助兜底保障力度加大。2023年,广西享受城市、农村低保人数均有扩大,同比分别增长约8%、3%。年内脱贫人口、监测对象享受特困供养人数7.8万人,增长13.0%;发放特困供养金总额4.7亿,增长20.0%。

表1　2023年广西城乡居民人均可支配收入增长情况

指　　标	全体居民			城镇居民			农村居民		
	绝对值(元)	增幅(%)	占比(%)	绝对值(元)	增幅(%)	占比(%)	绝对值(元)	增幅(%)	占比(%)
人均可支配收入	29514	5.5	—	41287	4.0	—	18656	7.0	—
工资性收入	14020	6.1	47.5	22333	4.7	54.1	6353	7.3	34.1
经营净收入	7426	4.7	25.2	7526	4.2	18.2	7333	5.0	39.3
财产净收入	2329	5.0	7.9	4387	4.3	10.6	431	0.3	2.3
转移净收入	5739	5.3	19.4	7040	1.2	17.1	4538	10.7	24.3

三、影响居民增收的主要问题

(一)工资性收入增长动力不足

一是政策支撑力度减缓。年终绩效考核奖励以及政策性工资调整标准趋于稳定,拉动居民工资增长的政策效应已基本释放,工资性收入增速有所放缓,如无后续有力的政策支撑,居民持续增收将面临较大的压力。二是就业压力依然存在。受经济下行等因素影响,部分企业利润下滑,企业职工工资增速放缓;房地产的低迷使得建筑业、制造业用工收缩,建筑业民工受影响严重;同时在产业转型升级、人口老龄化趋势下,居民就业压力和困难不断加大,也制约了居民工资性收入增长。

(二)经营净收入增幅有所回落

2023年,广西居民人均经营净收入增长4.7%,较上年回落2.7个百分点,低于全国平均水平1.3个百分点。主要原因有:一是2022/2023榨季农民出售糖料蔗大幅减少,导致第一产业收入增速明显回落,增速较上年减少6.8个百分点。二是农产品生产者价格下降。2023年广西农产品生产者价格下降2.9%,农林牧渔四大产业产品价格除农业产品价格微增 0.1%外全部下降，其中林业、畜牧业、渔业产品价格分别下跌 4.1%、9.9%、3.2%，蔬菜及食用菌、热带水果、桉树原木、中草药材、活猪等特色农产品价格均有所下降，影响农民种养收入。三是中小微企业和个体经营户经营仍有困难。受国际环境变化等因素影响，原材料、劳动力、运输等成本仍然较高，需求不足、订单减少或增量不足等问题仍然存在，小微企业及个体经营持续承压。

(三)居民消费需求尚未完全释放

2023 年广西居民平均消费倾向为 66.9%，比全国平均水平低 1.4 个百分点，其中城镇居民低 4.5 个百分点，农村居民低 1.1 个百分点，说明广西居民消费潜力还没有得到足够释放。此外，从全国范围来看，2023 年广西居民人均生活消费支出水平在全国 31 个省份中位居 28 位，与全国居民人均生活消费支出平均水平相差 7046 元，仅为全国平均水平的 73.7%，消费水平有待进一步提高。

四、广西居民消费增长情况

(一)消费支出恢复性增长

2023 年，广西居民人均消费支出 19749 元，同比增长 7.7%，增速比上年提高 6.3 个百分点。按常住地分，城镇居民人均消费支出 24427 元，增长 8.9%；农村居民人均消费支出 15435 元，增长 5.3%。

衣着、生活用品及服务、交通通信支出复苏明显，由上年的下降转为增长，分别增长 11.1%、4.0%、9.4%；医疗保健、教育文化娱乐、其他用品及服务支出仍保持较快增长，分别增长 12.0%、9.7%、8.8%；食品烟酒、居住支出平稳增长，分别增长 6.5%、5.3%。

(二)服务性消费支出增长较快

餐饮、旅游、文化娱乐等消费场景的快速恢复，有效带动居民服务消费支出较快增长，居民生活质量不断提升。2023 年，广西居民人均服务性消费支出 9044 元，占消费支出的比重为 45.8%，比上年提高 2.3 个百分点。居民人均服务性消费支出增长 13.4%，比上年加快 10.6 个百分点，快于人均消费支出 5.7 个百分点，其中，餐饮服务消费增长最快，居民人均食品烟酒服务支出增长 26.1%。

(三)消费亮点热点频现

一是恩格尔系数有所下降。2023 年，广西居民恩格尔系数 31.7，同比下降 0.3 个百分点，人民生活消费水平进一步提升。二是城镇房租支出大幅增长。很多在疫情期间暂时没

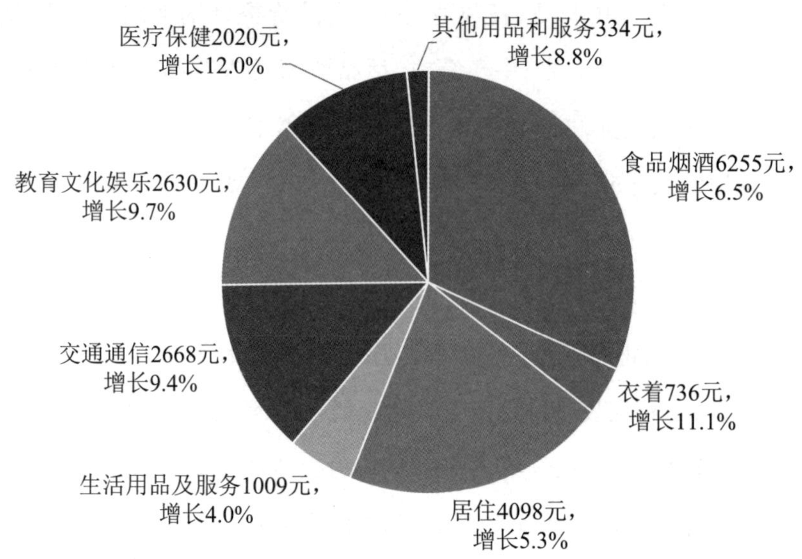

图 3　2023 年广西居民生活消费支出结构图

有工作的居民在 2023 年积极外出找工作，租房支出也相应增长，带动城镇房屋出租市场活跃起来。2023 年，广西城镇居民人均居住支出同比增长 5.9%，较上年提高 4.7 个百分点，其中租赁房房租支出增长最快。三是食品消费更加注重营养均衡。居民食品消费中，牛羊肉、鲜瓜果等高营养食品购买量上涨，其中城镇居民牛羊肉购买量同比增长 22.9%，鲜瓜果购买量同比增长 5.7%；农村居民这两类食品购买量分别增长 31.9%、8.0%，居民饮食消费习惯不断改善。

五、广西居民生活状况

(一)居住条件不断提升

2023 年，广西城镇居民人均住宅建筑面积 46.5 平方米，农村居民人均住房面积 62.6 平方米。从住宅内的生活设施看，2023 年，广西居民住宅内独用厨房的家庭占比 91.9%；使用水冲式厕所的家庭占比 99.7%；住宅内独用厕所的家庭占比 95.2%；住宅内有热水洗澡设施的家庭占比 99.5%。居民居住条件越来越好，生活设施越来越完善，居住幸福感不断提升。

(二)生活环境持续优化

随着广西不断加大公共基础建设投入，广西居民生活环境日益向好。不论是基础设施，还是公共服务，与上年相比，均有不同程度提高，居民生活更加便利、更加安全。从基础设施看，2023 年，广西 97.8%的居民家庭所在社区(村委)主要道路为水泥或柏油路面；

76.5％的居民家庭所在社区(村委)有健身器材；46.1％的居民家庭所在社区(村委)有绿化园林景观设计。从公共服务看，2023年，广西81.4％的居民家庭能便利乘坐公共汽车；90.2％的居民家庭所在社区(村委)有卫生站(室)；90.8％的居民家庭所在社区(村委)2023年未发生过盗窃或其他刑事案件。

六、几点建议

(一)立足高质量发展，稳定居民就业

一是保持经济合理增长稳住就业，加强经济运行监测和工作调度，持续强化以产业发展拉动就业、以投资项目带动就业、以创新创业促进就业。二是加强对中小微企业的稳岗扩岗支持，对经营压力较大的行业企业重点帮扶，保障就业市场整体稳定。三是抓好重点群体就业，加强对高校毕业生的就业服务，支持毕业生灵活就业和自主创业，聚焦农民务工就业问题，抓好就业困难人员的帮扶和托底保障工作。

(二)持续优化营商环境，提高经营收入

一是进一步出台税费减免政策，加大小微企业融资帮扶力度，减轻中小微企业和个体工商户经营压力。二是保持农资价格稳定运行，保护居民的生产积极性，避免因生产成本增加而挤压居民农业经营利润空间。三是积极帮助农民拓宽农产品销售渠道，防止出现农畜产品“有价无市”的局面，切实将农业生产经营成果转化为农民收入。

(三)提振居民消费信心，挖掘消费潜力

一是继续实施鼓励消费政策，延续消费增长良好势头，积极调动广西各地的积极性，结合本地特色开展形式多样的消费促进活动。二是提振大宗消费，围绕房地产、汽车等大宗行业，开展丰富有效的促销活动，着力稳住消费“基本盘”。三是刺激旅游市场消费，用足用活广西特色旅游资源，大力丰富文化旅游供给，充分释放文旅消费潜力。

(执笔人：陈娟、黄丽婷)

2023年海南居民收支与生活状况报告

2023年，海南上下牢牢把握新冠疫情防控平稳转段和推进自由贸易港封关运作关键之年的重要窗口机遇期，积极作为、奋楫争先，充分调动稳增长惠民生的各方面有利因素，以经济社会高质量发展为城乡居民生活改善创造了有利条件，有效实现居民收入稳步增长和居民消费支出加快恢复。

一、2023年海南居民收入稳步增长

国家统计局海南调查总队住户调查数据显示，2023年，海南居民人均可支配收入为33192元，比上年增长7.2%，增速比上年加快5.6个百分点。其中，城镇居民收入为42661元，增速实现由负转正，增长6.3%；农村居民收入为20708元，增长8.3%。

（一）经济持续复苏助力民生改善，居民收入增速居全国前列

2023年海南居民收入增速快于全国平均增速（6.3%）0.9个百分点，在全国各省（区、市）中居第3位。分城乡看，海南城镇居民收入增速快于全国城镇（5.1%）1.2个百分点，海南农村居民收入增速快于全国农村（7.7%）0.6个百分点，增速均居全国各省（区、市）第3位。

（二）城乡居民收入比持续缩小，城乡融合发展进一步加快

2023年，海南农村居民收入增速快于城镇居民2.0个百分点，城乡居民收入之比为2.06，较2022年缩小0.04。城乡居民收入相对差距连续13年持续缩小，并优于全国平均水平（2.39）。

（三）自由贸易港政策红利释放促四大项收入全面增长

2023年海南居民四大项收入呈全面增长态势，增长贡献率由高到低排序，依次是工资性收入、经营净收入、转移净收入和财产净收入（详见表1）。

表1　2023年海南居民人均可支配收入情况

指　　标	2023年		2022年		同比增加（元）	同比增长（%）	贡献率（%）
	水平（元）	占比（%）	水平（元）	占比（%）			
全体居民人均可支配收入	33192	100.0	30957	100.0	2236	7.2	100.0
工资性收入	18385	55.4	17112	55.3	1273	7.4	57.0
经营净收入	6743	20.3	6180	20.0	563	9.1	25.2
财产净收入	2634	7.9	2515	8.1	118	4.7	5.3
转移净收入	5431	16.4	5149	16.6	281	5.5	12.6
城镇居民人均可支配收入	42661	100.0	40118	100.0	2543	6.3	100.0
工资性收入	25834	60.6	24345	60.7	1489	6.1	58.6
经营净收入	5656	13.3	4986	12.4	669	13.4	26.3
财产净收入	4332	10.2	4207	10.5	124	3.0	4.9
转移净收入	6840	16.0	6580	16.4	260	4.0	10.2
农村居民人均可支配收入	20708	100.0	19117	100.0	1591	8.3	100.0
工资性收入	8565	41.4	7765	40.6	800	10.3	50.3
经营净收入	8176	39.5	7722	40.4	453	5.9	28.5
财产净收入	395	1.9	329	1.7	66	20.0	4.1
转移净收入	3573	17.3	3301	17.3	272	8.2	17.1

1. 工资性收入较快增长。2023年，海南居民人均工资性收入18385元，占人均可支配收入比重为55.4%；同比增长7.4%，增速较上年提高4.5个百分点，对居民收入增加额的贡献率达到57.0%。从增收因素看，主要得益于经济持续复苏和就业机会增加、提升收入标准的政策措施落地落细，中小微企业和个体工商户就业蓄水池作用加快恢复，尤其是住宿餐饮等接触型服务业持续转好对就业带动作用增强；乡村振兴战略实施和热带特色高效农业吸纳本地就业作用突出；环岛旅游公路等大型项目带动用工提升；同时行政事业单位、村干部政策性增资和农民务工报酬增长有效拉动工资性收入增长。

2. 经营净收入增速最快，第三产业亮点多。2023年，海南居民人均经营净收入6743元，占人均可支配收入比重为20.3%；同比增长9.1%，增速较上年提高8.4个百分点，对居民收入增加额的贡献率为25.2%。其中第三产业经营净收入增长亮眼，同比快速增长24.7%。从增收因素看，大环境方面，“放管服”制度集成创新推动营商环境不断优化，经营主体发展动力持续激活；产业方面，“旅游＋”新业态全域拓展，康旅融合、交旅融合、体旅融合、文旅融合、农旅融合等海南旅游“新质生产力”加快形成，大型展会、赛事、文娱活动相继成为"流量爆款",便民经济、夜市经济等新型消费场景和新的网红打卡点不断涌现,充分带动城乡第三产业经营。

3. 转移净收入平稳增长,财产净收入增长由负转正。2023年,海南居民人均转移净收入5431元,同比增长5.5%,增速较上年提高4.2个百分点;海南居民人均财产净收入2634元,占人均可支配收入比重为7.9%;同比增长4.7%,增速较上年提高8.5个百分点。从增收因素看,民生保障力度继续加大,居民人均家庭外出从业人员寄回带回收入、赡养收入、政策性生活补贴等收入快速增长,离退休人员养老金稳步增长。土地流转继续有序推进,部分地区流转价格稳中有增,居民人均转让承包土地经营权租金净收入快速增长,加之地区间人口流动加快、"候鸟"旅居人数增加拉动城乡居民房租收入增长,有效带动财产净收入增长由负转正。

二、海南居民生活消费支出加快恢复增长

(一)居民消费意愿持续增强,消费支出加快恢复增长

2023年,海南始终把恢复和扩大消费摆在优先位置,结合海南实际制定提出配套措施,坚定实施扩大内需战略,社会预期持续改善,2023年海南居民人均生活消费支出23752元,同比增长10.5%(详见表2),快于收入增速3.3个百分点,增幅较上年(−3.3%)提升13.8个百分点。其中,城镇居民人均生活消费支出28930元,增长9.5%,增幅较上年(−4.2%)提升13.7个百分点;农村居民人均生活消费支出16924元,增长11.7%,增幅较上年(−2.2%)提升13.9个百分点。

表2 2023年海南居民人均生活消费支出情况

指标	2023年		2022年		同比增加(元)	同比增长(%)
	水平(元)	占比(%)	水平(元)	占比(%)		
全体居民人均生活消费支出	23752	100.0	21500	100.0	2251	10.5
食品烟酒	9315	39.2	8283	38.5	1032	12.5
衣着	791	3.3	700	3.3	91	13.0
居住	5417	22.8	5046	23.5	371	7.3
生活用品及服务	1031	4.3	900	4.2	131	14.6
交通通信	2830	11.9	2704	12.6	126	4.6
教育文化娱乐	2379	10.0	2130	9.9	249	11.7
医疗保健	1566	6.6	1373	6.4	193	14.0
其他用品及服务	423	1.8	364	1.7	59	16.2

续表

指标	2023年		2022年		同比增加（元）	同比增长（%）
	水平（元）	占比（%）	水平（元）	占比（%）		
城镇居民人均生活消费支出	28930	100.0	26418	100.0	2513	9.5
食品烟酒	10775	37.2	9657	36.6	1118	11.6
衣着	1029	3.6	914	3.5	114	12.5
居住	6985	24.1	6664	25.2	321	4.8
生活用品及服务	1325	4.6	1146	4.3	179	15.6
交通通信	3529	12.2	3375	12.8	154	4.6
教育文化娱乐	2866	9.9	2564	9.7	302	11.8
医疗保健	1857	6.4	1615	6.1	242	15.0
其他用品及服务	565	2.0	483	1.8	82	17.0
农村居民人均生活消费支出	16924	100.0	15145	100.0	1778	11.7
食品烟酒	7389	43.7	6507	43.0	882	13.6
衣着	478	2.8	423	2.8	54	12.9
居住	3349	19.8	2955	19.5	394	13.3
生活用品及服务	644	3.8	583	3.8	61	10.5
交通通信	1908	11.3	1838	12.1	70	3.8
教育文化娱乐	1737	10.3	1568	10.4	168	10.7
医疗保健	1182	7.0	1060	7.0	122	11.5
其他用品及服务	237	1.4	211	1.4	26	12.2

（二）从消费类别看，八大类消费由上年的“三升五降”转为全面增长格局

以首饰手表、美容美发等为主的其他用品及服务增速最高，达16.2%，生活用品及服务、医疗保健、衣着、食品烟酒和教育文化娱乐也呈现较快增长，增速分别为14.6%、14.0%、13.0%、12.5%和11.7%。居民高品质精神生活需求不断增强，文化娱乐类消费支出迅猛增长，同比增幅达59.1%。

（三）恩格尔系数比上年提高0.7个百分点

2023年食品烟酒类人均消费支出9315元，占生活消费支出的比重（恩格尔系数）为39.2%，比上年提高0.7个百分点。城镇居民和农村居民恩格尔系数分别为37.2%和43.7%，分别比上年提高0.6和0.7个百分点。

（四）服务消费市场持续向好，服务性消费支出增长较快

从居民服务性消费支出看，服务消费市场持续向好，服务性消费支出增长较快。2023年，海南居民人均服务性消费支出11044元，比上年增长17.8%，占居民消费支出比重为

46.5%，比上年上升2.9个百分点。

三、海南居民生活状况持续改善

（一）居民居住环境持续改善

2023年海南居民人均现住房建筑面积37.7平方米。调查样本户所居住的村委会和社区全部实现通公路、通电和有线电视信号全覆盖，住户拥有水冲式厕所的比例达到99.9%。86.7%的居民居住的社区（村委会）有健身器材。89.1%有卫生站（室）。

（二）居民生活质量进一步提升

2023年海南居民家庭每百户拥有家用汽车38.7辆，洗衣机、空调、微波炉等家用电器每百户拥有量分别为82.9台、158.9台和21.2台。

四、2024年居民增收需关注的问题

（一）政策性增资影响逐渐弱化，城镇居民工资性收入增长速度将有所放缓

2024年海南就业形势预计保持稳中向好，成为工资性收入平稳增长的有力支撑，但行政事业单位人员增资将以正常晋级调薪为主，对工资性收入的拉动作用会不及上年，预计城镇居民工资性收入增速将整体放缓。

（二）主要畜禽生产预期存在波动，或影响第一产业经营净收入稳定增长

2023年海南居民第一产业经营净收入中牧业经营净收入同比下降14.2%。从2023年主要畜禽生产情况看，生猪出栏量增价跌，活鸡出栏价格前高后低、出栏量总体下降，如果2024年上半年生猪和活鸡出栏价格持续不振，则可能导致畜禽生产形势走弱，进而影响第一产业经营净收入。

（三）财产净收入增长后劲有待加强

2023年海南居民转让承包土地经营权租金净收入和出租房屋净收入同比快速增长是拉动财产净收入增长的主要因素，2024年在上年高增速基础上，增速可能趋于平稳。

五、2024年居民增收建议

要坚持稳中求进、以进促稳、先立后破，强化各项创新制度落实力度，以高水平的执行促海南自由贸易港高质量发展，以新质生产力的增长促稳预期、稳增长、稳就业目标实现。

（一）要继续深挖产业潜力，落实各项优惠政策，巩固和扩大就业，继续提振经营者信心

一是要依托旅游业、现代服务业、高新技术产业、热带特色高效农业等核心产业落实项

目建设和各项优惠政策，如持续扩大环岛旅游公路的产业区域辐射带动作用，促进康养、研学、体育、文娱、免税等多元旅游业态融合，不断丰富优质旅游和文化产品供给；聚焦政策优势领域，深耕南繁种业、医药、清洁能源、数字经济、深海航天、现代金融等现代产业。二是要更加突出就业优先导向，继续贯彻落实《海南省稳就业促发展惠民生若干措施》，支持创业带动，坚持兜牢底线，通过加强补贴和金融扶持力度，为市场主体减负纾困，多举措创造高质量就业岗位，积极稳岗扩岗。三是要不断转变作风，主动服务，用好海南自由贸易港政策红利，不断优化营商环境，更好维护经营主体合法权益。

（二）要持续关注第一产业生产形势，提高风险预判防控能力

一是要用活用好南繁科研成果，扩大本地特色优势品种种养规模，持续培育“海南鲜品”农业品牌体系，做大做强农业全产业链，构建“原料基地＋加工厂＋销售平台”的乡村产业发展模式。二是加强农业生产形势调研，提升病虫害防治技术手段，做好自然灾害风险研判和应对预案，进一步提高农业抗灾害能力和综合生产力。

（三）继续实施财产净收入补短板行动，促进农村集体经济发展和土地资源进一步盘活

一是要继续实施农村集体经济强基培优行动，切实促进村集体经济发展提质增效。二是要依法依规逐步稳妥解决好租期过长、面积过大、租金过低的“三过”问题，保障村集体和农户合法权益，有效增加村集体收入，从而加大对村民民生工作和村集体产业的投入。三是进一步规范撂荒地整治，建立耕地长效评估治理机制，完善有关激励机制和补贴政策。

（执笔人：成晓）

2023年重庆居民收支与生活状况报告

2023年，重庆坚决贯彻落实党中央、国务院决策部署，坚持稳中求进工作总基调，努力实现稳进增效、除险清患、改革求变、惠民有感，经济社会发展取得新成效，人民福祉持续增进，居民收入稳步提高，消费支出加快恢复，服务性消费支出增长较快。

一、居民收入平稳增长，城乡居民收入差距进一步缩小

2023年，重庆居民人均可支配收入37595元，比上年名义增长5.4%；扣除价格因素，实际增长5.7%。重庆居民人均可支配收入水平居全国31个省(区、市)第11位，西部12个省(区、市)第2位。

表1　2023年重庆居民可支配收入

单位：元、%

指　标	全体居民		城镇居民		农村居民	
	金额	增速	金额	增速	金额	增速
人均可支配收入	37595	5.4	47435	4.2	20820	7.8
工资性收入	20175	5.2	27656	4.1	7421	7.2
经营净收入	5873	6.3	5350	4.9	6766	8.5
财产净收入	2312	4.3	3364	3.0	518	8.7
转移净收入	9235	5.6	11065	4.5	6115	7.6

(一)农村居民收入增长速度继续快于城镇居民

2023年，重庆全面推进乡村振兴，大力实施“四千行动”，通过多渠道大力度促进农村居民增收，因地制宜发展特色产业，农村居民收入增长速度继续快于城镇居民。2023年，城镇居民人均可支配收入47435元，同比增长4.2%；扣除价格因素，实际增长4.5%。农村居民人均可支配收入20820元，同比增长7.8%；扣除价格因素，实际增长8.1%。农村居民人均

可支配收入名义和实际增速均快于城镇居民 3.6 个百分点。城乡居民人均可支配收入之比为 2.28，比上年缩小 0.08，城乡居民收入相对差距继续缩小。

（二）四项收入全面增长

工资性收入持续增长，是支撑居民增收的主要因素。2023 年重庆强化就业优先政策，加大公共就业服务供给，积极援企稳岗保就业，强化重点群体帮扶就业，就业形势持续向好。重庆居民人均工资性收入 20175 元，同比增长（以下如无特别说明，均为名义增长）5.2%。工资性收入对可支配收入增长贡献率为 51.7%，拉动可支配收入增长 2.8 个百分点。分城乡看，城镇、农村居民人均工资性收入分别为 27656 元、7421 元，同比分别增长 4.1%、7.2%。

经营净收入较快增长。受批发零售、住宿餐饮等行业经营形势恢复较好带动，居民经营净收入实现较快增长。重庆居民人均经营净收入 5873 元，同比增长 6.3%，快于居民收入增速 0.9 个百分点。经营净收入对可支配收入增长贡献率为 18.1%，拉动可支配收入增长 1.0 个百分点。分城乡看，城镇、农村居民人均经营净收入分别为 5350 元、6766 元，同比分别增长 4.9%、8.5%。其中，受农家乐和乡村旅游持续升温等因素带动，农村居民第三产业经营净收入同比增长 17.0%。

财产净收入保持增长。随着社会生产生活恢复常态化，人口流动性提升，房屋租赁需求增加，出租房屋净收入增长较快，带动居民财产净收入实现增长。重庆居民人均财产净收入 2312 元，同比增长 4.3%。财产净收入对可支配收入增长贡献率为 4.9%，拉动可支配收入增长 0.2 个百分点。分城乡看，城镇、农村居民人均财产净收入分别为 3364 元、518 元，同比分别增长 3.0%、8.7%。

转移净收入较快增长，是居民增收的重要补充。随着各项惠民政策落地见效，城乡居民基本养老保险基础养老金稳定增长。此外，外出务工形势好转，居民家庭外出从业人员寄回带回收入实现较快增长。重庆居民人均转移净收入 9235 元，同比增长 5.6%，快于居民收入增速 0.2 个百分点。转移净收入对可支配收入增长贡献率为 25.3%，拉动可支配收入增长 1.4 个百分点。分城乡看，城镇、农村居民人均转移净收入分别为 11065 元、6115 元，同比分别增长 4.5%、7.6%。

二、居民消费支出加快恢复，服务性消费支出实现两位数增长

随着一系列扩内需、促消费政策落地显效，居民交通出行、文化娱乐相关需求回升，消

费市场加快恢复。2023 年，重庆居民人均消费支出 26515 元，比上年名义增长 4.5%；扣除价格因素，实际增长 4.8%，名义和实际增速分别比上年快 1.4、3.8 个百分点。分城乡看，城镇居民人均消费支出 31531 元，同比增长 3.1%；扣除价格因素，实际增长 3.4%。农村居民人均消费支出 17964 元，同比增长 7.4%；扣除价格因素，实际增长 7.7%。

表 2　2023 年重庆居民消费支出

单位：元、%

指　　标	全体居民		城镇居民		农村居民	
	金额	增速	金额	增速	金额	增速
人均消费支出	26515	4.5	31531	3.1	17964	7.4
食品烟酒	8644	0.5	10033	−0.7	6278	2.8
衣着	1696	−0.1	2137	−2.5	946	7.6
居住	4920	2.9	5926	1.4	3203	6.0
生活用品及服务	1707	3.1	2038	0.4	1144	10.5
交通通信	3337	8.4	4031	7.6	2154	9.3
教育文化娱乐	2873	11.1	3460	10.2	1872	12.6
医疗保健	2646	12.6	3003	11.3	2037	14.8
其他用品及服务	691	11.4	903	9.1	329	19.2

（一）八大类消费支出“七升一降”

从消费支出结构看，交通通信、教育文化娱乐、医疗保健、其他用品及服务支出增长快于消费支出平均增速。交通通信支出同比增长 8.4%，主要是居民出行意愿增强，外出乘坐交通工具频次增加，交通支出同比增长 11.2%；教育文化娱乐支出同比增长 11.1%，其中，教育支出同比增长 9.3%，文化娱乐服务场景持续快速恢复带动文化娱乐支出同比增长 16.4%；医疗保健支出同比增长 12.6%，其中，医疗服务支出同比增长 18.2%；其他用品及服务支出增长 11.4%，主要是旅游市场火热，带动旅馆住宿费支出迅速增长。另外，食品烟酒、居住、生活用品及服务支出同比分别增长 0.5%、2.9%、3.1%，衣着支出同比下降 0.1%。

（二）服务性消费支出占比提高

随着经济加快恢复和社会常态化运行，在外饮食、交通出行、文化旅游等服务消费支出快速增长，带动服务性消费支出较快增长。重庆居民人均服务性消费支出 11493 元，同比增长 12.6％，快于人均消费支出增速 8.1 个百分点；占居民消费支出比重为 43.3％，比上年上升 3.1 个百分点。其中，饮食、文化娱乐、家政服务支出明显增加。居民饮食服务支出同比增长 21.7％，文化娱乐服务支出同比增长 28.9％，家政服务支出同比增长 22.2％。

（三）消费品质继续提升

重庆立足建设国际消费中心城市，优化消费供给，促进消费升级，居民发展性、享受性消费实现较快增长。2023 年，居民人均生存性消费支出 15261 元，同比增长 1.2％；人均发展性消费支出 8061 元，同比增长 10.0％；人均享受性消费支出 3193 元，同比增长 7.9％。发展性、享受性消费支出增速分别高于人均生活消费支出增速 5.5、3.4 个百分点，两类消费支出占生活消费支出的比重为 42.4％，比上年上升 1.8 个百分点。这表明，重庆居民消费需求逐渐多元化，消费层次不断提升，消费结构不断优化。

三、居民生活品质不断提升，社区环境进一步改善

（一）恩格尔系数继续下降，居民膳食结构更加均衡

随着生活水平的提高，消费商品与形式更加丰富，居民食品烟酒支出占总消费支出的比重继续降低。2023 年重庆居民恩格尔系数为 32.6％，比上年下降 1.3 个百分点。分城乡看，城镇居民恩格尔系数为 31.8％，比上年下降 1.2 个百分点；农村居民恩格尔系数为 34.9％，比上年下降 1.6 个百分点。

从吃饱到吃好再到吃出健康，重庆居民餐桌上的膳食结构更加合理，粮食、油脂、食糖消费量有所下降，肉类、奶制品、鲜瓜果消费量继续增长。居民人均肉类消费量 54.3 公斤，同比增长 2.5％；人均奶和奶制品消费量 16.4 公斤，同比增长 4.0％；人均鲜瓜果消费量 56.3 公斤，同比增长 6.0％。居民人均粮食消费量 140.5 公斤，同比下降 11.2％；人均油脂类消费量 14.0 公斤，同比下降 10.2％；人均食糖消费量 2.1 公斤，同比下降 5.7％。

（二）社区基础设施持续改善，基本公共服务水平提升

2023 年在百分之百通公路、通电、通电话、通宽带、通有线电视信号的基础上，重庆居民所在社区基础设施持续改善。居民家庭所在社区开通管道燃气的户比重为 84.9％；所在社区内主要道路路面状况为水泥或柏油路面的户比重为 99.5％；所在社区内主要道路有路灯的户比重为 97.5％；所在社区内垃圾集中处理的户比重为 99.9％；所在社区内有健身器材的户比重为 93.1％；所在社区有绿化园林景观设计的户比重为 72.8％。

基本公共服务水平提升，居民就医、上学更加便利。重庆居民所在社区有卫生站（室）

的户比重为96.0%；居民家庭能便利地上幼儿园或学前班的户比重为98.9%；能便利地上小学的户比重为98.7%。

(三)部分耐用消费品拥有量增长

随着生活质量的提高，居民对耐用消费品的需求呈现出新变化。助力车、微波炉、固定电话等部分传统耐用消费品拥有量有所下降，汽车、空调、地面清洁电器等一些提高生活质量的耐用消费品拥有量继续增加。2023年，重庆居民每百户家用汽车拥有量为42.2辆；每百户空调拥有量为208.5台；每百户地面清洁电器拥有量为8.4台；每百户排油烟机拥有量为69.0台；每百户助力车拥有量为16.3台；每百户微波炉拥有量为47.0台。

四、需关注的问题与相关建议

(一)增收基础有待进一步巩固

当前，重庆居民人均可支配收入增长主要依靠工资性、转移净收入的增长，增收动力较为单一，增收基础有待进一步巩固。

一是就业总量压力和结构性矛盾并存，居民就业压力依然存在。房地产市场持续调整影响建筑业、房地产业、金融业等上下游从业人员就业，大学毕业生、农村转移劳动力等重点群体就业压力依然较大，部分专业供大于求和紧缺专业人才、高技能人才供给存在缺口的结构性矛盾依然突出。2023年重庆城镇调查失业率平均值为5.4%，比全国水平高0.2个百分点。下阶段应继续强化就业优先政策，健全高校毕业生、农民工等重点群体就业促进机制，加强职业发展教育和就业指导，推动就业创业指导和帮扶走进校园，为高校毕业生提供更多的就业机会，积极培育新的就业增长点，提升企业就业吸纳能力。

二是经营净收入制约因素多，收入增长稳定性不强。原材料、场地租金、农资、饲料、人工成本增长过快等是当前制约居民经营净收入增长的重要因素。此外，猪肉等农产品市场价格走低成为影响农民增收的不稳定因素。下阶段应全面落实减税降费等政策，切实减轻市场主体负担，加大个体经营扶持力度，稳定农药、化肥等农业生产资料价格，促进居民经营净收入增长。

三是财产性收入种类单一，对居民增收贡献较小。由于投资渠道少，银行利息是大部分居民财产性收入的主要来源。2023年以来银行存款利率陆续下调，一定程度上影响了财产净收入增长。此外，集体经济偏弱、土地流转和租赁市场不发达，限制了农村居民财产净收入增长。下阶段应继续拓展金融产品投资渠道，丰富债券基金、货币基金等产品，让居民在金融理财方面有更多选择。着力深化农村集体产权制度改革、农村土地制度改革，盘活农村集体资源资产，进一步拓宽农村居民财产净收入来源。

四是人口老龄化程度加深，增收难度加大。2023年，重庆65岁及以上老年人口占总人口比重（老龄化率）为18.9%，比2022年提高0.6个百分点，比全国水平高3.5个百分点。老龄化程度不断加深，社会抚养负担加重，养老金、医保报销等转移支付增长面临较大压力。下阶段应继续优化社保基金管理，提高社保基金收入。不断完善社会保障体系，加强基本养老保险、失业保险、医疗保险等建设和改革，提高覆盖范围和保障水平。

（二）消费潜力仍需持续激发

居民预防性存款增加，消费信心仍待增强。2023年重庆居民消费支出增速低于全国4.7个百分点，其中，八大项消费支出增速均低于全国。居民平均消费倾向为70.5%，比上年下降0.6个百分点，消费提质扩容仍需继续加力。12月末，重庆住户存款余额同比增长13.2%，居民预防性储蓄持续增加，不利于消费潜力的释放。下阶段要认真贯彻《关于恢复和扩大消费的若干措施》精神，进一步细化各项消费刺激政策，加快培育建设国际消费中心城市，持续优化消费环境，着力稳定和扩大传统消费、培育壮大新型消费，挖掘消费亮点，激发市场活力。

（执笔人：刘航）

2023 年四川居民收支与生活状况报告

2023 年，四川全省上下认真贯彻落实党中央、国务院和省委、省政府决策部署，坚持稳中求进工作总基调，聚焦高质量发展首要任务，全力拼经济搞建设，居民收入稳步增长，消费支出平稳恢复，人民群众生活质量进一步提高。

一、居民收入稳步增长

2023 年，四川居民人均可支配收入 32514 元，较上年增长 6.0%，增速比上年加快 0.5 个百分点。分城乡看，全省城镇居民人均可支配收入 45227 元，较上年增长 4.6%；农村居民人均可支配收入 19978 元，较上年增长 7.0%。

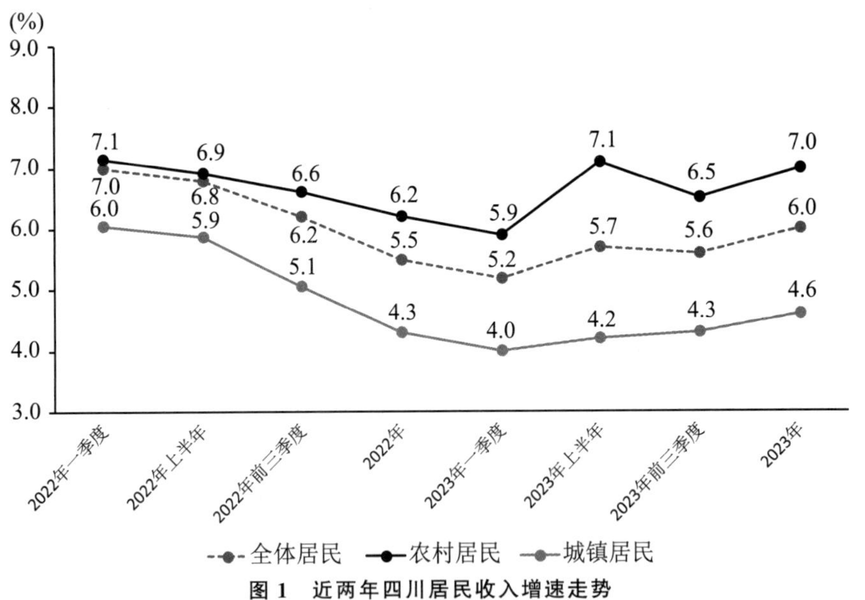

图 1　近两年四川居民收入增速走势

(一)城乡居民收入相对差距继续缩小

四川各地坚持农业农村优先发展，大力实施乡村振兴战略，农村居民收入稳步增长，且增速明显快于城镇。2023年，农村居民人均可支配收入增速快于城镇居民2.4个百分点，城乡居民收入比由上年的2.32下降为2.26，城乡居民收入相对差距继续缩小。

（二）工资性收入发挥重要支撑作用

2023年，随着各项稳就业政策的落实落地，四川就业形势总体稳定，城镇调查失业率逐季平稳回落，推动居民工资性收入增长。2023年四川居民人均工资性收入16154元，比上年增长6.0%；工资性收入占居民人均可支配收入的比重和增收贡献率分别为49.7%和50.1%，发挥了居民增收“压舱石”作用。按常住地分，城镇居民和农村居民人均工资性收入比上年分别增长4.7%和6.4%。

（三）经营净收入较快增长

2023年以来，市场需求逐步恢复，接触型、聚集型服务行业经营活动回暖，居民人均经营净收入实现稳定增长。2023年四川居民人均经营净收入6433元，比上年增长6.4%，在四项收入中增速最快。按常住地分，城镇居民和农村居民人均经营净收入比上年分别增长5.0%和7.9%。从经营净收入内部结构看，居民从事批发零售等第三产业人均经营净收入较上年增长12.1%，增长最快。

（四）转移净收入持续稳定增长

保民生政策持续发力，各项帮扶补贴政策有效落实，居民养老金和医保水平持续提升，困难群众生活保障水平不断提高，居民转移净收入保持稳定增长。2023年居民人均转移净收入7878元，比上年增长6.1%。按常住地分，城镇居民和农村居民人均转移净收入比上年分别增长4.5%和7.6%。

（五）财产净收入增长乏力

表1　2023年四川居民人均可支配收入情况

指　　标	全体居民		城镇居民		农村居民	
	2023年（元）	增速（%）	2023年（元）	增速（%）	2023年（元）	增速（%）
可支配收入	32514	6.0	45227	4.6	19978	7.0
工资性收入	16154	6.0	26228	4.7	6220	6.4
经营净收入	6433	6.4	5250	5.0	7599	7.9
财产净收入	2049	3.8	3508	3.8	609	－2.9
转移净收入	7878	6.1	10240	4.5	5548	7.6

受房地产市场调整、土地流转租金趋于稳定、银行存款利率下调等多重因素影响，居民财产净收入增长乏力。2023年四川居民人均财产净收入2049元，比上年增长3.8%，对居民增收带动作用有限。按常住地分，城镇居民和农村居民人均财产净收入比上年分别增长3.8%和下降2.9%。

二、居民消费恢复回升

2023年，四川各地着力恢复和扩大消费，不断丰富消费供给，居民消费支出稳步增长，全年居民人均消费支出23550元，比上年增长5.6%。分城乡看，城镇居民人均消费支出29280元，比上年增长5.9%；农村居民人均消费支出17901元，比上年增长4.1%。

（一）服务性消费呈恢复性增长

2023年来，居民消费潜力逐渐释放，居民对旅游、餐饮、交通运输等接触性、聚集性服务消费意愿增强。2023年，四川居民人均服务性消费支出10247元，比上年增长11.5%，增速比2022年提高7.2个百分点，回升态势明显。

（二）教育文化娱乐消费强势复苏

居民文娱消费意愿充分释放，加之文艺演出、体育赛事持续火爆，西博会、大运会等活动成功举办，推动文化娱乐消费大幅增长；同时，家长对子女教育愈发重视，在艺体培训、研学活动等方面投入加大，助推居民教育支出快速增长。2023年，四川居民人均教育文化娱乐消费2418元，比上年增长20.6%，增速比2022年回升14.6个百分点。

（三）交通通信消费快速增长

四川各地将汽车消费作为恢复消费的重要内容，积极扩大新能源汽车消费、着力完善二手车市场、推动汽车配套设施建设，促进汽车消费不断扩容；同时，旅游市场火爆，居民出行意愿增强，对交通通信消费增长带动明显。2023年，四川居民交通通信支出3300元，比上年增长17.6%，增速比2022年回升17.6个百分点。

（四）医疗保健消费较快增长

居民更加关注身体健康，对医疗保健也更加重视，加之受季节性流感等因素影响，居民就医需求增多，带动医疗保健支出较快增长。2023年，四川居民人均医疗保健消费支出2435元，比上年增长15.6%。

（五）基本生活类消费较为低迷

受CPI低位运行、房地产市场调整等因素影响，居民食品烟酒、衣着、居住等基本生活类消费较为低迷。2023 年，四川居民人均食品烟酒、衣着消费分别为 7846 元、1355 元，比上年分别增长 1.4%、2.9%；人均居住类消费 4157 元，较上年下降 4.7%。

表 2　2023 年四川居民人均消费支出情况

指　　标	全体居民		城镇居民		农村居民	
	2023 年（元）	增速（%）	2023 年（元）	增速（%）	2023 年（元）	增速（%）
消费支出	23550	5.6	29280	5.9	17901	4.1
食品烟酒	7846	1.4	9614	2.7	6103	－1.4
衣着	1355	2.9	1852	4.9	865	－2.6
居住	4157	－4.7	5370	－3.4	2961	－8.0
生活用品及服务	1450	－1.1	1870	3.5	1036	－9.1
交通通信	3300	17.6	4106	18.4	2505	15.2
教育文化娱乐	2418	20.6	3017	14.3	1828	30.5
医疗保健	2435	15.6	2683	14.5	2190	16.6
其他用品及服务	589	17.3	769	9.5	412	32.2

三、居民生活质量进一步提高

（一）民生基础设施不断完善

四川各级党委政府坚持以人民为中心的发展思想，不断建设完善更高水平的民生基础设施，居民生活环境持续改善，特别是农村居民家庭生活设施变化更为显著。2023 年，四川居民家庭管道供水入户率 91.8%；分城乡看，城镇居民、农村居民分别为 97.2%、86.1%。四川居民家庭主要饮用水来源为经过净化处理的自来水的户占比 74.5%；分城乡看，城镇居民、农村居民家庭分别达到 92.9%、54.9%。同时，2023 年四川农村住户主要炊用能源为天然气、煤气、液化石油气、电的户数占比达 63.4%。

（二）居住条件进一步改善

四川各地大力实施宜居宜业和美乡村建设，农村居民居住条件日益改善，幸福感不断提升。同时，在城市大力实施精细化管理，着力打造生态宜居生活环境，通过提高生态环境治理水平，实施城中村及老旧小区改造，城镇居民人居环境得以持续改善。2023 年，四川居民人均自有住房面积为 41.5 平方米。分城乡看，城镇居民人均 37.7 平方米，农村居民人均 45.3 平方米。四川全体居民、城镇居民、农村居民家庭年末住房结构为钢筋混凝土和砖混结构的占比分别达 87.4%、97.4%、76.7%。同时，居民生活环境显著改善。2023 年，四川全体居民、城镇居民、农村居民所在社区中，垃圾集中处理的占比分别为 97.1%、99.8%、94.3%；有健身器材的占比分别为 88.6%、93.1%、83.8%；有卫生站（室）的占比分别为 93.2%、89.2%、97.5%。

（三）耐用消费品持续升级

近年来，耐用消费品快速迭代升级。居民家庭耐用消费品除了量的提升外，更是向着高档化、享受型发展，各种功能齐全、新潮高档的家用电器为居民所青睐。一是传统耐用消费品不断扩容。2023 年，每百户家庭拥有洗衣机 100.7 台，电冰箱（柜）111.1 台，彩色电视机 113.6 台。二是交通通信设备持续增长。2023 年，每百户家庭拥有家用汽车、移动电话分别为 39.3 辆、270.5 台。三是消费品不断提质。近年来，扫地机器人、洗碗机、新风系统等智能家居产品走进居民家庭生活中，居民家居生活正持续向多样化、个性化、舒适化和高品质迈进。2023 年，四川居民每百户家庭拥有健身器材、空气净化器、地面清洁电器分别为 3.3 台、3.8 台和 5.1 台。

四、2023 年四川居民增收因素分析

（一）宏观经济持续向好

2023 年以来，面对错综复杂的宏观环境，四川各地铆足干劲，全力以赴拼经济、搞建设，全省经济运行延续恢复向好态势。2023 年，四川地区生产总值突破 6 万亿元，比上年增长 6%，在前十大经济大省中并列第一；地方一般公共预算收入增长 13.3%；规模以上工业增加值、全社会固定资产投资、社会消费品零售总额分别增长 6.1%、4.4%、9.2%。

（二）就业形势总体稳定

四川各地深入实施就业优先战略，落实落细减负稳岗扩就业各项政策措施，就业形势较为稳定。一是城镇调查失业率稳中有降。2023 年，四川城镇调查失业率平均值为 5.5%，比上年下降 0.2 个百分点。二是外出务工人员就业较稳定。2023 年，四川外出农民工 1580.0 万人，比 2022 年增加 60.7 万人、增长 4.0%。同时，各地通过以工代赈等稳就业措施帮助农村外出务工劳动力就地就近就业。

（三）扩大内需成效初显

四川省委省政府把恢复和扩大消费摆在优先位置，出台一系列扩大内需、提振消费政策，释放消费潜力、激发消费活力。受政策持续发力带动，居民升级类、出行类消费需求逐渐回升，服务业经营情况持续改善。2023 年，四川规模以上服务业利润总额较上年增长

64.6%。特别是文旅市场强势复苏,文旅消费显著增长。

(四)民生保障扎实有力

各地不断加强民生保障工作,着力织牢社会保障网,进一步提高城乡居民养老保险标准低限,做好困难群众生活保障,支撑居民转移性增收。2023年四川一般公共预算中民生支出占比65.7%;四川城乡居民养老保险基础养老金最低标准从每人每月115元提高至133元;各级财政安排补助资金403.2亿元,保障了6000余万名城乡居民医保参保人员的医疗待遇。

五、促进居民收入消费持续增长需重点关注的问题

(一)部分行业效益不佳影响工资收入增长

部分制造业、建筑业等第二产业企业效益不佳,吸纳就业能力减弱,企业涨薪动力不足,城乡居民工资性收入增长后劲不足,尤其是制造业、建筑业属于农民工分布密集的行业,对农民工工资影响较为突出,加之2023年以来沿海地区农民工回流省内趋势明显,而省内工资水平低于沿海地区,进一步制约了农民工工资增长。农民工监测调查显示,2023年,外出农民工平均月收入水平5153元,比上年仅增长0.6%。

(二)成本价格共同挤压农业经营利润空间

2023年,种子、农药等农资价格处于高位,加之农业生产人工和机械成本不断提高,农业生产成本上涨明显;同时,农产品价格却较低迷,全年四川农产品生产者价格总指数95.58,农产品价格比上年下降4.42%。受成本、价格双重挤压,农业经营利润受到较大限制。特别是以生猪为代表的畜产品价格下跌明显,农产品价格调查显示,2023年畜产品价格比上年下降9.13%,其中活猪价格比上年下降14.76%,生猪养殖亏损态势仍未扭转。

(三)多重因素制约居民财产性增收

一是2023年银行存款利率多次下调,居民存款收益减少,加之其他金融资产收益率下降明显,城乡居民利息收入增长乏力。二是房价下行压力较大,居民房屋估值下降,制约居民财产增值。三是农村可供盘活的闲置资源较过去有所减少,土地流转金趋于稳定,部分集体经济增收稳定性不足,农民财产性收入增长受限。

(四)政策性增收力度有所减弱

当前各项惠民政策补贴标准、补贴范围逐步趋于稳定,短期内相关政策难有较大幅度提升,对居民增收支持力度逐步趋弱。同时,机关事业单位职工增收缺乏动能,除正常的职

务、职级晋级外，较难有其他增收途径。

（五）居民消费水平恢复较慢

由于居民收入预期不足，居民消费行为仍偏保守，虽然消费支出稳步增长，但增长程度不及全国平均水平。从比重看，四川居民人均消费支出仅占全国平均消费水平(26796 元)的 87.9%，比上年低 3 个百分点；从增速看，四川居民人均消费支出同比仅增长 5.6%，比全国低 3.6 个百分点。

六、对策建议

（一）稳定经济提振信心

认真落实中央和省委、省政府政策措施，保障经济平稳健康运行，为居民收入增长创造良好环境。进一步强化细化工作举措，激发市场活力和民间投资活力，形成消费和投资的良性循环。加快发展民营经济，落实全省促进民营经济发展“1＋2”政策，因地制宜出台具体支持措施，着力改善营商环境。

（二）千方百计促进就业

认真落实减税降费政策，强化小微企业、制造业、个体工商户的支持力度，促进稳岗就业。保障青年、农民工等重要群体稳定就业，加强对下岗职工、灵活就业人员及就业困难群体的技能培训和再就业服务。做好失业人口的权益保障工作，加大失业再就业帮扶力度。

（三）着力减小经营风险

进一步加强生猪市场监管监测力度，适时启动猪肉收储和投放调节机制，稳定猪价，避免生猪价格大幅波动。加强惠农补贴力度，在稻谷目标价格补贴基础上，探索主要农产品价格补贴政策；与此同时，加大政策性保险投入力度，针对各地主要农产品开办险种，降低农户经营风险。

（四）多措并举提振消费

聚焦民之所盼，精准发力，针对群众关心的物价问题、商品和服务品质问题、消费基础设施建设等问题出台更切实有效的政策，让消费政策真正发挥效用。聚焦餐饮、文旅、家电家装、汽车等重点和热点消费项目，深挖居民数字消费潜力，加强悦己类、康养类、文娱类产品的发展力度。

（执笔人：杨旭）

2023年贵州居民收支与生活状况报告

2023年,贵州省坚持以高质量发展统揽全局,坚持主战略主定位,持续推进中国式现代化贵州实践,扎实做好稳增长、惠民生、防风险各项工作,全力以赴促进居民收入增长和经济增长基本同步,居民人均可支配收入持续增长,消费信心重新提振。

一、城乡居民收入稳步增长

2023年,贵州各级各部门全力以赴兴产业、扩就业、创机制、强保障,不断巩固和拓展居民增收渠道。

(一)居民收入稳步增长

1. 居民收入持续增长。2023年贵州省居民人均可支配收入27098元,同比增长6.2%,高于GDP增速1.3个百分点;分城乡看,2023年贵州城镇居民人均可支配收入42772元,继2022年破4万元大关后持续增长,同比增长4.1%;贵州农村居民人均可支配收入为14817元,同比增长8.1%,较上年增加1.5个百分点,高于全国0.4个百分点。

2. 与全国的差距逐步缩小。城镇方面,近五年,贵州省城镇居民人均可支配收入持续增长,但与全国平均水平相比仍存在一定差距,绝对值由2019年的7955元扩大到9048元,从相对差距来看,贵州与全国平均水平逐步缩小,2023年,贵州省城镇居民人均可支配收入占全国的比重达82.5%,较2019年提高1.3个百分点。农村方面,近五年,贵州农村居民人均可支配收入增长态势良好,增速除2021年均高于全国平均水平。农村居民人均可支配收入占全国的比重从2019年的67.1%上升至68.3%。

3. 近五年与同期经济同步增长。城镇方面,近五年,贵州城镇居民人均可支配收入的增长与同期经济增长呈现出一定的相关性,2019年—2023年,贵州省城镇居民人均可支配收入年均增速为6.2%,比地区生产总值年均增速高0.9个百分点,在经济增长较快的年份,收入增长也相对较快,除2023年外,其余4年均快于地区生产总值增速。农村方面,贵州农村居民人均可支配收入的增长在近五年表现出较为强劲的势头，增速均高于同期经济增长速度，这得益于农村产业发展、扶贫政策的精准实施以及农村劳动力转移就业等多种因素的共同作用。

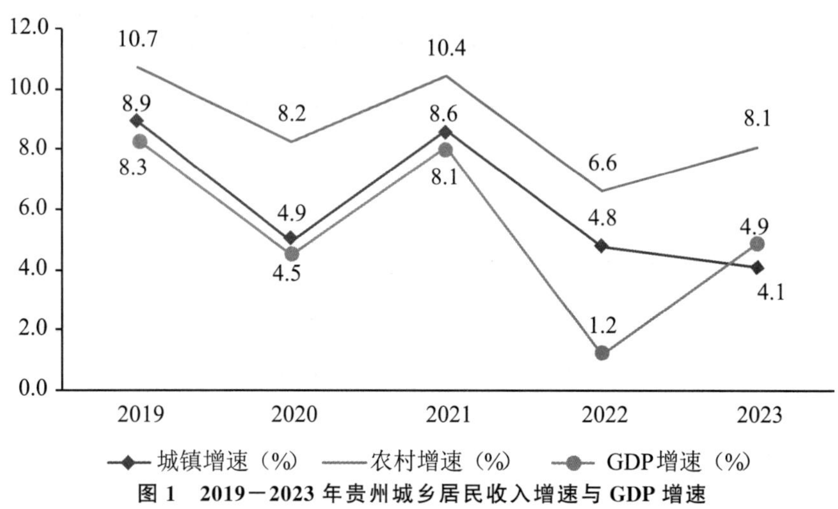

图 1　2019—2023 年贵州城乡居民收入增速与 GDP 增速

（二）收入结构持续优化

居民收入来源日益呈现多元化发展，收入结构进一步趋于优化。从结构来看，居民人均工资性收入、经营净收入、财产净收入、转移净收入占可支配收入比重分别为 51.3%、22.3%、5.8%、20.6%，其中人均工资性收入比重较上年同期减少 0.7 个百分点，仍占据“大壁江山”；人均经营净收入比上年提高 0.6 个百分点；人均转移净收入较上年同期提高 0.1 个百分点，财产净收入占比基本无变化。从贡献率来看，人均工资性收入贡献率较上年下降 6.9 个百分点，人均转移净收入下降 5.3 个百分点；人均经营净收入贡献率较上年提高 5.6 个百分点，财产净收入提高 6.6 个百分点。

表 1　2022—2023 年贵州居民人均可支配收入及构成表

指　　标	2022 年			2023 年		
	绝对值（元）	比重（%）	贡献率（%）	绝对值（元）	比重（%）	贡献率（%）
可支配收入	25508	100.0	100.0	27098	100.0	100.0
工资性收入	13285	52.0	46.3	13912	51.3	39.4
经营净收入	5517	21.7	26.7	6031	22.3	32.3
财产净收入	1493	5.8	−1.2	1579	5.8	5.4
转移净收入	5213	20.5	28.2	5577	20.6	22.9

注：部分数据因四舍五入的原因，存在总计与分项合计不等的情况。

（三）城乡居民收入差距进一步缩小

贵州省扎实推进巩固拓展脱贫攻坚成果同乡村振兴有效衔接，农村居民可支配收入增速高于城镇增速，城乡收入差距持续缩小。2023 年，贵州省城乡收入比为 2.89，分别比 2022 年、2021 年和 2020 年减少 0.11、0.16 和 0.21，城乡收入差距逐年缩小。

二、2023 年贵州居民收入增长的主要因素

（一）城镇居民增收因素

1. 就业形势持续向好，工资性收入保持稳定。2023 年，贵州省就业形势总体平稳，经济平稳向好发展促使就业市场活力迸发，城镇新增就业稳定达到预期目标，城镇居民人均实现工资性收入 24107 元，同比增长 2.8%，占可支配收入的 56.4%。其中，各行业工资维持平稳增长，奖金按时足额稳定发放，带动城镇居民不按月发放的奖金津贴过节费同比增长 4.8%。

2. 生产经营效益良好，经营净收入快速增长。2023 年，贵州省持续优化营商环境，加强创业孵化基地建设，积极落实自主创业补贴政策，减税降费措施落地见效，大力提振经营主体信心，城镇居民人均实现经营净收入为 7811 元，同比增长 8.0%，占可支配收入的 18.3%。其中：批发零售、住宿餐饮等行业较快恢复，带动第三产业经营净收入增长最为显著，同比增长达 8.3%；第二产业中，一些高新技术制造业的经营效益提升带动第二产业经营净收入同比增长 6.1%；第一产业经营净收入增长相对平稳。

3. 居民理财能力提升，财产净收入加速恢复。2023 年，贵州省居民储蓄意识增强、理财产品规范发展为居民带来更多利息收入，在经营形势整体向好的情况下居民参股项目收益可观，红利收入实现恢复性增长，商用建筑需求与城镇劳动力租房需求回升，城镇居民人均财产净收入为 3438 元，同比增长 3.9%，占可支配收入的 8.0%。其中：利息净收入方面，随着利率市场化改革的推进，居民的利息收入在一定程度上受到影响，但通过优化资产配置，总体保持稳定，同比增长达 18.3%；股票收入受股市行情波动影响较大，部分居民在股市中获得了较好的收益，贵州城镇居民人均红利收入同比增长 56.6%；租金收入在房地产市场调控的背景下，呈现稳中有升的态势，同比增长达 8.4%。

4. 民生保障力度加大，转移净收入平稳增长。2023 年，贵州省养老金与离退休金持续提高，城镇外出务工人员寄带回收入稳定增长，各项社会救济和补贴按时足额发放充分发挥了兜底保障作用，城镇居民人均实现转移净收入为 7417 元，同比增长 4.5%，占可支配收

入的17.3%。其中:随着外出务工人员就业稳定性的提高和收入水平的提升,寄带回收入保持了稳定增长,同比增长4.5%,但较上年同期减少0.9个百分点,增长速度有所放缓。

(二)农村居民增收因素

1. 增收政策有效落实,工资性收入稳定增长。2023年,贵州省大力支持各地开展职业技能培训、稳定和促进重点群体就业创业,农村居民人均实现工资性收入5924元,同比增长6.1%,占可支配收入的40.0%。其中:省内持续推广以工代赈,下大力气整治欠薪问题,带动农村居民工资收入同比增长5.2%,补发工资同比增长22.5%。

2. 农产品附加值提升,经营净收入较快增长。2023年,贵州省牢牢抓好烤烟、水果、茶叶等特色优势产业发展,培育壮大新型农业经营主体,制定贵州冬季旅游补贴办法促进消费提升,农村居民人均实现经营净收入4636元,同比增长9.9%,占全部收入的31.3%。其中:特色农产品的品牌建设和市场拓展取得显著成效,第一产业经营净收入增长较为突出,同比增长10.5%;乡村旅游和农村电商的发展为农民带来了更多的收入,第三产业经营净收入增长迅速,同比增长8.9%。

3. 农村改革红利释放,财产净收入平稳增长。2023年,贵州大力发展壮大农村集体经济,农村改革红利持续释放,存款增加直接带动农民利息收入增长,冲抵存款利率连续下调带来的影响,农村居民人均财产净收入122元,同比增长4.6%,占可支配收入的0.8%。其中:利息收入方面,农村居民的储蓄意愿较强,存款增加使得利息收入有所增长,贵州省农村居民人均利息净收入同比增长10.2%;股票收入相对较少,但随着农村金融知识的普及,有一定的增长潜力,农村人均红利收入较上年同期增长5.5%;租金收入在农村地区相对较少,但随着农村闲置房屋的盘活利用,也有一定的提升,农村居民人均出租房屋净收入同比增长18.9%。

4. 转移净收入增长较快,成为新的增收增长点。2023年,贵州省持续提高居民基础养老金、低保收入与离退休人员基本养老金标准,全力做好社会保障服务,及时兑现各类惠民补贴,农村居民人均转移净收入4135元,同比增长9.2%,占可支配收入的27.9%。其中,随着农村劳动力外出务工规模的扩大和收入水平的提高,寄带回收入持续增长,农村家庭外出从业人员寄带回收入同比增长9.8%,成为农村居民转移净收入的重要组成部分。

三、消费支出平稳恢复

2023年以来,贵州省通过举办促消费行动、打造商业步行街和夜间消费聚集区、实施电商“十百千万”工程等措施，创新金融支持，举办贵州特色商品推介会，以及通过“展销＋推介”的形式推进贵州特色商品融入省外市场，“村超”“村 BA”持续火热，消费市场加快恢复。

（一）消费信心提振，居民消费支出快速恢复

随着经济持续好转，居民消费潜力释放，近五年贵州省居民消费支出整体呈现出波动上升的态势。2023 年，贵州居民人均消费支出 20161 元，同比增长 12.4％，高于全国 3.2 个百分点，较 2019 年增长 36.4％，年均增长 7.9％。分城乡看，城镇居民人均消费支出 27693 元，同比增长 14.3％。农村居民人均消费支出 14260 元，同比增长 8.3％。

（二）消费结构转变，基础性消费支出占比下降

随着居民消费信心逐步恢复，居民人均用于吃、穿、住的生存型消费为 10499 元，占消费支出的 52.1％，占比较上年同期下降 4.4 个百分点。按常住地分，城镇居民基础性消费支出占比为 49.8％，较上年同期下降 6.3 个百分点；农村居民基础性消费支出占比为 55.5％，较上年同期下降 1.6 个百分点。恩格尔系数下降，2023 年城乡恩格尔系数分别为 27.8％和 30.9％，比上年下降 3.4 和 0.4 个百分点。

（三）消费潜力释放，品质类消费较快增长

1. 发展型消费增长较快。随着居民对教育重视程度的提高，教育支出有所增长，2023 年贵州城乡居民人均教育支出分别同比增长 14.4％和 10.4％。文化娱乐方面，各类文化活动的举办和娱乐设施的完善，使得居民在文化娱乐方面的消费逐步增加，2023 年贵州城乡居民人均文化娱乐消费支出分别同比增长 50.5％和 10.2％。

2. 享受型消费增长势头明显。旅游消费在“村超”“村 BA”等活动的带动下，以及省内旅游优惠政策的刺激下，呈现“井喷式”增长，城乡居民人均文化娱乐服务支出分别同比增长 175.4％和 124.4％。保健消费随着居民健康意识的增强和居民医保的普及而逐渐上升，2023 年，有 96.9％的户所在社区（自然村）有卫生站，较上年提升 1.5 个百分点；城乡居民人均医疗保健消费支出分别为 2537 元和 1393 元，同比增长 35.2％和 40.3％。奢侈品消费在城镇居民中快速增长，2023 年贵州城镇居民人均其他用品及服务同比增长 49.7％。

四、居民环境进一步改善

（一）居住条件更加舒适

从居住样式来看，2023 年，贵州省居住在钢筋混凝土和砖混材料结构住房的户比重为 89％；居住在单元房的户占比 33.5％；从生活便利度来看，贵州省住宅内独用厨房的户占比

94%，住宅内独用厕所的户占比82.6%；家庭自带热水器的户占比83.5%，自行供暖户占比97.8%；住宅或院内有洗手设施及肥皂和水的户占比97%。

（二）基础设施持续改善

“四通”基本全面覆盖。2023年省内通电、通公路，通电话，能接收有线电视信号的社区（自然村）已基本实现全覆盖。基础配套设施和公共服务基本完善。2023年，98.4%的户所在社区（自然村）垃圾能够集中处理。有97.2%的户所在社区内主要道路为水泥或柏油路面；有68.5%的户所在社区有幼儿园且上学便利。

（三）耐用消费品迭代升级

1. 普通家电趋于饱和。2023年，城乡居民平均每百户彩色电视机拥有量分别为100台和92.2台，平均每百户电冰箱拥有量分别为101.8台和98.4台，平均每百户洗衣机拥有量分别为101.8台和96.2台，平均每百户移动电话拥有量分别为275.8部和313.8部。

2. 智能化耐用消费品不断充盈。随着“以旧换新”“节能补贴”等促消费政策显效，烤箱、洗碗机、新能源汽车等拥有量增加。2023年，城乡平均每百户新能源汽车拥有量分别为1.5辆和0.7辆；平均每百户烤箱拥有量分别8台和1台；平均每百户洗碗机拥有量分别为2.9台和0.6台。

五、居民增收面临的困难

一是工资增长动力不足。受财力约束，部分地方绩效消减，企业降薪等不利因素的影响下，城镇居民人均工资性收入拉动可支配收入增长的幅度由上年2.4%下降至1.6%。农村居民本地务工多以建筑业为主，进入“十四五”时期，贵州固定资产投资从全国领先的增速到2022年成为全国8个投资负增长的省份之一，对于在工程项目领域大力推广以工代赈、提高本地工资标准较为不利。

二是农村居民财产净收入增长乏力。其一，受国际形势、需求收缩、房地产市场低温等多重因素影响，银行下调存款利率、投资分红波动较大，农村居民财产净收入占比呈下降趋势。其二，受区位条件等客观因素制约，闲置低效资产流转交易难度较大。

三是转移净收入增长受制约。其一，贵州城乡居民基本养老保险基础养老金平均水平在全国排位较为靠后。从负担程度来看，以农村低保为例，省内农村享受低保人数占农村常住人口比重为9.5%，高于全国平均水平2.8个百分点，财政压力较大。其二，受外部环境、生产者价格影响，企业经营利润减弱，用工缩减，外出务工工资收入稳定性不强，导致寄带回收入增长放缓。

六、相关建议

一是推动充分就业促进居民增收。其一，完善稳岗扩岗就业政策，大力扶持就业创业。根据人力资源需求特征，结合农村剩余劳动力的素质和特长，合理安排就业岗位，鼓励居民服务行业、民族特色手工业等低门槛行业吸纳具有传统技能的居民就业。其二，加强重点群体就业培训帮扶，针对低学历城乡居民，与省内职业技术学院联合开展免费职业教育计划与培训，增加就业机会，着重提高职业教育的覆盖范围。

二是拓展财产净收入增收渠道。其一，稳定现有村集体经济等分红收入，积极推动村集体经济的市场化托管和经营，确保分红按时足额兑现。其二，全面摸清资产底数，包括闲置农业机械设施等，分类有序盘活资产。对于有交易市场的闲置资产，努力实现效益的最大化和持久化；对于交易困难的闲置资产，创新思路，借助历史积淀的农耕文明，运用新媒体展示边远特色民俗，提升资产的文化价值，通过尝试运作、总结经验、巩固成果，不断扩大产业规模，形成良性循环。

三是精准落实兜底政策。其一，持续逐步提高低保标准、城乡居民基础养老金标准、事实无人抚养儿童基本生活最低养育标准、残疾人补贴、百岁老人生活补贴等省级补助标准，加大政府转移支付力度。其二，持续优化针对不同群体的差别化救助策略，保障参保待遇按时足额发放，充分发挥兜底保障作用，不断完善农村户籍人员、灵活就业人员的养老保险参保制度。

（执笔人：高雯）

2023年云南居民收支与生活状况报告

2023年，云南全省上下认真贯彻落实党中央、国务院决策部署和省委、省政府工作要求，坚持稳中求进工作总基调，完整、准确、全面贯彻新发展理念，积极服务新发展格局，经济持续恢复向好态势进一步巩固，就业形势稳固向好，居民收入消费平稳增长。

一、居民收入稳步增长

（一）居民收入增速加快，与经济增长基本同步

2023年全年，云南居民人均可支配收入28421元，比上年同期增长5.5%，扣除价格因素，实际增长5.2%；增速（名义）较2022年加快0.5个百分点。云南居民人均可支配收入增速在全国31个省（区、市）中排第23位；居西部地区12省（区、市）第10位。

分城乡看，城镇居民人均可支配收入43563元，比上年同期增长3.3%，扣除价格因素，实际增长2.8%；增速（名义）较2022年加快0.2个百分点。农村居民人均可支配收入16361元，比上年同期增长8.0%，扣除价格因素，实际增长8.1%；增速（名义）较2022年加快1.3个百分点。

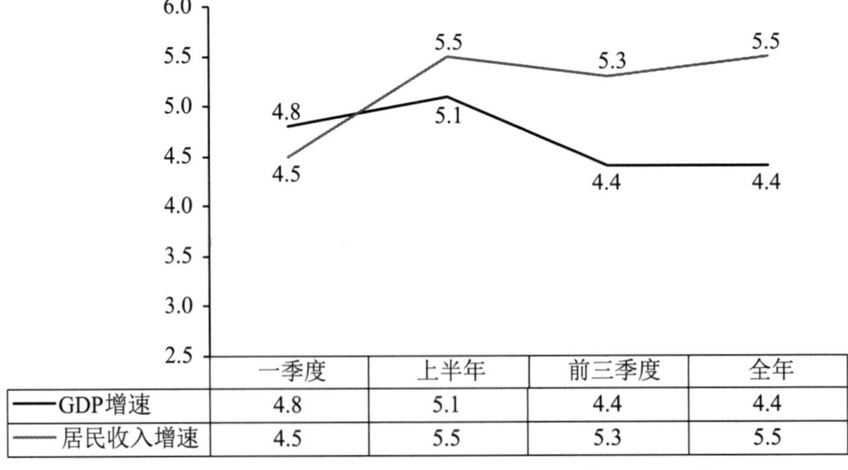

	一季度	上半年	前三季度	全年
GDP增速	4.8	5.1	4.4	4.4
居民收入增速	4.5	5.5	5.3	5.5

图1　2023年云南各季GDP和居民人均可支配收入增长情况

从全年分季情况看，除一季度云南居民人均可支配收入增速略慢于GDP增速0.3个百分点，其余三季居民收入增速均快于GDP增速，与宏观经济发展基本同步。

(二)城乡居民收入差距持续缩小

农村居民收入增速比城镇居民收入增速高4.7个百分点。城乡居民相对差距进一步缩小，收入比为2.66∶1，较上年同期缩小0.12。

(三)居民收入结构特征

2023年云南居民四项收入增速“三增一降”，工资性收入较快增长，经营净收入、转移净收入稳步增长，财产净收入略有下降。

表1　2023年云南居民人均可支配收入情况

指　　标	全体居民			城镇居民			农村居民		
	水平（元）	增速（%）	占比（%）	水平（元）	增速（%）	占比（%）	水平（元）	增速（%）	占比（%）
人均可支配收入	28421	5.5	—	43563	3.3	—	16361	8.0	—
工资性收入	14806	8.2	52.1	26055	4.2	59.8	5846	18.6	35.7
经营净收入	6394	4.5	22.5	5430	20.9	12.5	7161	−3.0	43.8
财产净收入	2445	−1.9	8.6	5200	−4.0	11.9	251	9.1	1.5
转移净收入	4776	2.9	16.8	6877	−5.4	15.8	3103	18.9	19.0

1. 工资性收入较快增长

2023年，云南居民人均工资性收入14806元，比上年同期增长8.2%，占可支配收入比重为52.1%，增速较去年同期加快了3.5个百分点，对居民人均可支配收入增长的贡献率为75.7%，拉动收入增长4.2个百分点。

分城乡来看，城镇居民人均工资性收入26055元，比上年同期增长4.2%，占可支配收入比重为59.8%，对城镇居民人均可支配收入增长的贡献率为76.1%，拉动收入增长2.5个百分点。农村居民人均工资性收入5846元，比上年同期增长18.6%，占可支配收入比重为35.7%，对收入增长的贡献率为75.6%，拉动收入增长6.1个百分点。

工资性收入增长的主要原因：一是就业形势总体平稳，2023年，多项就业促进和稳岗安置政策措施落地见效，居民就业有保障；二是全省最低工资标准再次提高，2023年10月云南调整了最低工资标准，一、二、三类地区最低工资标准分别调整为1990元、1840元和1690元；三是疫情防控措施优化调整后，旅游热为本地创造了更多的就业岗位，带动工资性收入上涨。

2. 经营净收入稳步增长

2023年,云南居民人均经营净收入6394元,比上年同期增长4.5%,占可支配收入比重为22.5%,对居民人均可支配收入增长的贡献率为18.5%,拉动收入增长1.0个百分点。

分城乡来看,城镇居民人均经营净收入5430元,比上年同期增长20.9%,占可支配收入比重为12.5%,对城镇居民人均可支配收入增长的贡献率为67.4%,拉动收入增长2.2个百分点。农村居民人均经营净收入7161元,比上年同期下降3.0%,占可支配收入比重为43.8%。

2023年以来,云南市场消费活力不断激发,生产经营活动持续改善,第三产业经营净收入快速增长,居民第三产业经营净收入2785元,较去年同期增长38.3%;但受畜牧业价格下降养殖亏损影响,居民第一产业经营净收入下降,较去年同期下降17.8%。

3. 财产净收入略有下降

2023年,云南居民人均财产净收入2445元,比上年同期下降1.9%,占可支配收入比重为8.6%,负向拉动收入0.2个百分点。

分城乡来看,城镇居民人均财产净收入5200元,比上年同期下降4.0%,占可支配收入比重为11.9%。农村居民人均财产净收入251元,比上年同期增长9.1%,占可支配收入比重为1.5%,对收入增长的贡献率为1.7%,拉动收入增长0.1个百分点。

云南居民总体收入结构中财产净收入占比较小,基数较低,主要受到房地产开发投资下降、房价下行影响,导致房屋虚拟租金负向拉动,全年人均房屋虚拟租金827元,比上年同期下降22.5%。

4. 转移净收入平稳增长

2023年,云南居民人均转移净收入4776元,比上年同期增长2.9%,占可支配收入比重为16.8%,对居民人均可支配收入增长的贡献率为9.0%,拉动收入增长0.5个百分点。

分城乡看,城镇居民人均转移净收入6877元,比上年同期下降5.4%,占可支配收入比重为15.8%。农村居民人均转移净收入3103元,比上年同期增长18.9%,占可支配收入比重为19.0%,对收入增长的贡献率为40.6%,拉动收入增长3.3个百分点。

居民人均转移净收入增长主要得益于社会保障持续加强以及赡养收入的较快增长:一是7月份省级低保标准提高,城镇低保较去年增长4%,农村低保较去年增长13%;二是社会保障强化,1－11月,云南地方一般公共预算支出完成6124.3亿元,比上年同期增长

0.6%，其中社会保障和就业支出比上年同期增长11.7%，卫生健康支出比上年同期增长8.3%，教育支出比上年同期增长2.6%；三是孝老敬亲观念提升，赡养收入较快增长，全年人均赡养收入462元，较去年同期增加了226元。

二、居民消费支出较快增长

（一）居民八大类消费全面增长

2023年，云南居民人均消费支出全面增长，除居住支出外，其余七项消费支出增速均快于人均消费支出增速。2023年云南居民人均食品烟酒、衣着、居住、生活用品及服务、交通通信、教育文化娱乐、医疗保健、其他用品及服务支出分别较上年同期增长11.4%、12.4%、2.1%、13.3%、15.4%、11.5%、15.6%、26.8%。

分城乡看，2023年云南城镇居民人均消费支出28338元，比上年同期增长8.0%，比全国8.6%低0.6个百分点；城镇居民八大类消费支出呈"七增一降"特点。2023年云南农村居民人均消费支出15147元，比上年同期增长13.8%，增速比全国9.3%高4.5个百分点；农村居民八大类消费支出全面增长。

表2　2023年云南居民生活消费支出情况

指标	全体居民		城镇居民		农村居民	
	水平（元）	增速（%）	水平（元）	增速（%）	水平（元）	增速（%）
人均消费支出	20995	10.8	28338	8.0	15147	13.8
＃服务性消费支出	9819	15.4	13907	11.7	6564	20.1
食品烟酒	6816	11.4	8843	9.3	5202	13.4
衣着	1057	12.4	1601	9.0	623	17.5
居住	4197	2.1	5769	−4.3	2945	12.1
生活用品及服务	1142	13.3	1658	12.2	731	13.5
交通通信	2949	15.4	3744	14.9	2317	15.1
教育文化娱乐	2261	11.5	3002	11.2	1672	10.9
医疗保健	2110	15.6	2966	13.6	1429	17.3
其他用品及服务	463	26.8	756	25.0	230	27.8

（二）农村居民消费支出增速快于城镇

2023年云南农村居民人均消费支出15147元，比上年同期增长13.8%，增速比全国9.3%高4.5个百分点，增速比城镇8.0%高5.8个百分点。

（三）服务性消费支出占比提升

2023 年云南居民人均服务性消费支出较快增长，比上年同期增长 15.4%，占居民生活消费支出比重为 46.8%，比上年同期上升 1.9 个百分点。对人均消费支出增长的贡献率达 63.9%，拉动消费支出增长 6.9 个百分点。

三、居民生活品质提升

（一）居住条件持续改善

2023 年，云南居民人均住房建筑面积 48.0 平方米，城镇居民人均住房建筑面积 45.5 平方米，农村居民人均住房建筑面积 50.0 平方米。居民居住在钢筋混凝土或砖混材料结构住房的户比重为 81.2%，居住在砖瓦砖木或竹草土坯结构住房的户比重为 17.9%。

表 3　2023 年云南居民及分城乡居民居住条件

单位：%

指　　标	全体居民	城镇居民	农村居民
人均住房建筑面积（平方米）	48.0	45.5	50.0
居住的空间式样	—	—	—
其中：居住在单栋楼房和平房的户比重	69.0	37.9	98.0
居住在单元房的户比重	29.9	61.1	0.7
居住在筒子楼或连片平房的户比重	1.0	0.9	1.0
住房的主要建筑材料	—	—	—
其中：居住在钢筋混凝土或专混材料结构住房的户比重	81.2	95.8	67.6
居住在砖瓦砖木或竹草土坯结构住房的户比重	17.9	4.0	30.9

（二）食品消费理念转变，结构更趋合理

2023 年，云南居民人均食品消费量“六增四降”。人均蛋类及蛋制品、奶和奶制品、水产品、禽类及其制品、蔬菜及菜制品、鲜瓜果类消费量快速增长。消费量分别达 7.8 公斤、8.0 公斤、6.3 公斤、11.2 公斤、108.6 公斤、45.6 公斤，分别比上年增长 26.0%、21.5%、13.6%、11.7%、11.5%、11.5%。人均肉类及制品消费量平稳增长。消费量为 41.0 公斤，比上年增长 6.8%。人均食糖、油脂类、粮食消费量有所下降。消费量分别为 1.3 公斤、6.8 公斤、125.6 公斤，分别比上年下降 12.9%、11.8%、7.5%。

表 4 2023 年云南居民及分城乡居民主要食品消费量

单位:公斤/人

指 标	全体居民	城镇居民	农村居民
粮食	125.6	107.0	140.4
其中:谷物	110.4	91.9	125.1
食用油	6.8	7.4	6.3
其中:食用植物油	5.8	6.3	5.3
蔬菜及食用菌	108.6	105.2	111.3
其中:鲜菜	104.8	100.9	107.8
肉类	41.0	36.2	44.8
其中:猪肉	35.4	28.4	41.0
牛肉	2.3	3.1	1.7
羊肉	0.5	0.5	0.5
禽类	11.2	10.8	11.6
水产品	6.3	7.7	5.2
蛋类	7.8	6.0	9.2
奶类	8.0	12.0	4.8
鲜瓜果	45.6	57.6	36.1
食糖	1.3	1.2	1.4

(三)社区(村)基础设施和基本公共服务更为健全

1. 社区基础设施情况。"四通"基本全面覆盖。截至 2023 年,云南居民所在社区能接收有线电视信号和通宽带网的户比重分别为 100.0%和 99.7%。社区道路硬化路面基本全覆盖。居民进社区道路为水泥或柏油路面的户比重为 95.6%,社区内道路为水泥或柏油路面的户比重为 93.7%。社区内基础设施条件持续改善。居民所在社区饮用水经过集中净化处理的户比重、开通了管道燃气的户比重、主要道路有路灯的户比重和垃圾能集中处理的户比重分别为 85.3%、25.8%、86.8%和 93.1%。社区环境更加美观。居民所在社区有绿化园林景观设计的户比重为 60.1%。

表 5　2023 年云南居民及分城乡居民所在社区基础设施情况

单位：%

指　　标	全体居民	城镇居民	农村居民
进社区道路为水泥或柏油路面的户比重	95.6	99.4	92.1
社区内道路为水泥或柏油路面的户比重	93.7	98.7	89.0
通电的户比重	100.0	100.0	100.0
通电话的户比重	100.0	100.0	100.0
能接收有线电视信号的户比重	100.0	100.0	100.0
通宽带网的户比重	99.7	99.9	99.5
饮用水经过集中净化处理的户比重	85.3	97.6	73.8
开通了管道燃气的户比重	25.8	51.3	1.9
主要道路有路灯的户比重	86.8	98.9	75.6
垃圾能集中处理的户比重	93.1	100.0	86.6
有健身器材的户比重	74.4	91.6	58.3
有绿化园林景观设计的户比重	60.1	84.2	37.6

2. 社区基本公共服务情况。居民出行便利。2023 年，居民所在社区能便利地乘坐公共汽车的户比重达 75.2%；医疗资源扩容下沉。2023 年，居民所在社区有卫生站（室）的户比重达 89.3%；教育条件继续改善。2023 年，居民所在社区上幼儿园（学前班）便利或较便利的户比重和上小学便利或较便利的户比重分别达 93.8%和 94.4%；社区安全状况不断提高。2023 年，居民所在社区有专职安全保卫人员的户比重为 53.2%。

表 6　2023 年云南居民及分城乡居民所在社区基本公共服务情况

单位：%

指　　标	全体居民	城镇居民	农村居民
能便利地乘坐公共汽车的户比重	75.2	94.9	56.8
有卫生站（室）的户比重	89.3	84.0	94.2
上幼儿园（学前班）便利或较便利的户比重	93.8	100.0	88.1
上小学便利或较便利的户比重	94.4	99.0	90.1
有专职安全保卫人员的户比重	53.2	68.3	39.1

四、需关注的问题

（一）居民收入水平与全国平均水平差距拉大

2023 年云南居民收入水平与全国平均水平相差 10797 元，占全国平均水平的比重为 72.5％，较上年同期下降 0.5 个百分点，与全国平均水平的差距拉大。

（二）城乡居民收入结构有待优化

从 2023 年云南城乡居民四项收入结构与全国对比来看，云南城镇居民的工资性收入及转移净收入占比较高，经营和财产净收入的带动作用不足；农村居民收入来源相较略显单一，以经营净收入为主，尤以一产净收入中的农业收入为主导，这样的收入结构使得农村居民收入不甚稳定，在面临经济风险时增收更为脆弱。

五、相关建议

（一）继续落实稳岗政策，建立长效工资增长机制

一是进一步落实稳岗政策，继续强化减税降费、创业等的政策实施力度，帮助企业稳定生产和岗位，扩大就业渠道，加强产业升级和结构调整，加强产业链培育，推动数字经济发展，创造更多就业岗位，丰富居民就业选择；二是做好重点群体就业帮扶，针对高校毕业生、退役军人、农民工、失业人员等重点群体，加大就业帮扶和就业培训力度，积极推进农民工以工代赈，促进失业人员多渠道就业，扩大公益性岗位，重点帮助残疾人、零就业家庭成员等困难人员就业；三是继续深化企业工资分配制度改革，建立健全适应社会主义市场经济体制的企业工资分配制度，在充分发挥市场基础性作用的同时，加强政府对企业工资分配的规范、指导、调控和监管，提高职工工资收入水平，保障劳动者合法权益。

（二）助企纾困鼓励创业，推进经营收入全面增长

一是继续深化助企纾困措施，特别是中小微企业，为其提供政策、金融等支持，帮助企业尽快恢复活力，为居民经营保驾护航；二是鼓励居民积极创业，支持居民创业和经营活动，加大税收优惠、创业补贴等政策扶持力度，营造良好营商环境；三是加强农业生产技术指导、农资价格管控和农产品供应链体系建设，加强新型农业主体培育，建立农产品直销渠道，发展农村旅游，促进农业经营净收入增长。

（三）增加财产净收入，拓宽居民增收渠道

一是鼓励居民积极投资理财，改善投融资环境，合理引导居民通过股票、基金、债券等

金融产品获取收益;二是稳定房地产市场,确保居民的不动产收益;三是鼓励居民参与共享经济,通过分享闲置资源获得收益;四是规范企业市场经营环境,保护投资者特别是中小投资者的合法权益,为财产净收入的增长创造良好条件。

(四)完善社会保障体系,提高居民转移净收入

一是提高社会保障水平,扩大社会保障覆盖面,不断增加社会保障投入,提高最低生活保障标准、居民养老保险基础养老金转移支付、居民基本医疗保险赔付标准,完善失业、工伤、生育保险制度,加强住房、养老、救助等保障力度;二是加大财政转移支付力度,增加在民生领域的财政投入;三是完善农村社会体系建设,建立健全城乡融合发展机制,提高农村居民的社会保障水平,提高对农业生产等的补贴,确保社会保障作用充分发挥,居民增收有底气。

(五)进一步提振居民消费信心,释放消费潜力

一是优化消费环境,加强市场监管,保障消费者权益,降低消费风险,规范市场秩序,营造良好的消费环境;二是继续贯彻落实各项促消费政策举措,通过休闲旅游经济、购物节、发放消费券等各类活动激发居民消费潜力,提升居民娱乐、服务类消费水平;三是拓展消费领域,如旅游、文化、体育等,满足居民日益多样化的消费需求;四是鼓励农村消费市场的发展,建立完善农村消费设施和场景,提高农村居民的消费水平。

(执笔人:李璐宇)

2023 年西藏居民收支与生活状况报告

2023 年是全面贯彻党的二十大精神的开局之年，西藏自治区党委政府坚持以习近平新时代中国特色社会主义思想为指导，深入贯彻习近平总书记关于西藏工作的重要指示和新时代党的治藏方略，聚焦“四件大事”聚力“四个创建”，着力推动高质量发展，始终关切发展所需、群众所盼，全区经济运行持续稳中向好，社会大局和谐稳定，民生福祉持续增加，为西藏居民收入增长和生活改善奠定了坚实基础。

一、经济运行总体平稳

2023 年，全区经济运行稳中有进，进中向好。实现地区生产总值（GDP）2392.67 亿元，按可比价计算，比上年增长 9.5%。其中，第一产业增加值 215.01 亿元，增长 14.9%；第二产业增加值 882.97 亿元，增长 7.7%；第三产业增加值 1294.69 亿元，增长 9.9%。人均地区生产总值 65642 元，增长 9.7%。

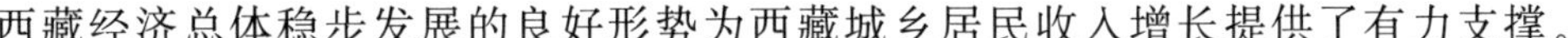

西藏经济总体稳步发展的良好形势为西藏城乡居民收入增长提供了有力支撑。

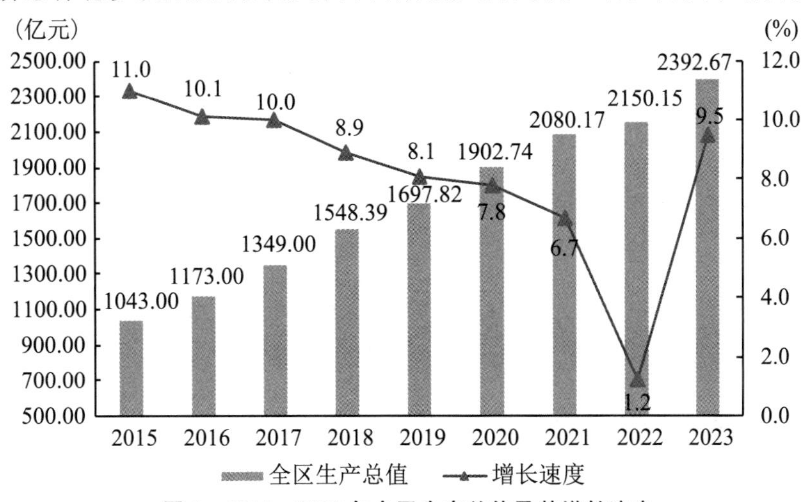

图 1　2015—2023 年全区生产总值及其增长速度

二、居民人均可支配收入稳步增长

2023 年，西藏全体居民人均可支配收入 28983 元，同比增加 2309 元，增长 8.7%，增速比上年加快 1.8 个百分点，高出全国平均水平 2.4 个百分点；城镇居民人均可支配收入 51900 元，增长 6.5%，高出全国平均水平 1.4 个百分点；农村居民人均可支配收入 19924 元，增长 9.4%，高出全国平均水平 1.7 个百分点。2023 年，在全国 31 个省（自治区、直辖市）中，西藏全体居民人均可支配收入、城镇居民人均可支配收入和农村居民人均可支配收入增速均列全国第一。

表 1　2023 年西藏全体居民人均可支配收入

指　　标	2023 年（元）	2022 年（元）	比上年增减（元）	增幅（%）
可支配收入	28983	26675	2309	8.7
工资性收入	15832	14793	1039	7.0
经营净收入	6531	6040	491	8.1
财产净收入	1801	1642	159	9.7
转移净收入	4820	4201	619	14.7

（一）农村居民收入增长快于城镇，城乡居民收入倍差继续缩小

城镇居民人均可支配收入 51900 元，农村居民人均可支配收入 19924 元，全区城乡居民收入倍差为 2.60，较上年同期缩小 0.08。

（二）就业渠道持续拓宽，收入水平不断提高

工资性收入是西藏居民主要收入来源，2023 年西藏全体居民人均工资性收入 15832 元，占可支配收入的 54.6%，增长 7.0%，拉动可支配收入 3.9 个百分点。2023 年，西藏经济加快恢复、回升向好，全区各级党委政府狠抓各项政策、措施的落实，积极实施就业优先政策，通过组织输出、产业带动、项目吸纳、基地稳定、品牌引领等方式，不断拓宽居民就业渠道，提升就业质量，居民就业机会增加，劳务收入水平提高，保障了全区居民工资性收入的稳步增长。

（三）市场主体稳步增长，经营形势不断改善

2023 年西藏全体居民人均经营净收入 6531 元，增长 8.1%，占总收入比重 22.5%，拉动全体居民人均可支配收入增长 1.8 个百分点。2023 年，西藏各级党委政府加大对市场经

营主体的扶持力度，着力优化营商环境，不断激发市场主体活力。各级政府围绕汽车、家电、家居、餐饮等重点消费领域，实施“幸福西藏 · 悦享消费”提振消费专项行动。举办“2023 年中国农民丰收节暨曲松县农产品展销会”等市（地）、县（区、市）农畜产品交易会、展销会 33 个，实现高原特色农畜产品销售额超过 4.56 亿元。联合西藏京东朝禾贸易有限公司（京东 APP）举办第五届双品网购节暨第二届西藏好物节及双十一大促暨第二届藏品网上行线上消费促进活动，直接拉动线上消费 1.15 亿元。恢复本地游消费券发放，继续执行旅游服务质量保证金暂退和缓缴政策，继续执行区内航空票价优惠政策。旅游总收入增长 57.3%，社会消费品零售总额增长 21.1%。市场主体稳步增长，旅游市场加快复苏，带动消费品市场快速恢复，良好的经营形势为西藏居民经营净收入稳步增长提供了强大动力。

（四）投资渠道逐渐丰富，家庭财富不断积累

2023 年西藏全体居民人均财产净收入 1801 元，增长 9.7%，占总收入比重 6.2%，拉动全体居民人均可支配收入增长 0.6 个百分点。2023 年，全区金融稳健运行，全区金融机构人民币存款余额 6444.9 亿元，增长 1.4%。由于近几年西藏居民工资性收入、经营净收入和转移净收入的持续增长，家庭财富不断积累，投资渠道增加，居民利息、红利以及出租房屋收入、转让承包土地经营权收入等均有不同程度的增长，从而促进西藏居民财产净收入较快增长。

（五）民生政策落实落地，社会保障不断改善

2023 年西藏全体居民人均转移净收入 4820 元，增长 14.7%，占总收入比重 16.6%，拉动全体居民人均可支配收入增长 2.3 个百分点。近年来，自治区党委政府一直聚焦群众关切，不断提高各项强农惠农政策标准，持续提升社会救助兜底保障水平，切实筑牢基本民生的保障基础。2023 年，西藏城乡居民基本养老保险基础养老金标准、城乡居民最低生活保障补助标准、城乡分散供养特困人员基本生活补助标准相继提高；残疾人生活补贴和护理补贴、高龄老人健康补贴等全面落实到位；尤其是加强落实财政支农资金，保障化肥、农药采购、农机购置与应用和牲畜出售补贴等，一系列兜底保障政策的提标扩面和惠农强农政策的深入落实，有力保障了西藏居民转移净收入保持快速增长。

三、城乡居民消费支出持续增长，结构更加优化

2023 年西藏全体居民人均消费支出 17220 元，增长 8.4%。消费结构进一步优化，居民生活设施逐渐完善，生活质量不断提高，居民的幸福感、获得感和安全感得到进一步提

升。八大类消费结构如表 2 所示：

表 2　2023 年西藏全体居民消费情况

指　　标	2023 年（元）	2022 年（元）	比上年增减（元）	增幅（%）
生活消费支出	17220	15886	1335	8.4
食品烟酒	6406	5747	659	11.5
衣着	1445	1305	140	10.7
居住	3543	3321	222	6.7
生活用品及服务	1188	1092	96	8.7
交通通信	2460	2520	－60	－2.4
教育文化娱乐	913	793	120	15.2
医疗保健	838	726	112	15.4
其他用品及服务	427	381	46	12.1

（一）吃得越来越精细

西藏全体居民人均食品烟酒支出 6406 元，同比增长 11.5%，占人均生活消费支出的比重为 37.2%，拉动增长 4.1 个百分点。随着生活水平的提高，西藏居民饮食结构逐步优化，吃好、吃精，注重营养的倾向越来越明显。食品消费从传统温饱型消费向追求营养、健康的高质量方向转变。

（二）穿着越来越靓丽

西藏全体居民人均衣着支出 1445 元，同比增长 10.7%，占人均生活消费支出的比重为 8.4%，拉动增长 0.9 个百分点。西藏居民衣着消费呈现出个性化的倾向，讲究穿着的款式、花色和质量，开始崇尚自然、休闲、舒适、时尚。衣着消费从防寒保暖逐步走向追求品牌和时尚。

（三）居住越来越安逸

西藏全体居民人均居住支出 3543 元，同比增长 6.7%，占人均生活消费支出的比重为 20.6%，拉动增长 1.4 个百分点。西藏居民居住条件不断改善，居住品质不断提升。尤其是农牧民“安居工程”“扶贫搬迁”等项目的实施使农牧民居住条件得到了很大改观，不仅增加了居住面积，而且房屋结构也由原来的土木结构逐步转变为石木、砖木和钢筋混凝土结构。

(四)消费品越来越丰富

西藏全体居民人均生活用品及服务支出 1188 元,同比增长 8.7%,占人均生活消费支出的比重为 6.9%,拉动增长 0.6 个百分点。随着西藏各项基础设施建设的加快以及居民生活水平的不断提高,生活用品应有尽有,生活质量不断改善。

(五)交通通信越来越便捷

西藏全体居民人均交通通信支出 2460 元,同比下降 2.4%,占人均生活消费支出的比重为 14.3%。随着西藏基础设施建设步伐的加快,交通通讯基础条件大大改善,现代交通工具不断向农牧区延伸,固定电话和移动电话也被广泛使用,极大地方便了西藏居民的出行和联络。

(六)文化氛围越来越浓厚

西藏全体居民人均教育文化娱乐支出 913 元,同比增长 15.2%,占人均生活消费支出的比重为 5.3%,拉动增长 0.8 个百分点。随着社会进步,西藏居民文化生活日益丰富多彩,对精神生活的追求不断增强,全民参与健身娱乐的氛围越发浓厚,学知识、学技术越来越受到关注,对文化教育的投入增多,助推教育文化娱乐支出的增长。

(七)身心健康越来越在意

西藏全体居民人均医疗保健支出 838 元,同比增长 15.4%,占人均生活消费支出的比重为 4.9%,拉动增长 0.7 个百分点。生活水平的不断提高,西藏居民开始更多地关注自己的身心健康。随着以免费医疗为基础的新型合作医疗制度的建立,居民自身的医疗保健意识逐渐增强。加之西藏各级政府不断提高城乡居民基本医保待遇,助推居民医疗保健支出快速增长。

四、政策建议

(一)稳固就业基石,提高工资收入增长

一是全面巩固全区经济良好的发展态势,加快融入新发展格局,推动高原经济高质量发展,为收入增长奠定良好外部环境。二是继续积极实施各项减负稳岗就业政策,不断拓宽就业创业渠道,加强就业技能培训,创造更多灵活的就业岗位,保障就业局势稳中向好。三是精准搭建就业资源对接数字化平台,推动求职者与企业用工需求高效对接,提升人力资源配置效率。四是进一步深入推进重点群体就业帮扶力度,针对高校毕业生、就业困难人员等实现动态跟踪帮扶,推动零就业家庭动态清零。五是完善工资制度,建立健全工资增长长效机制，用好最低工资标准指导线，多措并举促进工资性收入稳步提高。

（二）激活市场主体，助力经营收入增长

一是继续落实减税降费、减租降息政策，降低创业门槛，鼓励城镇居民、失业人员、高校毕业生等群体创业兴业。二是拓宽融资渠道，加强市场监管，科学引导企业规范经营并持续健康发展。三是通过扩大内需带动经营增长，注重供给端发力，不断改善城乡消费环境、完善消费服务体系，同时充分发挥西藏自然人文优势，挖掘丰富的文化旅游资源，为人民群众提供更优质的文娱服务。

（三）创新增收动力，推动财产收入增长

一是加强对金融机构的监管力度，创新开发新型金融产品，同时加强宣传正确投资理念，引导居民转换观念，利用闲置资产合理投资。二是调控保持房屋交易价格相对稳定，规范发展房屋租赁市场，充分盘活居民现有资金、资产，多渠道增加居民财产净收入。

（四）完善社保体系，促进转移收入增长

一是落实城乡居民基本养老保险待遇和基础养老金正常调整机制，按规定做好退休人员养老金调整工作，做到早预算、早核定、早拨付、早到位，确保待遇足额、按时、准确发放到位。二是落实落细各项政策性补贴。深化落实《关于稳经济若干临时性措施》《关于稳住经济一揽子政策措施》等政策，按时足额兑现政府补贴。落实好村干部报酬、双联户长、边民、护边员、生态岗位、草原生态保护、牲畜良种、城镇住房保障家庭租赁等政策性补贴。三是做好民生兜底工作，积极为失业人员、城市低保户、特困户、残疾人等特困群体提供社会救助、社会保障等服务，保证各类兜底保障资金及时足额发放到保障对象。四是完善医疗救助、住房援助、上学援助、应急援助、社会互助等一系列制度，确保居民各类急难愁盼问题及时得到政策救助解决。通过各类转移支付资金的拨付，不断提高转移性收入水平。

（执笔人：李林轩）

2023年陕西居民收支与生活状况报告

2023年，是全面贯彻党的二十大精神的开局之年，是疫情防控转段后经济恢复发展的第一年，陕西省委省政府坚持以习近平新时代中国特色社会主义思想为指导，坚持稳中求进工作总基调，完整、准确、全面贯彻新发展理念，保障和改善民生投入不断加大，居民收入平稳增长，生活消费增速快于收入，生活质量不断改善。

一、居民收入稳步增长

2023年，陕西居民人均可支配收入32128元，低于全国平均收入7090元，相当于全国平均收入的81.9%，同比名义增长6.7%，高于全国平均增速0.4个百分点，增速排名全国第7位。扣除价格因素，实际增长6.6%，高于全国平均增速0.5个百分点。

（一）城乡居民收入持续增长

分城乡看，城镇居民人均可支配收入44713元，同比增长5.4%，增速高于全国0.3个百分点，增速排名全国第11位；扣除价格因素，实际增长5.3%。农村居民人均可支配收入16992元，同比增长8.2%，增速高于全国0.5个百分点，增速排名全国第5位；扣除价格因素，实际增长8.0%。

（二）四项收入全面增长

2023年，陕西居民人均工资性收入17302元，同比增加1249元，增长7.8%，占可支配收入的比重为53.9%；人均经营净收入4127元，同比增加231元，增长5.9%，占可支配收入的比重为12.8%；人均财产净收入1978元，同比增加54元，增长2.8%，占可支配收入的比重为6.2%；人均转移净收入8720元，同比增加478元，增长5.8%，占可支配收入的比重为27.1%。

（三）城乡收入差距缩小

陕西城乡居民收入比进一步缩小，2023年农村居民人均可支配收入增速快于城镇2.8

个百分点，城乡收入比为2.63:1，较上年同期缩小0.07。

二、城乡居民收入增长特点

（一）城镇居民收入平稳增长

2023年，陕西城镇居民人均可支配收入44713元，同比增加2282元，同比名义增长5.4%；扣除价格因素，实际增长5.3%，高于全国平均增速0.5个百分点。陕西城镇居民收入水平在全国31个省（区、市）从高到低排名居第18位，在西部十二省中居第5位，在西北五省中居首位。

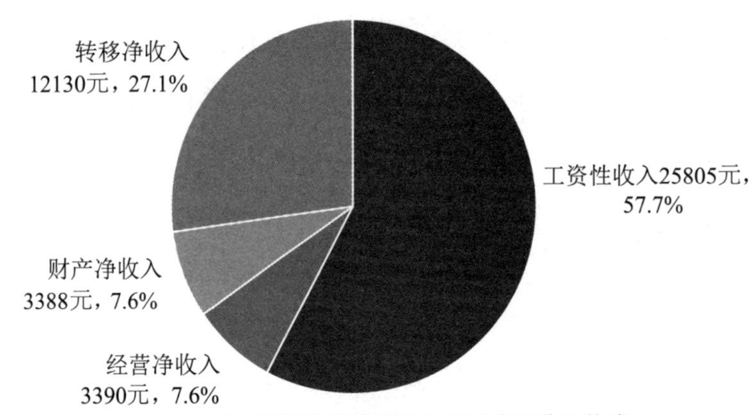

图1　2023年陕西城镇居民人均可支配收入构成

表1　2023年陕西城镇居民人均可支配收入情况表

指标名称	本年（元）	上年（元）	增加（元）	增幅（%）	占比（%）	贡献率（%）	拉动（%）
可支配收入	44713	42431	2282	5.4	100.0	100.0	5.4
工资性收入	25805	24219	1585	6.5	57.7	69.5	3.7
经营净收入	3390	3207	184	5.7	7.6	8.1	0.4
财产净收入	3388	3348	40	1.2	7.6	1.7	0.1
转移净收入	12130	11657	473	4.1	27.1	20.7	1.1

注：部分数据因四舍五入，存在总计与分项合计不等的情况

1.工资性收入发挥“压舱石”作用。2023年，城镇居民人均工资性收入25805元，同比增加1585元，增长6.5%。工资性收入对人均可支配收入增长的贡献率达69.5%，拉动收入增长3.7个百分点，工资性收入“压舱石”作用稳定发挥。工资性收入增长的主要原因：一是陕西多项稳经济保就业政策落地见效，助企纾困政策面不断扩大，拓宽重点群体就业

及治理欠薪成效显现，重点项目开工等带动就业形势持续向好，城镇新增就业人数 43.11 万人。二是陕西最低工资标准提高、企业工资指导基准线提升及本地务工工价上涨等因素，带动工资性收入增长。

2.经营净收入稳步增长。2023 年，城镇居民人均经营净收入 3390 元，同比增加 184 元，增长 5.7%。经营净收入对人均可支配收入增长的贡献率为 8.1%，拉动收入增长 0.4 个百分点。经营净收入增长的主要原因：一是消费市场全面复苏，全省各市相继推出形式多样的促消费活动，线上、线下销售市场共同繁荣，规模以上服务业营业收入同比增长 10.3%，利润总额增长 37.4%。二是文旅产业火爆带动相关服务业营收明显增长。三是新登记民营经济经营主体数量增长，减税降费及退税缓费政策成效逐步显现，政商环境不断优化。

3.财产净收入平稳放缓。2023 年，城镇居民人均财产净收入 3388 元，同比增加 40 元，增长 1.2%。财产净收入对人均可支配收入增长的贡献率为 1.7%，拉动收入增长 0.1 个百分点。财产性收入小幅增长的主要原因：一是新房房价保持上涨，1—12 月西安新建商品住宅销售价格同比均保持正增长，租房市场较为活跃，居民房租收入保持增长。二是受存款利率下调影响，居民利息收入减少，加之理财观念趋于保守，高收益风险投资趋于谨慎。

4.转移净收入平稳增长。2023 年，城镇居民人均转移净收入 12130 元，同比增加 473 元，增长 4.1%。转移净收入对人均可支配收入增长的贡献率达 20.7%，拉动收入增长 1.1 个百分点，是继工资性收入之外拉动收入增长的第二主力。转移净收入增长的主要原因：一是离退休人员基本养老金待遇及城乡基础养老金标准提高，且高龄人数逐年增加。二是外出从业人员寄回带回收入增加。三是社会保障提标扩面。如失业保险金标准平均增加 180 元；城乡低保和特困供养人员保障金标准提高；产前检查费用一次性补贴标准上涨 1500 元，计划生育奖励扶助、特别扶助人数增加；城乡居民基本医疗保险报销金额增加；工伤保险待遇标准提高等，民生保障有力有效。

（二）农村居民收入较快增长

2023 年，陕西农村居民人均可支配收入 16992 元，同比增加 1287 元，名义增长 8.2%；扣除价格因素，实际增长 8.0%，高于全国平均增速 0.4 个百分点。陕西农村居民收入水平在全国 31 个省（区、市）从高到低排名居第 27 位，在西部十二省中居第 8 位，在西北五省中居中位。

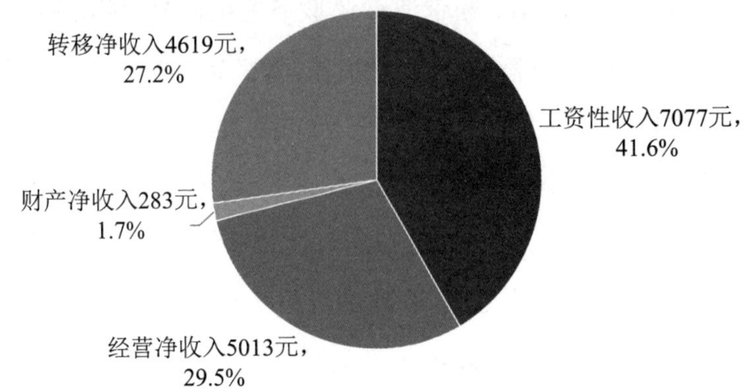

图 2　2023 年陕西农村居民人均可支配收入构成

表 2　2023 年陕西农村居民人均可支配收入情况表

指标名称	本年（元）	上年（元）	增幅（%）	占比（%）	贡献率（%）	拉动（%）
可支配收入	16992	15704	8.2	100.0	100.0	8.2
工资性收入	7077	6497	8.9	41.6	45.0	3.7
经营净收入	5013	4702	6.6	29.5	24.2	2.0
财产净收入	283	259	9.2	1.7	1.9	0.2
转移净收入	4619	4246	8.8	27.2	29.0	2.4

注：部分数据因四舍五入，存在总计与分项合计不等的情况

1. 工资性收入增长 8.9%。2023 年，农村居民人均工资性收入 7077 元，同比增加 579 元，增长 8.9%，对收入增长的贡献率为 45.0%，拉动收入增长 3.7 个百分点。工资性收入增长的主要原因：一是陕西积极组织开展多渠道、多领域就业帮扶活动，农村劳动力转移就业人数增长。2023 年农民工总量 809.8 万人，同比增加 18.7 万人，增长 2.4%。二是新冠疫情后经济环境好转，各行业务工需求增加，务工工资上涨。2023 年外出农民工月均收入增长 6.1%；本地农民工月均收入增长 7.4%。

2. 经营净收入增长 6.6%。2023 年，农村居民人均经营净收入 5013 元，同比增加 311 元，增长 6.6%，对收入增长的贡献率为 24.2%，拉动收入增长 2.0 个百分点。经营净收入增长的主要原因：一是苹果价格上涨明显，产销两旺，果农收益提高。二是全年粮食喜获丰收。粮食总产量创历史新高带动居民增收。

3. 财产净收入增长 9.2%。2023 年，农村居民人均财产净收入 283 元，同比增加 24 元，增长 9.2%，对收入增长的贡献率为 1.9%，拉动收入增长 0.2 个百分点。财产净收入增长的主要原因：一是陕西各地持续实施农村集体经济“消薄培强”行动，村民集体分红增长。二是农村土地流转市场活跃，推动土地流转收入上涨。

4.转移净收入增长8.8%。2023年，农村居民人均转移净收入4619元，同比增加373元，增长8.8%，对收入增长的贡献率为29.0%，拉动收入增长2.4个百分点。转移净收入增长的主要原因：一是居民养老金标准提高。二是城乡低保标准分别提高5%和11%。三是强农惠农政策落实到位为农村居民增收提供有力支撑。

三、居民生活消费快速增长

2023年，陕西省委省政府印发《陕西省促进消费增长若干措施》，从推动商品消费升级、培育消费新业态新模式等8个方面出台23项举措激发消费活力，加上疫情后出现报复性消费现象，居民人均生活消费22012元，同比增长10.9%，其中，城乡居民人均生活消费分别增长10.2%和11.0%。

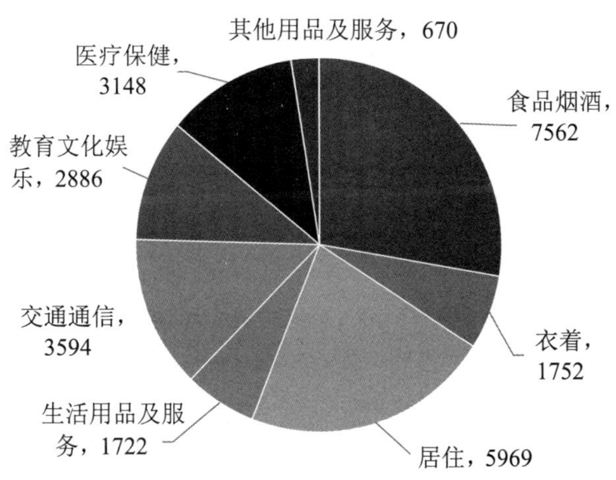

图3　2023年陕西城镇居民人均生活消费构成(元)

(一)城镇居民生活消费持续恢复

2023年，陕西城镇居民人均生活消费27303元，同比增加2538元，增长10.2%，消费支出持续恢复。与全国相比，低于全国平均水平5691元，增速高于全国平均水平1.6个百分点，在全国31个省(区、市)中居第11位。

表 3　2023 年陕西城镇居民人均生活消费情况表

指　　标	本年（元）	上年（元）	增加（元）	占比（%）	增幅（%）
生活消费支出	27303	24766	2538	100.0	10.2
食品烟酒	7562	6796	766	27.7	11.3
衣着	1752	1554	197	6.4	12.7
居住	5969	5701	268	21.9	4.7
生活用品及服务	1722	1638	83	6.3	5.1
交通通信	3594	3031	563	13.2	18.6
教育文化娱乐	2886	2566	320	10.6	12.5
医疗保健	3148	2832	315	11.5	11.1
其他用品及服务	670	646	24	2.5	3.8

注:部分数据因四舍五入,存在总计与分项合计不等的情况

1. 八大类消费全面上涨,交通通信上涨最多。城镇居民八大类生活消费呈现全面上涨态势。其中,交通通信、衣着、教育文化娱乐消费增幅位列前三,分别增长 18.6%、12.7%、12.5%。2023 年消费市场重启复苏,居民外出旅游、购物休闲等接触式消费呈恢复性增长,交通通信品类叠加低基期影响同比增幅最高。衣着品类消费在行业弱复苏背景下增速弹性较大,加之应季添置服装的需求影响,衣着消费增长较快。线下活动恢复后,居民文化娱乐性消费意愿增强,娱乐活动丰富多样,文化娱乐消费快速增长。

2. 服务性消费加快修复,消费场景不断拓展。2023 年,绿色消费、健康消费、文旅消费等消费新业态涌现,个性化、体验性、服务性消费成新的消费增长点,带动服务性消费支出较快增长。城镇居民人均服务性消费 12757 元,同比增长 15.0%,增速高于城镇居民人均生活消费 4.8 个百分点,服务性消费占居民生活消费比重为 46.7%。

(二)农村居民生活消费支出加快回暖

2023 年,陕西农村居民人均生活消费 15647 元,同比增加 1553 元,增长 11.0%,比去年同期加快 3.9%。与全国相比,低于全国平均水平 2528 元,增速高于全国平均水平 1.7 个百分点,在全国 31 个省(区、市)中居第 14 位。

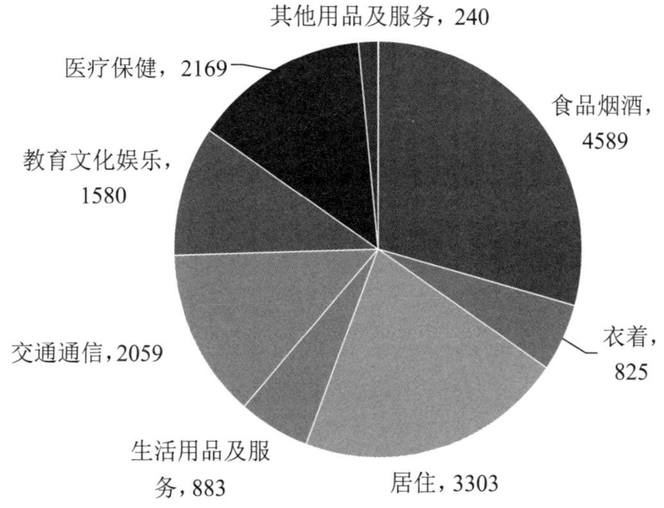

图 4 2023 年陕西农村居民人均生活消费构成(元)

表 4 2023 年陕西农村居民人均生活消费情况表

指 标	本年(元)	上年(元)	增加(元)	占比(%)	增幅(%)
生活消费支出	15647	14094	1553	100.0	11.0
食品烟酒	4589	4188	400	29.3	9.6
衣着	825	723	102	5.3	14.1
居住	3303	3149	154	21.1	4.9
生活用品及服务	883	806	77	5.6	9.5
交通通信	2059	1783	276	13.2	15.5
教育文化娱乐	1580	1340	240	10.1	17.9
医疗保健	2169	1895	275	13.9	14.5
其他用品及服务	240	211	29	1.5	13.7

1. 基础类消费平稳增长。2023 年,农村居民用于“衣食住行”等基础生存型消费保持平稳增长,人均衣着增长 14.1%、食品烟酒增长 9.6%、居住增长 4.9%、交通通信增长 15.5%,这四项基本民生消费占农村居民生活消费的 68.9%,增长 9.5%。

2. 教育文化娱乐消费快速增长。2023 年,农村居民教育文化娱乐消费同比增长 17.9%,增速居八大类消费之首。一是随着农村居民收入水平不断提升,对教育文化娱乐消费需求增加。二是随着经济社会全面恢复常态化运行,线下消费场景全面拓展,旅游、演出等文化娱乐活动迅速恢复,相关消费增加,文化娱乐支出快速增长。

四、居民生活状况

(一)居住条件不断改善

2023 年陕西居民人均住房建筑面积 44.5㎡,其中,城镇居民人均住房建筑面积 42.8㎡;农村居民人均住房建筑面积 46.5㎡。城镇居民居住在单栋楼房、单栋平房及单元房的户比重为 97.8%,农村为 94.6%。

从主要饮用水源看,使用经过净化处理的自来水和的受保护的井水和泉水户比重为 99.4%。

从住宅卫生设施看,住宅内有水冲式卫生厕所(包括冲入下水道、化粪池、沼气池及防渗厕坑等形式)的户比重为 76.4%。具备洗澡设施的户比重 84.8%。

(二)耐用消费品不断更新

随着耐用消费品更新换代加快和居民购买力不断提升,城乡居民家庭耐用消费品拥有量不断增多,农村居民家庭耐用消费品更新迭代趋势更为明显。

家用汽车拥有量快速增加。2023 年,居民家庭平均每百户汽车拥有量 45.2 辆。其中,城乡居民平均每百户汽车拥有量分别为 50.6 辆和 38.3 辆。

普通家电趋于饱和。2023 年,居民家庭平均每百户拥有彩色电视机 99.8 台,空调 113.9 台,洗衣机 98.6 台,电冰箱(柜)97.7 台,热水器 76.8 台,主要家用电器趋于饱和。

移动电话拥有量最高。陕西居民家庭平均每百户移动电话拥有量达到 253.4 部,是陕西居民拥有量最高的耐用消费品。

农村居民家庭家电升级换代加快。2023 年,农村居民家庭平均每百户拥有地面清洁电器、洗碗机、健身器材等耐用消费品增长速度均快于城镇。

(三)基础设施持续改善

2023 年,陕西在社区(村)通公路、通电、通电话、通有线电视基本全面实现的基础上,其他基础设施不断完善,尤其农村居民所在村(社区)基础设施改善尤为明显。

城镇居民所在社区饮用水经过集中处理的比重 99.5%;开通了管道燃气的比重 82.5%;有市政或小区集中供暖的比重 55.1%;上幼儿园(学前班)便利的户比重 99.8%;上小学便利或较便利的户比重 99.2%。

农村居民所在村进村道路为水泥或柏油路面的比重 98.9%;主要道路有路灯的比重 98.7%;饮用水经过集中处理的比重 98.6%;开通了管道燃气的比重 22.1%;垃圾能集中

处理的比重 99.3%；有健身器材的比重 99.1%；有卫生站（室）的比重 100%；上幼儿园（学前班）便利的户比重 81.2%；上小学便利或较便利的户比重 80.2%。所在村有政府组织的文化服务的比重 94.1%。

五、几点建议

2023 年，国际国内环境严峻复杂，国内经济修复压力较大，随着扩内需、提信心、防风险等系列政策措施显效发力，经济基本面平稳向好，但居民持续增收及提振消费信心仍需多方发力。

（一）把握政策扩内需，高质量发展促增收

按照中央经济工作会议决策部署，坚持稳中求进、以进促稳、先立后破，持续巩固和增强经济回升向好态势，持续抓好稳增长、促就业等居民增收措施。一是强化政策储备，建立健全促增收政策体系，紧抓狠抓政策利好及时兑现。二是坚持高质量发展，不断优化营商环境，用好货币政策和财政政策工具，缓解企业经营及投资压力，助力企业降本增效。三是把握新政，助力地产与基建投资，着力实施“三大工程”，做好建设接力与政策承接。通过政策引导，激发市场内生动力，改善市场预期，创造更多就业岗位，为居民增收奠定良好经济基础。

（二）拓宽增收渠道，优化居民收入结构

促进居民收入由分化式增长向平衡式增长转变。一是多管齐下，稳房价稳预期，打通居民财产性收入的增收渠道，促进由地产投资获利转向金融资产配置获利，同时加强金融市场监管，完善多元化金融服务体系，保障居民金融收益权益。二是做好“蛋糕”再分配，通过税改或优惠等政策扶持，改善居民内部收入结构，重点提升中低收入群体收入水平。三是进一步完善社会保障制度，降低居民医疗、养老、教育、住房等成本，降低消费顾虑，提升转移净收入。

（三）适应消费新需求，扩容提质消费市场

提振居民消费信心，释放消费潜能。一是做好重要民生商品保供稳价，加强市场监管，提高商品、服务的品质和安全性，提高价格调控能力，营造良好消费环境，稳定和扩大必需消费品消费水平。二是积极对接升级类商品需求，提振新能源汽车、电子产品等大宗消费，积极培育智能家居、文娱旅游、体育赛事、国货“潮品”等新消费增长点，助力新业态、新行业特色品牌和集群发展。三是发挥陕西文旅消费优势，充分应用网络平台进行宣传推广助力网购平台、直播带货等消费新模式。四是适当进行政策倾斜。为失业青年群体提供阶段性消费补贴,或向低收入群体适时适量发放消费券,释放多层次消费需求。

（执笔人:李晓利）

2023年甘肃居民收支与生活状况报告

2023年是三年新冠疫情防控转段后经济恢复发展的一年，甘肃全省上下深入贯彻党的二十大精神，大力实施“四强”行动，做深做实“五量”文章，着力推动高质量发展，经济运行呈现稳中向好、进中提质、效速兼具的良好态势，民生政策效果显现，城乡居民收入稳步增长，居民消费恢复明显。

一、居民收入稳步增长

2023年，甘肃居民人均可支配收入25011元，较上年同期增加1738元，同比增长7.5%。分城乡看，城镇居民人均可支配收入39833元，较上年同期增加2260元，增长6.0%；农村居民人均可支配收入13131元，较上年同期增加966元，增长7.9%。

(一)增速快于全国平均

2023年全国城乡居民人均可支配收入分别为51821元和21691元，分别增长5.1%和7.7%。甘肃城乡居民收入增速分别高于全国平均水平0.9、0.2个百分点，在全国31个省(区、市)中排名第4位和第14位，增速排名较2022年分别上升14位和4位。

(二)收入结构优化调整

2023年甘肃城乡居民收入结构持续优化调整。城镇居民工资性收入仍是收入的重要组成部分，占城镇居民人均可支配收入的比重达68.1%，比上年同期提高1.0个百分点；经营净收入占7.1%，下降0.2个百分点，财产净收入占7.5%，比上年下降0.4个百分点；转移净收入占17.3%，比上年减少0.4个百分点。

农村居民工资性收入由2022年的28.8%增长到2023年的29.6%，增长0.8个百分点，比重进一步提高；经营净收入由2022年的44.7%减少到2023年的43.0%，下降1.7个百分点；财产净收入微增，由2022年的1.3%增长到2023年的1.4%，增长0.1个百分点；转移净收入由2022年的25.2%提高到2023年的26.0%，增长0.8个百分点。

(三)城乡差距进一步缩小

2023年甘肃农村居民人均可支配收入增速快于城镇居民1.9个百分点,城乡居民人均可支配收入之比为3.03,比上年同期缩小0.06,收入差距差距进一步缩小。

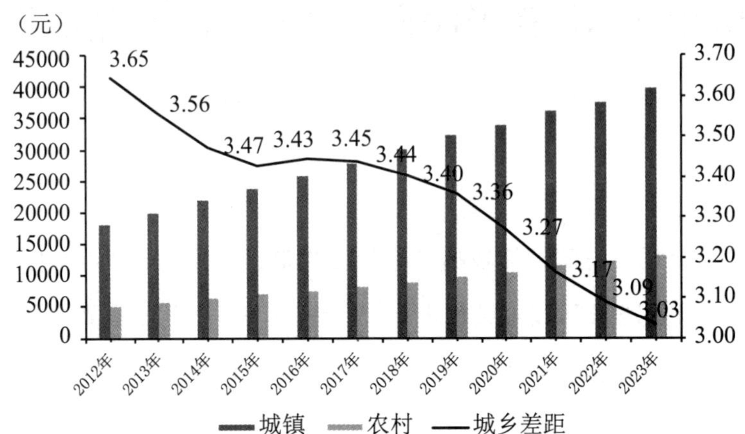

图1　2012—2023年甘肃分城乡居民人均可支配收入及城乡收入比(以农村为1)

二、城乡居民收入来源及影响因素

2023年甘肃各级党委政府以保障和改善民生为重点,多点发力,大力开辟居民增收新途径,城乡居民四项收入全面增长。

表1　2023年甘肃城乡居民人均可支配收入及构成表

指　　标	绝对值(元)		增速(%)		比重(%)		拉动增速(%)		贡献率(%)	
	城镇	农村	城镇	农村	城镇	农村	城镇	农村	城镇	农村
可支配收入	39833	13131	6.0	7.9	100.0	100.0	6.0	7.9	100.0	100.0
工资性收入	27141	3893	7.6	11.3	68.1	29.6	5.1	3.2	84.8	40.9
经营净收入	2810	5642	2.6	3.8	7.1	43.0	0.2	1.7	3.2	21.3
财产净收入	3001	180	1.7	11.7	7.5	1.4	0.1	0.2	2.3	1.9
转移净收入	6880	3417	3.3	11.3	17.3	26.0	0.6	2.8	9.7	35.8

(一)工资性收入增长较快,是增收基础支撑

2023年城镇居民人均工资性收入27141元,同比增长7.6%,是城镇居民收入的主要来源,占可支配收入的68.1%,对收入增长的贡献率为84.8%,在四项收入中增速最快,呈领跑态势。一方面,全省经济回升向好,就业形势总体稳定,居民就业机会增多,从业时间增加,保障了城镇居民工资性收入增加。另一方面,甘肃各地积极落实机关事业单位津贴

补贴等相关增资政策，健全企业薪酬激励约束机制，为城镇居民工资性收入增长提供有力保障。

2023年农村居民人均工资性收入3893元，同比增长11.3%，对收入增长的贡献率达40.9%，贡献最大。甘肃深入实施就业优先战略，全力以赴做好稳就业工作，持续释放就业政策红利，加大对农村劳动力特别是脱贫人口的稳岗就业帮扶，吸纳群众就地就近就业，加强乡村公益性岗位和生态护林员管理，扶持多渠道灵活就业，大力培育劳务品牌，严格落实保障农民工工资支付等制度，有力促进了农村劳动力就业增收。

（二）经营净收入持续增长，是增收重要动力

2023年城镇居民人均经营净收入2810元，增长2.6%，占7.1%，贡献率3.2%。随着疫情防控较快平稳转段，甘肃持续优化营商环境，加力推进民营经济发展，持续推进延链补链强链，大力开展"引大引强引头部"，推动县域经济和园区发展整体跃升，加快推动文化旅游强省建设，经济持续向好的因素不断积累，经营状况持续向好，尤其交通出行、住宿餐饮、批发零售等行业有序恢复，旅游和消费市场快速升温，带动经营收入持续增长。

2023年农村居民人均经营净收入5642元，增长3.8%，占43.0%，是农村居民收入的主要来源，贡献率21.3%。甘肃省委省政府全面落实粮食安全党政同责，藏粮于地、藏粮于技，积极主动抗灾减灾、"旱口夺粮"，全年粮食生产再获丰收，总产量达1272.9万吨，比上年增加7.9万吨。聚焦"土特产"，做足"农头工尾、粮头食尾、畜头肉尾"文章，大力发展"牛羊菜果蔬药"六大产业和区域性优势产业，擦亮农业"绿色"底色，"甘味"品牌日益凸显，推动乡村产业提质增效。

（三）财产净收入平稳增长，是增收有力补充

2023年城镇居民人均财产净收入3001元，增长1.7%，占7.5%，贡献率2.3%。随着经济持续好转，人员流动性不断增强，居民出租房屋收入增加，为财产收入增长提供了有力支撑，但受楼市持续疲软，银行存款利率下调等因素影响，财产净收入增速有所放缓。

2023年农村居民人均财产净收入180元，增长11.7%，贡献率仅1.9%。其中，人均集体分配的红利增长26.1%，人均转让承包土地经营权租金净收入增长11.0%。甘肃积极实施村级集体经济倍增计划和农村集体资产监管提质增效行动，鼓励引导各地开展村集体收益分红，加强到户产业扶持资金使用管理，通过项目扶持引导经营主体流转土地，全力打造集体经济"新引擎"，不断激活"强村富民"的内生动力，带动集体分配的红利和转让承包土地经营权租金净收入较快增长。

(四)转移净收入稳中有进,是增收重要来源

2023 年城镇居民人均转移净收入 6880 元,增长 3.3%,占 17.3%,贡献率 9.7%,对增收起到重要支撑作用。甘肃各地继续加大基本民生兜底力度,各项惠民政策落地见效,养老金、最低生活保障标准提高,医疗报销、失业保险、工商保险省级统筹力度加大,职工基本医疗保险门诊共济保障机制出台等,进一步助推转移性收入稳中有进,人民群众幸福感、安全感、获得感明显增强。

2023 年农村居民人均转移净收入 3417 元,增长 11.3%,贡献率 35.8%。2023 年甘肃进一步做好最低生活保障等社会救助兜底保障工作,上调城乡居民基础养老金标准,稳步提高城乡低保、特困供养保障标准,有效推进救助扩围增效,加强急难临时救助,健全完善工作机制,扎实推进关爱行动,积极落实各项强农惠农政策,门急诊报销比例提高,托起群众"稳稳的幸福"。

三、居民消费支出恢复向好

2023 年甘肃大力实施扩大内需战略,从供需两侧协同发力,出台一系列恢复和扩大消费的有力举措,积极推动居民消费恢复扩容提质升级。2023 年甘肃居民人均消费支出 19013 元,同比增长 8.7%。分城乡看,城镇居民人均消费支出 27044 元,增长 7.3%;农村居民人均消费支出 12575 元,增长 9.4%。

表 2 2023 年甘肃分城乡居民人均消费支出结构

消费构成	城镇				农村			
	2023 年		2022 年		2023 年		2022 年	
	水平(元)	结构(%)	水平(元)	结构(%)	水平(元)	结构(%)	水平(元)	结构(%)
消费支出	27044	100.0	25207	100.0	12575	100.0	11494	100.0
食品烟酒	7793	28.8	7530	29.9	3999	31.8	3682	32.0
衣着	1871	6.9	1759	7.0	702	5.6	655	5.7
居住	6039	22.3	6006	23.8	2482	19.7	2297	20.0
生活用品及服务	1583	5.9	1524	6.0	635	5.1	593	5.2
交通通信	3740	13.8	3335	13.2	1694	13.5	1536	13.4
教育文化娱乐	2937	10.9	2470	9.8	1376	10.9	1236	10.8
医疗保健	2407	8.9	2005	8.0	1481	11.8	1308	11.4
其他用品及服务	674	2.5	577	2.3	205	1.6	189	1.6

（一）居民消费支出全面增长

从消费结构看，城乡居民八大类消费支出呈全面增长态势。城镇居民由2022年的"六降二升"转为"全面增长"。其中，人均交通通信、教育文化娱乐、医疗保健和其他用品及服务消费支出保持两位数增长速度，分别增长12.1%、18.9%、20.0%和16.8%；人均食品烟酒、衣着、居住和生活用品及服务消费支出稳步增长，分别增长3.5%、6.3%、0.5%和3.9%。农村居民人均医疗保健、教育文化娱乐、交通通信支出增速较快，分别增长13.3%、11.4%和10.3%；人均其他用品及服务、食品烟酒、居住、衣着和生活用品及服务支出稳步增长，分别增长8.8%、8.6%、8.1%、7.3%和7.1%。

（二）基本生活类消费支出稳步增长

2023年，甘肃各地千方百计活流通、促消费，提振市场消费信心，释放消费潜力，促进城乡居民基础类消费稳步增长。2023年城镇居民人均食品烟酒支出7793元，增长3.5%，恩格尔系数28.8%，比上年下降1.1个百分点；人均衣着、居住、生活用品及服务支出分别增长6.3%，0.5%和3.9%。农村居民人均食品烟酒支出3999元，增长8.6%，恩格尔系数31.8%，比上年下降0.2个百分点；人均衣着、居住、生活用品及服务分别增长7.3%，8.1%和7.1%。

（三）服务类消费快速增长

随着社会经济日益复苏，居民消费信心持续增强，在出游热和文娱市场需求旺盛带动下，居民在外饮食、交通出行、旅游等服务消费支出快速增长，带动服务性消费较快增长。2023年甘肃城乡居民人均服务性消费支出分别为12354元和4714元，分别增长16.3%和10.3%，高于城乡居民人均消费支出9.0和0.9个百分点，占城乡居民人均消费支出的比重分别为45.7%和37.5%，较上年上升3.6和0.3个百分点。

四、居住环境持续改善，生活设施更加完善

2023年甘肃全力建好各项民心工程，着力推进老旧小区改造和农村人居环境整治，城乡居民居住条件和生活设施进一步完善，耐用消费品升级换代趋势更为明显。

（一）居住条件不断改善

2023年甘肃城乡居民住的更舒适宽敞，人均住房面积条件进一步改善。2023年甘肃居民人均住房建筑面积34.6平方米。分城乡看，城镇居民人均住房建筑面积36.0平方米；农村居民人均住户建筑面积33.5平方米。

(二)耐用消费品拥有量不断增加

随着城乡居民收入水平不断提高,消费能力进一步增强,消费升级步伐加快,城乡居民主要耐用消费品拥有量不断增多,耐用消费品升级换代趋势更为明显。一是家用汽车拥有量稳步增长。2023 年甘肃城镇居民平均每百户汽车拥有量 47 辆;农村居民平均每百户汽车拥有量为 38 辆。二是普通家电趋于饱和。2023 年,甘肃城乡居民拥有彩色电视机、洗衣机、电冰箱等用于改善居住条件的电器数量也呈现不同程度的增多,城镇居民彩色电视机、洗衣机、电冰箱每百户拥有量分别 99 台、101 台和 99 台,农村百户分别 98 台、98 台和 94 台。

五、要关注的问题

(一)城镇居民收入增长内生动能不足

一是工资性收入持续增收压力大。城镇居民工资性收入是收入的最大支撑,受政策影响较大,如无后续有力的政策支撑,城镇居民持续增收将面临较大的压力。二是经营净收入尚需提升。城镇居民经营净收入占收入的比重是四项收入中最小的,需加劲提升。近年来,受疫情和外部环境等因素影响,经济下行压力加大,工业稳增长压力大、大宗商品价格高位波动以及中小微企业、服务业恢复缓慢等问题凸显,导致经营净收入波动较大,保持较快的增长速度仍有压力,制约城镇居民收入稳定增长。

(二)农村居民经营净收入增长乏力

2023 年农村居民人均经营净收入增速在四项收入中居末位,增长动力不足。一是种粮收益收窄。随着化肥、农药、种子、人工等成本持续上涨,压缩了农业生产利润空间。二是牧业承压发展。尽管 2023 年牧业经营净收入在较大投入和去库存的双重影响下实现了增长,但从整体看,“猪周期”持续影响畜牧业生产,肉类消费恢复不及预期,养殖成本上涨挤压养殖效益,畜牧产品价格下行影响收入增长。三是三产不及预期。受经营成本上涨,青年劳力外出,消费主体减少,线上消费冲击等因素影响,第三产业经营净收入恢复增长不及预期。

六、促进居民收支增长的建议

(一)激活居民增收内生动力,促进城镇居民长效增收

健全就业政策体系,强化社会政策与就业政策的衔接配套,加大对创业带动就业、灵活

就业、新就业形态的支持，打造就业增长新引擎。健全工资合理增长机制，合理调整最低工资标准，稳步提高工资性收入。持续优化营商环境，多元化培育市场主体，提升创新创业参与率。规范发展房屋租赁市场，畅通投资理财渠道，激活增收新动能。逐步推动收入从主要依靠工资性收入向工资性收入、经营净收入和财产净收入并重方向发展。

（二）多途径拓宽增收渠道，拉动农村居民持续增收

坚持农业农村优先发展，完善城乡融合发展体制机制，有力有效推进乡村全面振兴。发展壮大县域主导产业，拓展农民就地就近就业空间。深挖潜力做大"土特产"文章，壮大乡村富民产业，促进农村三产融合发展。深入实施"数商兴农"工程，拓宽线上销售渠道。完善强农惠农富农支持制度，盘活农村闲置资产资源，持续发展壮大农村集体经济，带动农民共同富裕。

（三）多措并举激发消费潜力，推动居民消费扩容提质

大力促进消费，顺应消费升级趋势，完善扩大消费长效机制，促进服务性消费高质量发展，培育壮大新型消费，突出抓好消费品以旧换新，促进文旅深度融合，推动旅游业更好发展。

（执笔人：黄馨仪、杨万里）

2023年青海居民收支与生活状况报告

2023年，青海省委省政府认真贯彻落实党中央、国务院决策部署，坚持稳中求进工作总基调，始终坚持以人民为中心的发展思想，切实抓好稳经济各项举措落实，全省民生经济形势回升向好，居民收入保持稳步增长，消费水平进一步提高，生活状况持续改善，人民群众的获得感、幸福感明显提升，为全面推进共同富裕打下了坚实基础。

一、青海居民收入稳步增长，城乡增收特点各异

（一）居民收入保持稳步增长

2023年青海居民人均可支配收入28587元，同比增长5.9%。分城乡看，2023年，城镇居民人均可支配收入40408元，增长4.3%；农村居民人均可支配收入15614元，增长8.0%。城乡居民收入比2.59，较2022年降低0.09，收入相对差距进一步缩小。

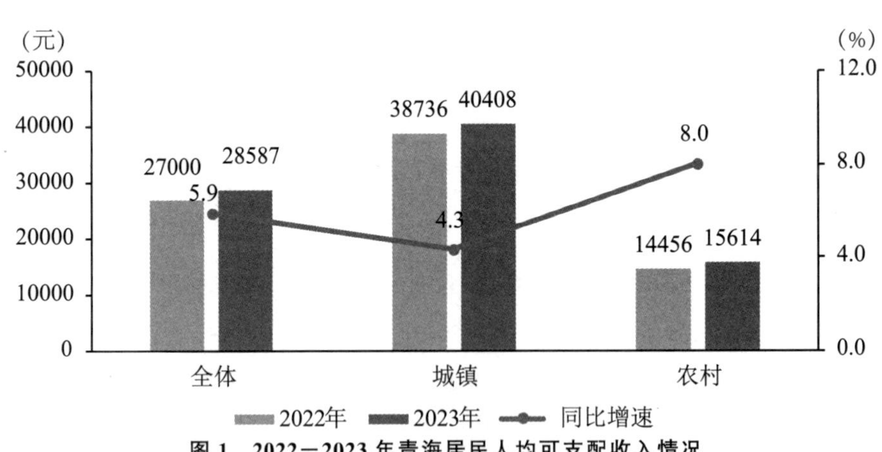

图1　2022—2023年青海居民人均可支配收入情况

（二）城镇居民收入增长特点

2023年，青海城镇居民四大项收入呈现“三升一降”态势。其中，工资性收入的占比和贡献率最高，经营净收入增速最快，财产净收入实现稳定增长，转移净收入呈下降趋势。

1. 工资性收入稳步增长,政策增资效果明显。2023 年,青海城镇居民人均工资性收入 26641 元,增长 6.4%,占可支配收入的比重为 65.9%,对收入增长的贡献率达 95.4%,拉动收入增长 4.1 个百分点,继续发挥增收主导作用。主要原因:一是政策增资力度较大,行政事业单位晋级晋档、全省最低工资提标和艰苦边远地区津贴标准上调等政策性增资,有力带动工资性收入稳步增长。二是全省各地区持续推进就业帮扶,积极举办线上线下公共就业服务专项活动,不断提升就业服务质量。

表 1　2023 年青海城镇居民人均可支配收入及构成

单位:元、%

指　　标	2023 年	2022 年	增速	占比	贡献率
可支配收入	40408	38736	4.3	100.0	100.0
工资性收入	26641	25046	6.4	65.9	95.4
经营净收入	3272	2736	19.6	8.1	32.0
财产净收入	1638	1556	5.2	4.1	4.9
转移净收入	8858	9397	−5.7	21.9	−32.3

2. 经营净收入加快增长,消费市场主体快速恢复。2023 年,城镇居民人均经营净收入 3272 元,增长 19.6%。主要原因:一是全省旅游消费市场恢复火热,带动批发零售、餐饮住宿、文化、体育、娱乐等行业活跃度不断上涨,经营收入实现快速增长。二是虫草、枸杞市场表现活跃,唐卡交易市场回暖,有力拉动城镇居民农林业收入和三产经营收入增长。

3. 财产净收入保持稳定增长趋势。2023 年,城镇居民人均财产净收入 1638 元,增长 5.2%。主要原因:一是伴随各地区就业市场恢复活跃,城乡外出务工人员数量以及人员流动明显增加,叠加旅游热带动效应,城镇租房需求加快恢复,居民出租房屋收入实现较快增长。二是经济恢复向好,金融投资环境得到改善,居民理财渠道拓宽,居民利息收入较上年表现更佳。

4. 转移净收入呈下降趋势。2023 年,城镇居民人均转移净收入 8858 元,下降 5.7%。主要原因:一是相较上年同期,因疫情防控产生的社会救济和补助、政策性生活补贴、从政府得到的实物产品和服务等收入相应减少。二是 2023 年以来,居民家庭寄带回收入和赡养收入较上年明显减少,拉低转移净收入。三是伴随居民收入增长,个人所得税及社会保障支出等转移性支出较上年分别增长 18.1%和 6.8%。上述因素叠加导致转移净收入呈现下降态势。

（三）农村居民收入增长特点

2023 年，青海农村居民收入增长的主拉动力是务工工资、政策性惠民补贴，四大项收入呈现工资、财产、转移性收入增长，经营净收入下降的显著特点。

表 2　2023 年青海农村居民人均可支配收入及构成

单位：元、%

指　　标	2023 年	2022 年	增速	占比	贡献率
可支配收入	15614	14456	8.0	100.0	100.0
工资性收入	5443	4751	14.5	34.9	59.7
经营净收入	5530	5586	−1.0	35.4	−4.8
财产净收入	452	380	18.8	2.9	6.2
转移净收入	4189	3739	12.0	26.8	38.9

1. 工资性收入贡献率最高，是增收的主拉动力。2023 年，农村居民人均工资性收入 5443 元，增长 14.5%，占比为 34.9%，贡献率为 59.7%，拉动收入增长 4.8 个百分点。主要原因：一是青海省围绕脱贫攻坚与乡村振兴有效衔接，省委、省政府陆续印发《关于持续增加农牧民收入的意见》等文件，不断加大扶持农牧民稳定增收的力度，稳步促进农牧民收入较快增长。二是各级政府全面贯彻落实就业优先战略，积极实施帮扶车间、以工代赈、职业技能培训等项目，对农牧民就业增收有明显带动作用。三是全省经济持续恢复向好，高质量发展稳步推进，农民工外出务工总量、工资均呈现增长趋势。

2. 转移净收入贡献率次之。2023 年，农村居民人均转移净收入 4189 元，增长 12.0%，贡献率为 38.9%。主要原因：一是政府持续强化民生保障力度。2023 年全省退休人员基本养老金调整，农牧区户厕改建、居住条件改善、北方地区冬季清洁取暖等惠民项目有力落实，带动农村居民转移性收入增长。二是新版医保药品目录落地执行、中药配方颗粒纳入医保报销范围，有力拉动农村居民报销医疗费取得的收入高速增长。

3. 财产净收入增速最快。2023 年，农村居民人均财产净收入 452 元，增长 18.8%。主要原因：一是随着经济运行恢复向好，人员流动加快，对应出租房屋收入呈现恢复性增长态势。二是土地流转加快、价格上涨带动转让承包土地经营权租金净收入高速增长。

4. 经营净收入呈下降趋势。2023 年，农村居民人均经营净收入 5530 元，同比下降 1.0%，主要是畜牧业行情不佳所致。2023 年，在居民消费需求疲软、进口冷冻肉低价冲击等不利因素影响下，猪、牛、羊出售价格下滑明显，同比分别下降 4.9%、7.0%、10.2%。出售价格下滑导致猪、牛、羊出栏情况不佳，对应农村居民畜牧业相关收入呈下降趋势。2023年，农村居民人均牧业收入2423元，下降12.1%。虽然粮食喜获全面丰收，小麦、青稞、马铃薯、蚕豆、枸杞价格上涨，虫草“量价齐扬”，但青海农业、林业收入提升空间有限，不足以扭转经营净收入下降的趋势。

二、青海居民消费水平提高，结构不断优化

（一）消费水平快速回暖，服务性消费支出快速增长

2023年，全省范围内举办各类促消费活动，线下消费场景开放，投放消费券、打造“夜市经济”，各类聚集型、密集型消费场所极大满足居民消费需求，城乡居民消费水平快速回暖，服务性消费支出呈现快速增长态势。2023年，青海省居民人均消费支出20327元，同比增长17.8%。其中，城镇居民人均消费支出25373元，增长16.9%；农村居民人均消费支出14790元，增长18.2%。青海居民服务性消费支出6133元，同比增长36.0%，占人均消费支出的比重为30.2%，比重较上年提高4.1个百分点。

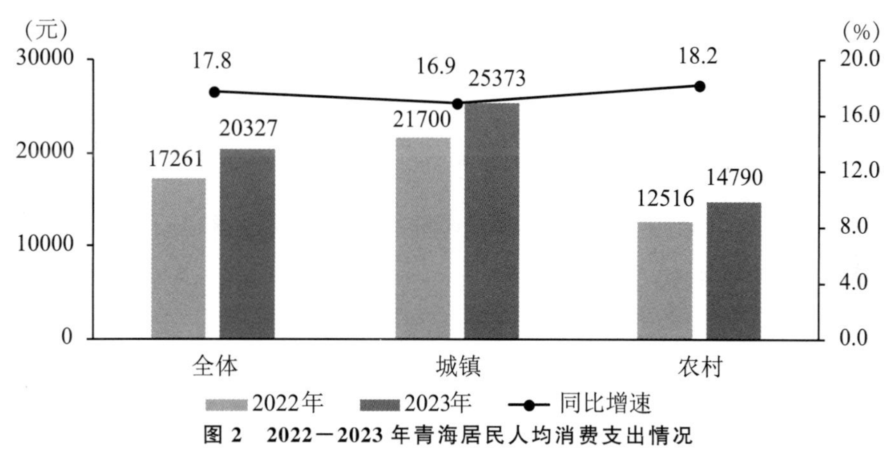

图2　2022—2023年青海居民人均消费支出情况

（二）居民平均消费倾向提升，消费习惯趋于多元化

2023年，青海居民平均消费倾向为71.1%，较上年同期提高7.2个百分点。分城乡看，城镇居民和农村居民平均消费倾向分别为62.8%和94.7%，较上年分别提高6.8和18.1个百分点。2023年，青海居民人均食品烟酒消费支出6361元，同比增长8.3%，占人均消费支出的比重（恩格尔系数）为31.3%，较上年下降2.7个百分点。城乡居民消费习惯趋于多元化，消费质量、生活水平得到双提升。青海居民人均其他在外饮食、交通消费、教育文化娱乐、医疗保健支出增长较快，分别为57.5%、55.0%、32.0%、22.9%。

(三)生存型消费占比下降,发展与享受型消费占比提高

旅游市场恢复活跃、购车优惠政策落地以及居民家庭对于子女教育、健康保健等投入增加,综合助推发展及享受型消费占比快速提高。2023年,青海居民食品烟酒、衣着、居住、生活用品及服务等生存型消费占比为61.6%,较上年下降4.2个百分点;交通通信、医疗保健、教育文化娱乐、其他用品及服务等发展与享受型消费占比为38.4%,较上年提高4.2个百分点。

三、青海居民生活条件持续改善

(一)居住条件日趋改善

2023年,青海居民现住房建筑面积在90平方米以上的户比重为60.4%。从住房的主要建筑材料看,居住在钢筋混凝土或砖混材料结构住房的户比重为82.2%;居住在砖瓦砖木、土坯和其他结构住房的户比重为17.8%。

(二)生活设施提升

青海居民厕所类型是卫生厕所的户比重为93.2%;有洗澡设施的户比重为68.1%;有洗手设施及肥皂和水的户比重为99.8%。住宅内无取暖设备的户比重为3.2%;管道取水的户比重为78.9%。

(三) 社区基础设施和基本公共服务逐步健全

1.社区"五通"基本全覆盖。青海居民所在社区通公路、通电、通电话的户比重均为100%;通宽带和能接收有线电视信号的户比重分别为96.7%、96.9%。

2.社区基础设施明显改善。社区主要饮用水水源没有化学污染户比重为100%;饮用水经过了集中净化处理的户比重为94.9%;开通了管道燃气户比重为50.9%;有集中供暖的户比重为44.4%。

3.社区环境日益优化。社区内垃圾能集中处理的户比重为98.2%;有绿化园林景观设计的户比重为70.6%。

4.社区公共服务整体提升。社区便利地乘坐公共汽车的户比重为89.6%;上幼儿园便利或较便利的户比重为96.1%;上小学便利或较便利的户比重为96.7%。

四、居民增收面临的困难和问题

(一)收入增长内生动力不足

青海城镇居民工资性收入比重较高,增收主要依靠行政事业单位政策性增资。从四项

收入占比来看,工资性收入和转移净收入合计占比高达87.8%,对居民增收起着决定性作用。农村居民收入中转移净收入占比明显高于全国平均水平,特别是政策性惠民惠农补贴、生态公益性岗位工资等收入是带动农村居民收入增长的主要来源。综上,城乡居民收入增长内生动力欠缺。

(二)农牧业尚未形成规模产业链

青海绿色农牧业产业结构单一,发展较为滞后且同质化严重,产业链尚未形成规模,出售产品以初级产品为主,产品附加值低,农畜产品优质优价效应不明显。小农生产经营模式下,农户缺乏市场议价权,农民第一产业经营净收入受农牧产品价格及成本波动影响较大,使得农村居民依靠特色产业获取收入的稳定性不足、持续性不强。

五、提高青海居民收入的对策建议

(一)加大就业帮扶力度,稳步提升工资性收入

一是紧密结合产业发展和就业市场岗位需求,针对性开展实用技能培训,与企业联合开展定向就业、精准培训,不断提高劳动力就业素质水平,缓解就业结构性矛盾。二是结合乡村振兴工作,持续推进全省帮扶车间、以工代赈项目的实施,全方位多层次提供就业岗位,进一步拓宽东西部劳务协作,促进农民工、脱贫群众等重点群体充分就业。

(二)加大资金扶持力度,全面提高农业经营净收入

一是全力推进绿色有机农畜产品示范省建设,加大特色农牧产业资金扶持力度,提升"青字号"品牌影响力,促进优质农畜产品走出去。二是针对目前畜牧产品价格低位运行的现状,持续推进牛、羊出栏奖补政策,积极大胆探索饲草料补贴、牛羊补栏等各项惠民举措,有效推动牛、羊产业健康发展。

(三)加大产业融合力度,持续增加非农经营净收入

一是推动一二三产业融合发展,建成种养、加工、销售一体化的农畜产品产业链条,不断提高优质农畜产品附加值,发展农产品精深加工、电子商务和冷链物流配送等市场化服务,增强经营性收入的稳定性、持续性。二是开展网络直播带货等技能培训,进一步拓宽产品销售渠道,完善创业扶持政策,降低创业门槛,大力支持民间资本投资进入市场,加强创业服务力度,鼓励更多居民通过创业增收。

(四)加大渠道拓宽力度,全力激发财产净收入

一是引导金融机构拓宽业务范围,开发起点低,风险小、收益稳定的金融理财产品。二

是完善土地产权制度，简化土地流转手续，积极促进农村土地流转。三是大力发展村集体经济，持续加大相关资金、产业、技术扶持，有效增加集体经济分红收入。

（五）加大民生帮扶力度，有效保障转移净收入

一是建立健全多层次社会保障体系，持续推进医保体系建设，提高城乡居民医疗保险报销标准并扩大报销范围；加大民生保障力度，完善各项救助保障政策，加强城乡低收入、困难群体帮扶力度。二是持续深入贯彻落实强农惠农富农政策，加大相关资金和项目扶持力度，保障转移净收入持续增长。

（执笔人：张婷、王泉博）

2023 年宁夏居民收支与生活状况报告

2023 年，自治区党委政府深入学习贯彻习近平总书记视察宁夏重要讲话和重要指示批示精神，坚持以人民为中心的发展思想，聚焦高质量发展首要任务，夯实增收基础，居民收入持续提高，生活水平稳步向好。

一、居民收入增长情况

(一)居民人均可支配收入突破 3 万元

2023 年，宁夏居民人均可支配收入 31604 元，比上年同期增长 6.8%，增速比全国高 0.5 个百分点，居全国 31 个省(区、市)第 5 位。分城乡看，城镇居民人均可支配收入 42395 元，比上年同期增长 5.5%，增速比全国高 0.4 个百分点，居全国 31 个省(区、市)第 8 位；农村居民人均可支配收入 17772 元，比上年同期增长 8.2%，增速比全国高 0.5 个百分点，居全国 31 个省(区、市)第 5 位。

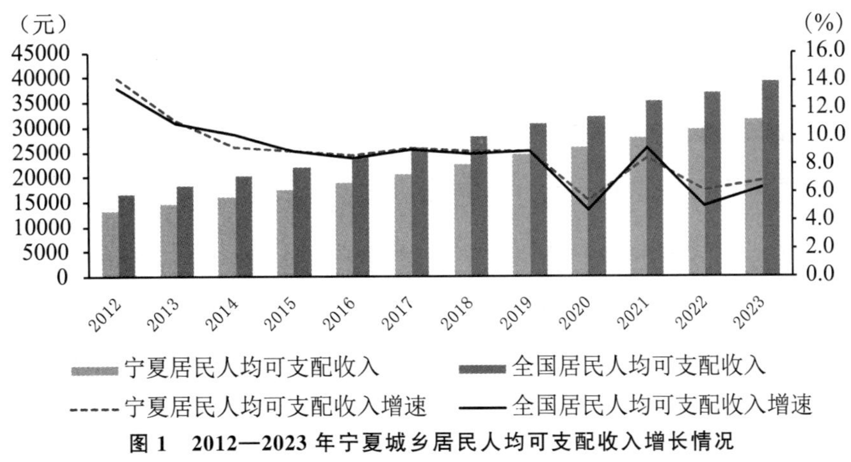

图 1　2012—2023 年宁夏城乡居民人均可支配收入增长情况

(二)居民收入与经济增长基本同步

2023 年宁夏居民人均可支配收入比 2012 年增长 1.4 倍，年均增长 8.3%，扣除价格因素，年均实际增长 6.5%，快于人均国内生产总值年均增速 0.7 个百分点，居民收入增长与经济增长基本同步。

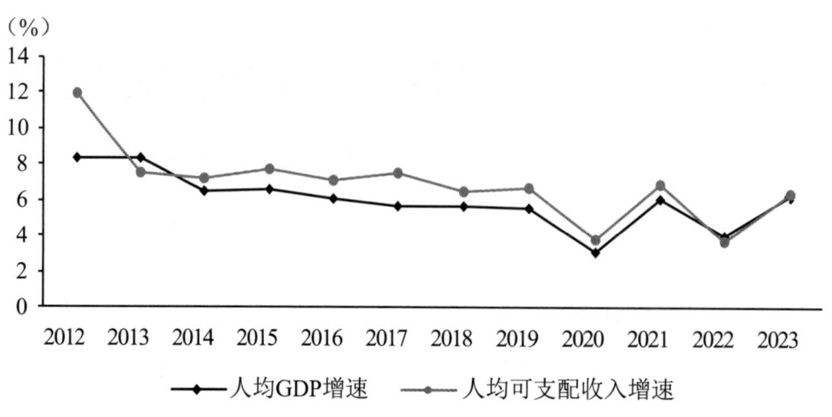

图 2　2012—2023 年宁夏居民收入与经济增长情况

（三）城乡居民收入比持续缩小

2023 年宁夏农村居民人均可支配收入比 2012 年增长 1.6 倍，年均增长 9.2%，年均增速快于城镇居民 1.9 个百分点。农村居民收入的快速增长，带动城乡居民收入比由 2012 年的 2.88 缩小至 2023 年的 2.39，与全国城乡居民收入比的变动一致，城乡居民收入相对差距不断缩小。

（四）2023 年居民收入增长特点

1. 稳就业政策持续显效，工资性收入稳步增长。2023 年，宁夏居民人均工资性收入 19003 元，比上年同期增长 7.0%，对可支配收入增长的贡献率 62.3%，是带动居民收入增长的主动力。工资性收入快速增长主要得益于：一是较疫情时期经济整体向好，企业开复工率稳步提升，就业环境优化，尤其是接触性服务行业明显恢复，对居民就业带动作用显著增强。二是宁夏各级党委、政府出台多项措施吸纳就业、增加居民收入，在帮扶车间、基础设施建设等方面用工均有增加，就业容量扩大，务工环境优化，对居民就业带动作用明显增强；三是艰苦边远地区津贴标准提高、城乡公益性岗位增加，最低工资标准提高等各项增资政策落地落实；四是依托零工市场、帮扶车间、劳务经纪人等线下市场载体，重点困难群体就业得到进一步保障。

2. 经济持续恢复向好，经营净收入快速增长。2023 年，宁夏居民人均经营净收入 5670 元，比上年同期增长 9.4%，对可支配收入增长的贡献率为 24.3%。带动经营净收入快速增长的原因：一是营商环境持续优化，最大限度激发了市场主体活力，2023 年宁夏新登记市场主体 13.6 万户，增长 17.2%。二是减税降费助企纾困，持续为市场主体“活血”。2023 年共计为民营企业和个体工商户降低成本 150 多亿元，受益近 80 万户次。三是粮食再获丰收，枸杞、设施蔬菜、花卉等特色产业助推农业收入增长，2023 年宁夏高标准农田规模突破 1000 万亩，达到耕地总面积的 58.0%，超过全国平均水平。四是举办各类促消费活动，打造文旅融合消费新场景，消费市场加速回暖，2023 年游客人次、旅游收入分别增长 80.0%和 114.0%，创历史最高增幅，带动批发零售、住宿餐饮等经营收入快速增长。

3. 民生福祉持续改善，转移净收入平稳增长。2023 年，宁夏居民人均转移净收入 6089 元，比上年同期增长 5.8%，对可支配收入增长的贡献率为 16.6%。主要体现在：一是持续提高城乡居民基础养老金标准、扩大高龄老人津贴发放范围，养老金提标扩面。二是进一步做好分层分类社会救助工作，低保边缘人口、因病致贫重患等 9 类困难群众全部纳入救助范围，加大困难群体救助帮扶力度，持续提高低保、残疾人两项补贴以及孤儿和事实无人抚养儿童津贴标准。三是耕地地力保护补贴、农机购置补贴、各类农作物补贴等及时发放，助力农业生产。

二、居民消费支出情况

宁夏各地挖掘消费亮点，丰富和完善促消费政策措施，持续强化县域商业体系建设，统筹开展各类消费惠民活动，创新培育消费场景，有效激发城乡居民消费潜能，居民消费稳步增长。

(一)居民人均消费支出突破 2 万元

2023 年宁夏居民人均消费支出 21629 元，比上年同期增长 13.0%，增速比全国高 3.8 个百分点，居全国 31 个省(区、市)第 5 位。平均消费倾向回升至 68.4%，较上年同期回升 3.7 个百分点，较 2020 年回升 0.4 个百分点。

分城乡看，城镇居民人均消费支出 27076 元，比上年同期增长 11.8%；农村居民人均消费支出 14649 元，比上年同期增长 14.2%。分结构看，八大类消费支出实现全面增长，其中其他用品及服务、交通通信、医疗保健、教育文化娱乐、生活用品及服务这五类消费增幅均超过两位数。

(二)农村居民消费增长快于城镇

2023 年宁夏城镇居民人均消费支出比 2012 年增长 86.6%，年均增长 5.8%；农村居民人均消费支出比 2012 年增长 1.6 倍，年均增长 9.2%，年均增速比城镇高 3.4 个百分点，增速明显快于城镇，城乡居民人均消费支出比从2012年的2.61缩小至2023年的1.85，城乡消费差距不断缩小。

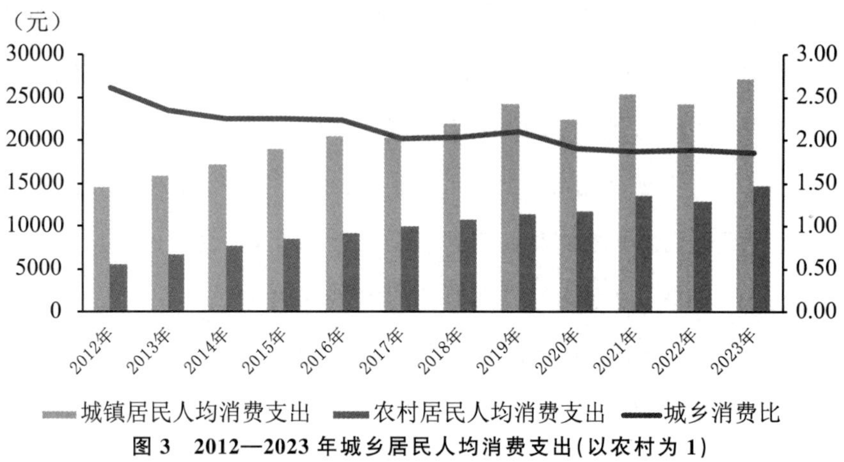

图3 2012—2023年城乡居民人均消费支出(以农村为1)

（三）城乡居民消费增长特点

1. 恩格尔系数继续下降。新冠疫情防控平稳转段后，居民消费方向从满足基本生活需求快速转变为正常状态，恩格尔系数波动性下降。2019年宁夏居民恩格尔系数为25.2%，比2012年下降6.2个百分点。2020—2022年受疫情影响回升，疫情平稳转段后2023年回落至28.4%，比上年同期回落1.1个百分点。

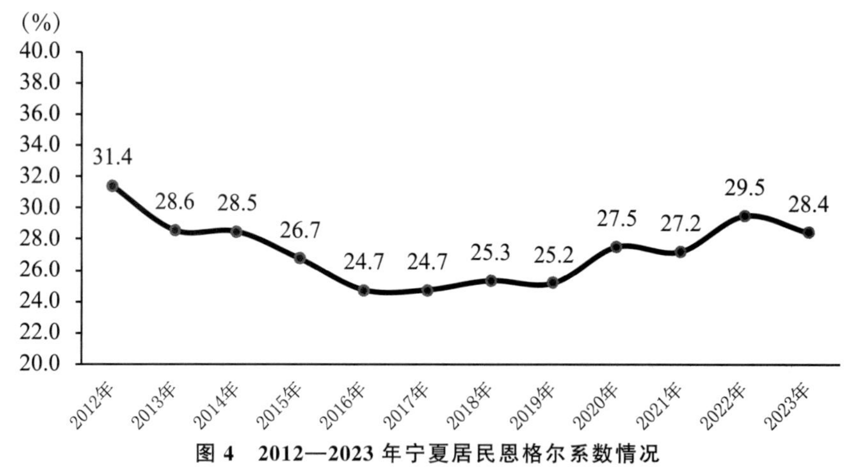

图4 2012—2023年宁夏居民恩格尔系数情况

随着居民生活水平的提高，健康饮食理念使居民食品消费更加多元化，禽肉、蛋、水产品消费量较快增长。禽肉消费量从2013年人均22.7公斤上升至2023年的28.8公斤，年均增长2.4%，蛋类消费量从2013年人均4.6公斤上升至2023年的7.3公斤，年均增长4.9%；水产品消费量从2013年人均2.7公斤上升至2023年的3.1公斤，年均增长1.4%。

2. 发展享受型消费明显增加。近年来，居民消费持续向发展型、享受型和品质型消费升级，2023 年宁夏居民发展型（交通通信、教育文化娱乐、医疗保健）消费占比较上年同期上升 1.9 个百分点，较 2013 年上升 3.3 个百分点。其中，人均医疗保健消费支出 2455 元，比 2013 年增长 1.3 倍，年均增长 8.7％；人均交通通信消费支出 3301 元，比 2013 年增长 1.1 倍，年均增长 7.7％；人均教育文化娱乐消费支出 2469 元，比 2013 年增长 94.0％，年均增长 6.9％。

3. 服务性消费较快增长。居民消费需求逐渐多元化、个性化，加之服务性消费市场供给不断升级，教育、通信、文旅、家庭服务等满足人民美好生活需要的服务性消费已成为新的消费增长点。2023 年宁夏居民人均服务性支出为 9082 元，比 2017[①] 年增长 44.9％，年均增长 6.4％，年均增速高于商品性消费支出 0.9 个百分点，占消费支出的比重也由 2017 年的 40.8％，上升至 2023 年的 42.0％，居民消费逐渐由商品性消费向服务性消费转变。

三、居民生活品质持续改善

（一）居住条件持续优化

2023 年末，宁夏居民人均现住房建筑面积达 33.2 平方米，比 2013 年增加 4.8 平方米，其中城镇人均 34.7 平方米，农村人均 31.2 平方米。从居住空间样式看，2023 年宁夏居民居住在单元房的比重为 59.9％，居住在单栋平房的户比重为 38.5％。从主要建筑材料看，2023 年宁夏居民居住在钢筋混凝土或砖混材料结构住房的户比重为 78.7％。居住在砖瓦砖木或竹草土坯结构住房的户比重为 21.3％。从居住配套设施看，2023 年宁夏居民使用净化处理自来水的户数比重为 99.6％，使用水冲式厕所户数比重为 73.9％，住宅内有统一或自装洗澡设施户数比重为 97.7％。

（二）基础设施不断完善

2023 年宁夏居民所在社区（村）上幼儿园、小学便利的户比重均为 98.6％，社区（村）有健身器材的户比重达到 100％，与 2013 年相比，分别提高了 15.4、4.8、38.9 个百分点，居民生活更加便利。十年来，宁夏城乡公共服务覆盖面逐步扩大，服务质效不断提升。2023 年宁夏居民所在社区（村）有卫生站（室）的户比重为 98.8％，社区（村）内有绿化园林景观设计的户比重为 84.0％，社区（村）本年度未发生盗窃或其他刑事案件的户比重为 99.6％，分别比 2013 年提高 18.8、42.7、38.2 个百分点。

① 服务性消费支出最早数据为 2017 年。

(三)耐用消费品拥有情况

居民人民生活水平持续改善,伴随科学技术的发展日新月异,居民家庭耐用品升级换代趋势越来越明显。从数量上看,城乡居民主要耐用消费品拥有量均不断增多,以汽车、助力车、空调等为代表的耐用消费品走进了千家万户,2023 年宁夏每百户居民家庭拥有汽车 51.2 辆、助力车 79.9 辆、空调 20.3 台,与 2013 年相比年均分别增长 12.9%、7.8%、12.4%。

从结构上看,彩电、冰箱、洗衣机等传统耐用品的拥有量趋于稳定,2023 年宁夏居民每百户家庭拥有洗衣机 102.2 台、电冰箱 102.2 台、彩色电视机 98.7 台,与 2013 年相比拥有量基本持平。居民品质化需求持续增加,家用高科技耐用品拥有量从无到有,2023 年宁夏每百户居民家庭拥有健身器材 3.2 台、空气净化器 3.6 台、地面清洁电器 7.0 台。

表 1　2023 年宁夏城乡居民耐用消费品每百户拥有量

指　　标	单位	全体	城镇	农村
家用汽车	辆	51.2	56.9	41.8
助力车	辆	79.9	73.4	90.5
洗衣机	台	102.2	101.0	104.1
电冰箱(柜)	台	102.2	100.6	104.8
彩色电视机	台	98.7	97.4	100.7
空调	台	20.3	28.9	6.1
微波炉	台	37.4	51.5	14.4
烤箱	台	10.1	14.2	3.5
洗碗机	台	1.2	1.9	0.2
排油烟机	台	72.0	92.6	38.2
计算机	台	41.6	53.0	23.1
乐器	架	6.1	9.7	0.0
健身器材	台	3.2	5.2	0.1
空气净化器	台	3.6	5.6	0.4
地面清洁电器	台	7.0	10.7	1.0

四、需要关注的几个问题

(一)居民收入增速逐渐放缓

一方面,受全球经济下行影响,原材料、劳动力、运输等成本持续增加,部分行业发展不足，经济增长的不确定性依然存在，影响居民就业的稳定性、持久性，城乡居民收入增速逐步放缓。另一方面，随着各类民生保障、增资的政策范围的全覆盖，养老金以及各项惠民的生活生产补贴标准及范围调整的空间逐步收窄，政策红利逐渐消耗，政策性促增收难度加大。

（二）传统农业生产承压

一是种子、肥料、农药、饲料、生产雇工、机耕机收等成本价格均不同程度增长，种植养殖成本有所增加，生产利润空间受到挤压。二是畜产品生产者价格持续低迷，加之养殖户信息不对称导致的风险规避能力欠佳，养殖户经营发展压力巨大，影响牧业产业持续健康发展。三是农村产业融合度发展水平不高，农产品加工业发展滞后，产业链条延伸不充分，农产品的附加值较低，市场竞争力不强。

（三）财产净收入增收贡献不足

宁夏居民人均财产净收入占人均可支配收入的比重多年来一直处于低位。2023 年，宁夏居民人均财产净收入 841 元，占可支配收入的比重仅为 2.7%，占比低于全国平均水平 5.9 个百分点。同中东部省份相比，宁夏居民财产性收入渠道狭窄、基数小。农村土地流转仍呈现零散化状态，尚未形成规模化发展态势，土地流转升值空间有限；村集体经济整体发展不足，在推动居民增收方面力量还较为薄弱。

（四）消费潜力有待挖掘

一是消费总量偏低，2023 年，宁夏居民人均消费支出 21629 元，低于全国平均水平 5166 元，在 31 个省（区、市）中居第 21 位。二是消费倾向偏低。2023 年居民平均消费倾向 68.4%，在 31 个省（区、市）中居第 18 位。

五、提高居民收支的几点建议

（一）做强经济基础，稳住就业基本盘

一是牢牢把握稳中求进工作总基调，坚定不移推动高质量发展，推动宁夏经济实现质的有效提升和量的合理增长，不断做大做强经济基础，持续加快发展新经济、壮大新动能、创造新就业，努力实现居民收入增长与经济发展基本同步。二是深化收入分配制度改革，建立工资性收入与居民收入协调发展、工资性收入与经济发展协同发展的长效机制，实现劳动报酬增长与劳动生产率提高同步，让经济发展成果更多更公平惠及城乡居民。三是坚持多措并举稳就业扩就业，聚焦重点群体就业，落实落细就业政策、加强就业指导、优化就业服务，强化普惠性就业创业扶持政策，确保更多居民获得稳定的工资收入。

（二）厚植发展优势，提升农业发展质效

一是持续落实好种植补贴、农资价格补贴、饲草补贴、农产品最低收购价、农业保险等政策，为农牧业生产者提供抵御风险的资金支持，提高农民种植养殖产业发展的积极性及收益。二是探索新的产销对接模式，要充分发挥网络直播的优势，对特色农产品持续曝光宣传，提升知名度，助力农产品出村进城。三要因地制宜发展有机农业、可再生农业、绿色高效农业，推进化肥、农药减量，在减少农业面源污染的同时降低了农业生产成本。四是推动产业融合发展，基于“六特”产业构建全产业链全价值链，持续培育新型农业经营主体，健全完善联农带农机制促进家庭农场、农民合作社等扩量提质，带动更多村民增收致富。

（三）聚焦共同富裕目标，挖掘财产增收潜力

要多渠道增加城乡居民财产性收入，有效拓宽居民财产性收入增长渠道。一是持续推进农村土地制度改革和集体产权制度改革，鼓励引导农村土地有序流转，提高农村土地流转率，激活农村资源要素。二是积极探索村集体经济发展的扶持政策、发展模式、管理机制，提升村集体经济发展成效，增加农民集体分红收入。三是推进金融体制改革发展，加快金融产品和服务方式创新，增强居民投资理财观念。

（四）多措并举，激发居民消费潜力

一是合理制定消费政策，各地结合消费类别、消费人群，紧抓节日节点，出台更多的政策措施，制定特色促消费活动，不断激发居民消费热情。二是扩大和完善新型消费基础设施建设，优化消费环境，推进文旅、教育、健康等主题消费提质升级，找准消费“堵点”切实提高居民消费供需适配性。三是依托线上线下消费，创新培育新型消费模式，挖掘新的消费增长点。

（执笔人：哈婷）

2023 年新疆居民收支与生活状况报告

2023 年，新疆坚持以习近平新时代中国特色社会主义思想为指导，全面贯彻落实党的二十大和二十届二中全会精神，深入贯彻落实习近平总书记视察新疆、听取自治区和兵团工作时的重要讲话精神，完整准确全面贯彻新时代党的治疆方略，坚持稳中求进的工作总基调，经济回升向好，就业形势总体稳定，经营状况持续好转，居民收入与经济增长基本同步，城乡居民收入差距继续缩小，消费支出快速恢复，生活条件显著改善。

一、居民收入增长主要特点

(一)居民收入持续增长

2023 年新疆居民人均可支配收入 28947 元，比 2012 年的 12151 元增加 16795 元，累计增长 138.2%，年均增长 8.2%，比 2022 年增长 7.0%，实际增长 7.0%，名义增速和实际增速分别快于全国居民 0.7 和 0.9 个百分点。分城乡看，2023 年城镇居民人均可支配收入突破 4 万元，达到 40578 元，比 2012 年的 19019 元增加 21559 元，累计增长 113.4%，年均增长

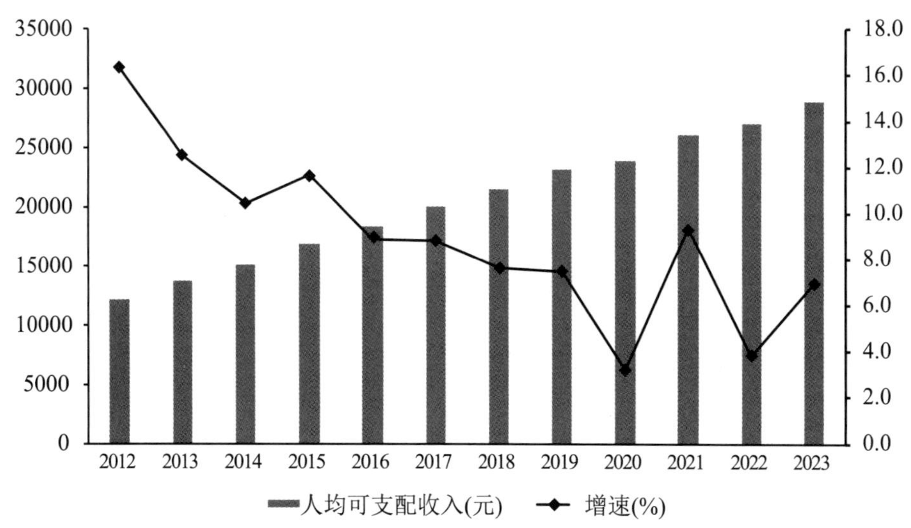

图 1　2012—2023 年新疆居民人均可支配收入和增速

7.1%，比2022年增长5.6%，实际增长5.6%，名义增速和实际增速分别快于全国城镇居民0.5和0.8个百分点；农村居民人均可支配收入17948元，比2012年的6876元增加11072元，累计增长161.0%，年均增长9.1%，比2022年增长8.4%，实际增长8.7%，名义增速和实际增速分别快于全国农村居民0.7和1.1个百分点。

（二）居民收入增速位次大幅上升

2023年新疆居民、城镇居民、农村居民人均可支配收入增速在全国31个省（市、区）分别排在第4、7和2位，比上年同期分别上升21、21和17个位次。

2023年新疆居民、城镇居民、农村居民人均可支配收入水平在全国31个省（市、区）分别排在第27、26和24位，比上年同期分别下降1个位次、上升2个位次和持平。

（三）城乡收入相对差距继续缩小

各地不断培育壮大乡村产业，做好农村劳动力就业工作，推进土地流转，加大惠农补贴力度，农村居民收入增速持续快于城镇居民，城乡居民收入差距连续7年缩小。2023年农村居民人均可支配收入增速快于城镇居民2.8个百分点，城乡居民收入比为2.26:1，比2022年缩小0.06，比2012年缩小0.51。

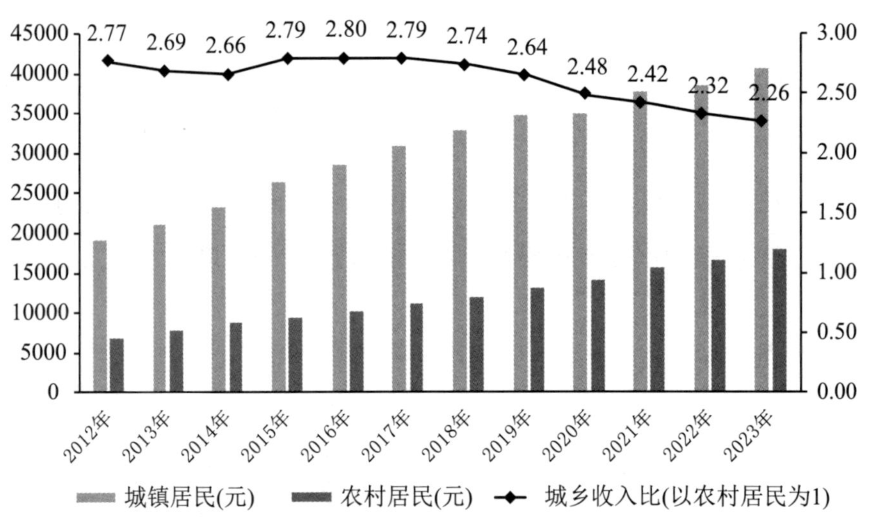

图2 2012—2023年新疆城乡居民人均可支配收入和城乡收入比

（四）北疆地区居民收入水平相对较高

2023年北疆地区[①]2个市居民人均可支配收入高于全国平均水平，克拉玛依市居民人

① 北疆地区包括：乌鲁木齐市、克拉玛依市、昌吉回族自治州、博尔塔拉蒙古自治州、伊犁哈萨克自治州、塔城地区和阿勒泰地区。

均可支配收入 57709 元，高于全国居民平均水平 18491 元；乌鲁木齐市居民人均可支配收入 47549 元，高于全国居民平均水平 8331 元。按地理划分，2023 年北疆地区居民人均可支配收入 36151 元，东疆地区[②]居民人均可支配收入 31926 元，南疆地区[③]居民人均可支配收入 22126 元，南疆四地州[④]居民人均可支配收入 20663 元。以南疆四地州居民人均可支配收入为基准，北疆、东疆、南疆与南疆四地州收入之比为 1.75∶1.55∶1.07∶1。

二、居民增收主要因素分析

（一）工资性收入是主要增长点

2023 年新疆居民人均工资性收入 15211 元，比 2022 年增加 1103 元，增长 7.8%，拉动人均可支配收入增长 4.1 个百分点。分城乡看，城镇居民人均工资性收入 24963 元，比 2022 年增加 1455 元，增长 6.2%，拉动人均可支配收入增长 3.8 个百分点；农村居民人均工资性收入 5989 元，比 2022 年增加 591 元，增长 10.9%，拉动人均可支配收入增长 3.6 个百分点。人均工资性收入增速和拉动人均可支配收入增长都排在四项收入第 1 位，是促进居民收入增长的主要动力。一是就业形势总体稳定，实现城镇新增就业 48.29 万人（含兵团）；2023 年新疆农民工规模 217.3 万人，同比增长 9.5%。二是实施“降、返、缓、补、扩”系列政策稳定工作岗位。

（二）第三产业助力经营净收入稳步增长

2023 年新疆居民人均经营净收入 5871 元，比 2022 年增加 362 元，增长 6.6%，拉动人均可支配收入增长 1.3 个百分点。分城乡来看，城镇居民人均经营净收入 4006 元，比 2022 年增加 231 元，增长 6.1%，拉动人均可支配收入增长 0.6 个百分点；农村居民人均经营净收入 7636 元，比 2022 年增加 519 元，增长 7.3%，拉动人均可支配收入增长 3.1 个百分点。一是旅游市场持续火热，带动住宿餐饮等行业收入大幅增长，2023 年新疆居民批发和零售收入、交通运输仓储和邮政业、住宿餐饮业经营净收入同比分别增长 14.0%、18.1% 和 10.2%。二是优化营商环境，市场主体大幅增长，截至 2023 年 12 月底，登记在册各类经营主体 244.57 万户（包含兵团 26.33 万户）；新登记经营主体 40.88 万户，同比增长 24.97%，其中个体工商户 30.34 万户，同比增长 19.59%。三是主要农产品生产形势向好，粮食产量（包含兵团）创新高，棉花产量稳定及价格上涨，禽蛋产量及羊出栏量稳定，牛出栏量大幅

② 东疆地区包括：吐鲁番市和哈密市。

③ 南疆地区包括：巴音郭楞蒙古自治州、阿克苏地区、克孜勒苏柯尔克孜自治州、喀什地区、和田地区。

④ 南疆四地州包括：阿克苏地区、克孜勒苏柯尔克孜自治州、喀什地区、和田地区。

增长。

(三)财产净收入小幅增长

2023年新疆居民人均财产净收入1177元,比2022年增加43元,增长3.8%,占可支配收入比重为4.1%,拉动人均可支配收入增长0.2个百分点。一是土地流转规模和价格持续上涨,带动居民转让土地承包经营权净租金收入增长15.9%。二是住户存款规模持续扩大,12月末住户存款16999.0亿元,同比增长12.4%,带动居民利息净收入增长。三是城镇居民出租房屋净收入同比增长9.8%。

(四)转移净收入稳定增长

2023年新疆居民人均转移净收入6687元,比2022年增加375元,增长5.9%,拉动人均可支配收入增长1.4个百分点。分城乡看,城镇居民人均转移净收入9765元,比2022年增加426元,增长4.6%;农村居民人均转移净收入3777元,比2022年增加270元,增长7.7%。2023年新疆党委政府强化社会保障,一是上调退休人员基本养老金水平,新疆共158.23万名退休人员受益。二是不断加大医保基金保障水平和范围,居民报销医疗费增长62.4%。三是耕地地力保护补贴、农机购置与应用补贴、棉花目标价格补贴等农业补贴持续增加。四是外出务工人员收入增长,居民家庭外出从业人员寄回带回收入增长31.8%。

三、居民消费支出快速恢复

2023年新疆居民人均生活消费支出19715元,比2012年的10171元增加9543元,累计增长93.8%,年均增长6.2%,比2022年增加1787元,名义增速和实际增速均为10.0%。分城乡看,城镇居民人均生活消费支出26134元,比2012年的15401元增加10733元,累计增长69.7%,年均增长4.9%,比2022年增加1991元,名义增速和实际增速均为8.2%;农村居民人均生活消费支出13645元,比2012年的6154元增加7491元,累计增长121.7%,年均增长7.5%,比2022年增加1476元,增长12.1%,实际增长12.4%。

(一)八项消费支出"七涨一降"

从结构看新疆居民人均生活消费支出呈现"七涨一降"。2023年新疆居民人均食品烟酒消费支出6261元,增长8.6%;衣着消费支出1432元,增长20.8%;居住消费支出3585元,增长8.5%;生活用品及服务消费支出1106元,增长9.6%;交通通信消费支出2753元,增长16.8%;教育文化娱乐消费支出1725元,增长15.4%;医疗保健消费支出2173元,增长10.4%;其他用品及服务消费支出679元,下降19.4%。

(二)恩格尔系数小幅下降

2023 年新疆居民人均食品烟酒消费支出占人均消费支出的比重(恩格尔系数)31.8%,比 2012 年的 34.6%下降 2.8 个百分点,高于 2023 年全国居民恩格尔系数 2.0 个百分点。分城乡看,城镇居民恩格尔系数 31.7%,比 2012 年的 33.7%下降 2.0 个百分点,高于全国城镇居民恩格尔系数 2.9 个百分点;农村居民恩格尔系数 31.8%,比 2012 年的 36.3%下降 4.5 个百分点,低于全国农村居民恩格尔系数 0.6 个百分点。

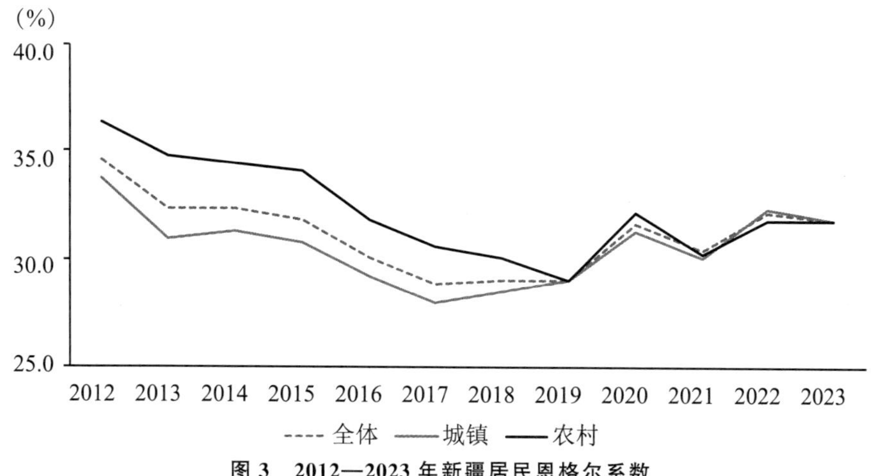

图 3　2012—2023 年新疆居民恩格尔系数

四、生活条件逐步改善

(一)居住状况更加舒适

从居住空间样式来看,2023 年新疆居民居住空间样式为三居室单元房的户所占比重为 26.1%,二居室单元房所占比重为 21.0%。从住房面积来看,2023 年新疆居民人均住房建筑面积为 32.49 平方米,比 2013 年增加 4.76 平方米,累计增长 17.2%;分城乡看,城镇居民人均住房建筑面积为 35.24 平方米,比 2013 年增加 4.54 平方米,累计增长 14.8%;农村居民人均住房建筑面积 29.88 平方米,比 2013 年增长 4.48 平方米,累计增长 17.6%。

(二)食品消费量小幅增长

新疆居民主要食品消费是小麦、鲜菜、羊肉、鲜奶。2023 年新疆居民人均粮食消费量 133.5kg,比 2022 年增加 3.1kg,增长 2.4%;人均油脂类消费量 12.9kg,比 2022 年增加 0.3kg,增长 2.8%;人均蔬菜及菜制品消费量 92.9kg,比 2022 年增加 1.2kg,增长 1.3%;人均肉类消费量 29.8kg,比 2022 年增加 3.1kg,增长 11.7%;人均奶和奶制品消费量 19.6kg,比 2022 年增加 2.4kg,增长 13.8%。

(三)基础设施和社会服务更加完善

2023 年新疆社区通公路占比 100.0%;社区能便利乘坐公共汽车的占比 95.1%;社区饮用水经过集中处理的占比为 98.6%;社区开通管道天然气的占比为 57.7%;社区垃圾集中处理达到 100%;村有政府组织的文化服务的占比为 98.4%;本村 2 公里以内有快递收发点的占比 69.2%。

五、需要关注的问题

(一)新疆居民收入与全国居民收入差距持续扩大

2013 年全国居民人均可支配收入高于新疆居民 4641 元,2023 年全国居民人均可支配收入高于新疆居民 10271 元,差距扩大 1.2 倍,新疆居民人均可支配收入与全国居民差距持续扩大,主要是工资性收入低于全国居民 6842 元,财产净收入低于全国 2185 元,两项占比达到 87.9%。

(二)第一产业经营成本上升

主要是农资价格高位运行、土地承包费持续上涨、雇工成本增加、牧业饲料价格上涨。根据住户调查数据显示,2023 年新疆居民第一产业经营费用支出增长 25.0%,其中,农业经营费用支出增长 25.3%,牧业经营费用支出增长 24.8%。

(三)城镇居民财产净收入增长存在压力

2023 年新疆城镇居民人均财产净收入 1844 元,占可支配收入比重 4.5%。从财产净收入的构成来看,主要是出租房屋净收入和房屋虚拟租金收入,合计占财产净收入的比重为 79.9%,这部分收入与二手房市场价格直接相关。受房地产市场深度调整,居民需求不足,预期偏弱等影响,二手房销售价格持续下降,造成 2023 年新疆城镇居民虚拟房屋租金收入下降 3.2%。

六、相关建议

(一)突出抓好就业工作

一是把握"一带一路"、中国(新疆)自由贸易试验区重大历史机遇,走出去、引进来,大幅增加市场主体,创造岗位需求。二是持续巩固工资性收入增收基础作用,稳步提高最低工资标准,在各类项目建设中拿出一定比例岗位招录本地工人。

(二)扩大经营净收入

一是保障粮棉油等种植面积和产量,发展特色林果业,稳定居民农业净收入。二是促进农业节本增效，通过规模化种植养殖、技术改进，加强农资价格监测，维护农资市场价格秩序，降低生产经营成本；调整第一产业结构，突出差异化、提升竞争力、强化品牌建设，提升综合效益。三是加强宣传推广，新疆瓜果、牛羊肉等农牧产品质量好，在市场上具有很大优势，加强与援疆省市协作、通过国际合作、网络平台、农产品博览会等，加强宣传推介。四是充分利用新疆自然资源优势，开发优质旅游产品，通过旅游带动住宿、餐饮、批发零售业等相关行业发展。

（三）提高居民财产净收入

通过政策支持、金融支持等促进房地产行业平稳健康发展。着力解决外来务工人员、新市民、青年群体住房问题，通过公积金和商业贷款政策支持，满足改善型群体住房，进一步释放住房需求，稳定住房价格，提高居民财产净收入。

（执笔人：郭卫东）

2023年新疆生产建设兵团居民收支与生活状况报告

2023年，兵团上下坚持以习近平新时代中国特色社会主义思想为指导，全面贯彻党的二十大精神，认真贯彻落实习近平总书记听取新疆和兵团工作汇报时的重要讲话精神，坚持稳中求进工作总基调，兵团国民经济总体保持平稳发展态势，就业形势总体稳定。2023年，兵团居民人均可支配收入增长与经济增长基本同步，全体居民和连队居民人均可支配收入实现“双突破”，居民消费全面恢复。

一、居民收入增长情况

2023年，兵团全体居民人均可支配收入40339元，比上年名义增长6.4%，扣除价格因素，实际增长6.4%。分城乡看，城镇居民人均可支配收入46485元，增长5.5%，扣除价格因素，实际增长5.5%；连队居民人均可支配收入30565元，增长7.5%，扣除价格因素，实际增长7.7%。

(一)居民收入实现“双突破”

2023年，兵团全体居民人均可支配收入首次突破4万元，连队居民人均可支配收入首次突破3万元。

与全国和新疆比较，兵团全体居民人均可支配收入水平比全国高1121元，比新疆高11392元。分城乡看，城镇居民人均可支配收入水平低于全国高于新疆，比全国低5336元，比新疆高5907元；连队居民人均可支配收入高于全国高于新疆，比全国高8874元，比新疆高12617元。

从收入水平排名看，兵团全体、城镇、连队居民人均可支配收入水平分别位居全国第8位、第14位和第5位。

(二)居民收入增速高于全国，与GDP增速基本同步

2023年，兵团居民人均可支配收入增速6.4%，与GDP增速(6.9%)基本同步，比全国

高 0.1 个百分点，比新疆低 0.6 个百分点。

分城乡看，兵团城镇居民人均可支配收入增速 5.5%，比全国高 0.4 个百分点，比新疆低 0.1 个百分点；连队居民人均可支配收入增速 7.5%，比全国低 0.2 个百分点，比新疆低 0.9 个百分点。

从收入增速排名看，兵团全体、城镇、连队居民人均可支配收入增速分别位居全国第 12 位、第 8 位和第 17 位。

表 1　全国、新疆、兵团居民人均可支配收入情况对比表

地　区	全体/城镇/农村	收入水平(元)	增速(%)
全　国	全体	39218	6.3
	城镇	51821	5.1
	农村	21691	7.7
新　疆	全体	28947	7.0
	城镇	40578	5.6
	农村	17948	8.4
兵　团	全体	40339	6.4
	城镇	46485	5.5
	连队	30565	7.5

(三)城乡居民收入差距持续缩小

从城乡差异看，随着乡村振兴的全面推进，城乡居民收入差距持续缩小。兵团连队居民收入增速较城镇居民快 2.0 个百分点，城乡居民人均可支配收入比由上年的 1.55∶1 缩小到 1.52∶1。

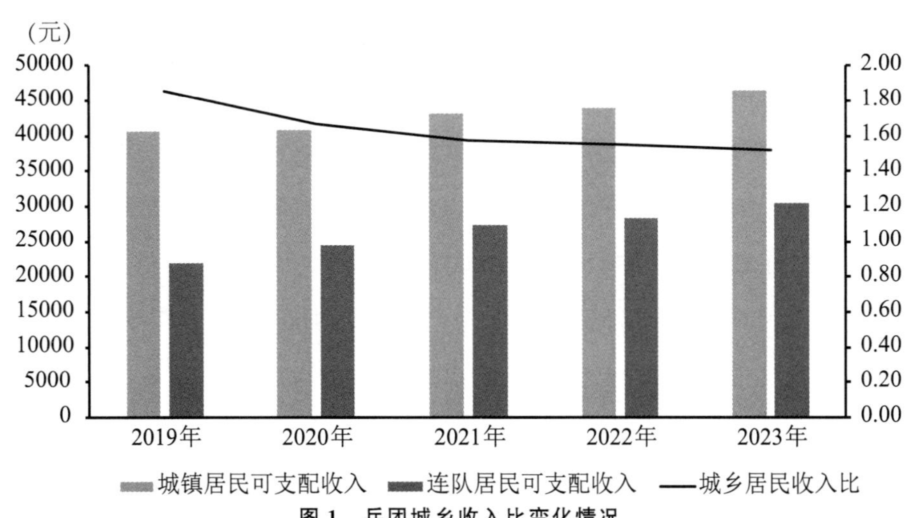

图 1　兵团城乡收入比变化情况

二、收入结构相对稳定

2023年兵团全体居民人均工资性收入20831元，增长1.5%，占可支配收入比重51.6%，比上年减少2.5个百分点；人均经营净收入12039元，增长6.1 %，占可支配收入比重29.8 %，比上年减少0.1个百分点；人均财产净收入1412元，下降11.7%，占可支配收入比重3.5%，比上年减少0.7个百分点；人均转移净收入6057元，增长35.6%，占可支配收入比重15.0%，比上年增加3.2个百分点。

表2　2023年兵团居民人均可支配收入构成

指　　标	2023年（元）	2022年（元）	增速（%）	2023年比重（%）	2022年比重（%）	比重变动±（%）
人均可支配收入	40339	37925	6.4	100.0	100.0	—
工资性收入	20831	20516	1.5	51.6	54.1	－2.5
经营净收入	12039	11342	6.1	29.8	29.9	－0.1
财产净收入	1412	1600	－11.7	3.5	4.2	－0.7
转移净收入	6057	4468	35.6	15.0	11.8	3.2

(一)转移净收入对人均可支配收入增长贡献最大

2023年，兵团居民人均转移净收入6057元，比上年同期增长35.6%，占可支配收入的比重为15.0%，贡献率为65.9%，拉动可支配收入增长4.2个百分点。人均转移净收入增长的主要原因：中央和兵团财政对“三农”投入力度不断增大，各项直接惠农政策补贴资金保持增长，2023年兵团发放2022年棉花目标价格补贴2.15元/公斤左右，部分师市补发了以前年度棉花目标价格补贴。补贴金额绝对值高，促使人均转移净收入快速增长。

(二)工资性收入和经营净收入是收入增长的重要保障

兵团居民人均工资性收入与经营净收入占可支配收入的比重超八成，达到81.4%，贡献率为41.9%，共同拉动可支配收入增长2.6个百分点。

兵团居民工资性收入20831元，增长1.5%，增长的主要原因：一是实施稳岗扩就业政策，把就业摆在更加突出的位置，千方百计稳住就业岗位，保障居民收入。二是政策性增资支撑居民工资性收入增长，2023年兵团机关事业单位上调工资标准。三是支持重点群体就业，落实就业困难人员“一对一”帮扶和“零就业家庭”动态清零工作机制。帮助城镇失业人员实现再就业，支持高校毕业生就业创业，开发临时性、过渡性、公益性岗位。

兵团居民经营净收入12039元，增长6.1%，增长的主要原因：一是城镇消费活力提升，夜市经济快速发展，文旅市场全面恢复，拉动居民经营净收入增长。二是2022年部分农产品延期出售，2023年出售农产品数量较大。三是农产品出售价格上涨，2023年红枣受灾，产量下降，导致价格每公斤上涨3至5元；部分师市棉花单产下降，收购价比上年提高每公斤2元左右。

三、居民消费全面恢复

2023年，兵团居民人均消费支出26404元，比上年名义增长11.0%，扣除价格因素，实际增长11.0%。

分城乡看，城镇居民人均消费支出27931元，增长10.8%，扣除价格因素，实际增长10.8%；连队居民人均消费支出23975元，增长11.0%，扣除价格因素，实际增长11.2%。

从消费增速排名看，兵团全体、城镇、连队居民人均可支配收入增速分别位居全国第10位、第11位和第14位。

表3　2023年兵团居民消费支出情况

单位：元、%

指标	全体居民			城镇居民			连队居民		
	绝对值	增速	构成	绝对值	增速	构成	绝对值	增速	构成
人均消费支出	26404	11.0	100.0	27931	10.8	100.0	23975	11.0	100.0
食品烟酒	8208	2.2	31.1	8608	3.8	30.8	7572	−0.7	31.6
衣着	2020	13.6	7.6	2253	8.1	8.1	1649	26.7	6.9
居住	3749	5.5	14.2	4144	4.5	14.8	3120	7.3	13.0
生活用品及服务	2063	24.4	7.8	2147	21.7	7.7	1928	29.2	8.0
交通通信	5033	16.6	19.1	5065	22.2	18.1	4982	8.6	20.8
教育文化娱乐	2304	21.4	8.7	2513	20.3	9.0	1971	23.2	8.2
医疗保健	2125	16.5	8.0	2102	6.7	7.5	2163	35.3	9.0
其他用品及服务	903	22.6	3.4	1099	23.1	3.9	590	19.7	2.5

（一）居民消费支出增速高于全国和新疆

2023年，兵团居民人均消费支出增长11.0%，比全国高1.8个百分点，比新疆高1.0个百分点。

表 4　2023 年全国、新疆、兵团居民消费支出情况对比表

地　区	全体/城镇/农村	消费水平(元)	增速(%)
全　国	全体	26796	9.2
	城镇	32994	8.6
	农村	18175	9.3
新　疆	全体	19715	10.0
	城镇	26134	8.2
	农村	13645	12.1
兵　团	全体	26404	11.0
	城镇	27931	10.8
	连队	23975	11.0

(二)八大类消费全面增长

从消费类别看,2023 年八大类消费全面增长,生活用品及服务、其他用品及服务、教育文化娱乐增速居前三,分别同比增长 24.4%、22.6%、21.4%。从消费结构看,食品烟酒、交通通信、居住三大支出占消费总支出的比重超六成,为 64.4%。从贡献率看,交通通信、教育文化娱乐、生活用品及服务消费增幅增长强劲,对居民消费增长贡献较大。

(三)生存性消费支出稳步发展

随着社会经济平稳健康发展和居民对生活品质要求的提升,生存性消费支出稳步增长。2023 年,兵团城镇居民生存性消费支出(食品烟酒、衣着、生活用品及服务)13008 元,比上年增加 867 元,拉动人均消费支出增长 3.4 个百分点;连队居民生存性消费支出(食品烟酒、衣着、生活用品及服务)11149 元,比上年增加 728 元,拉动人均消费支出增长 3.4 个百分点。

(四)居住类消费支出合理增长

居住环境是城乡居民提高生活质量的重要方面,也是经济、社会、文化等社会活动的重要支撑。随着兵团各项惠民生政策有力推进,兵团居民家庭住房条件得到改善升级,设施更加完善。2023 年,兵团城镇居民人均居住支出 4144 元,占消费总支出的比重为 14.8%,比上年增加 178 元,增长 4.5%;连队居民人均居住支出 3120 元,占消费总支出的比重为 13.0%,比上年增加 212 元,增长 7.3%。

(五)交通通信消费支出快速增长

交通通信是反映居民生活质量的重要指标。随着兵团交通通信基础设施不断完善,居

民出行更加便捷，家庭购车支出增加、出行方式增多，带动交通费快速增长；移动网络技术快速升级，通信类产品推陈出新，加油费、电话费、网费等关联支出相应增加，居民用于交通通信类消费的支出占比大幅上升。2023年，兵团城镇居民人均交通通信支出5065元，同比增长22.2%，拉动人均消费支出增长3.7个百分点；连队居民人均交通通信支出4982元，同比增长8.6%，拉动人均消费支出增长1.8个百分点。

（六）教育文化娱乐支出表现亮眼

2023年，兵团居民人均教育文化娱乐支出2304元，较上年增长21.4%。其中城镇居民人均教育文化娱乐支出2513元，比上年增加424元，同比增长20.3%；连队居民教育文化娱乐支出1971元，比上年增加371元，同比增长23.2%。一方面，旅游业和文旅市场恢复活力，持续复苏；另一方面，居民比以往更青睐线上市场，短视频、网络直播、网络课程、网络展览、游戏等电商、教育、文旅新业态深入融合，广大网民线上消费娱乐需求增长刺激了各种云娱乐方式拓展。

四、居民收入和消费持续增长需关注问题

（一）可支配收入持续增长压力大

一是工资性收入增量缩减幅度大。从近五年数据看，工资性收入增量从2022年2126元、2021年1887元，快速缩减到2023年315元，2023年比上年缩减幅度达1811元，2024年工资性收入的增长将承受更大压力。

二是经营净收入存在不确定因素。经营净收入受市场环境和自然因素影响明显，波动幅度较大。从近五年数据看，2021年经营净收入增量最高，为1153元；2019年增量最低，为−2897元；2023年增量为697元。从当前国际国内市场环境看，经营性收入的增长存在很大不确定性。

三是转移净收入受政策性补贴影响大。2023年转移净收入的快速增长主要是棉花目标价格补贴的支撑，补贴金额绝对值较高。2024年农产品目标价格补贴政策发生变化，将直接影响连队居民人均可支配收入的增长。

（二）居民消费持续增长基础不牢

一是限额以上消费品零售增长主要是汽车销售拉动，汽车作为耐用品更新周期长，2024年增长存在较大不确定性。

二是房地产市场低迷，家具类和建筑装潢材料类商品零售额都较上年有大幅度下降。

三是服装鞋帽、针纺织品类和体育娱乐用品类等品类销售额仍在下降,未恢复至 2019 年水平。

五、进一步推进居民增收、提升居民生活水平的建议

(一)扩大务工规模,保证工资性收入

要着重全面落实"稳就业"政策,针对重点群体,深入推进就业惠民工程,着力抓好城乡富余劳动力转移就业、高校毕业生就业、退役军人就业、困难群体就业,多渠道促进就业创业。通过招商引资承接东部产业转移,尤其是就业容量大、就业质量高的产业,继续推进重大项目建设,鼓励本地用工,带动就业。

(二)拓宽经营净收入增收途径

改善营商环境,切实落实好各项税费减免政策,支持批发零售、住宿餐饮、居民服务修理等行业个体工商户,合理利用道路资源设置固定摊位,激活夜间经济。推进农业适度规模经营,建设高标准农田和设施农业,支持农业技术创新,通过科技驱动促进农业节本增效,连队农业合作社要帮助连队居民在采购农资,销售农产品等环节,降低成本,增加收益。

(三)畅通财产性收入渠道

支持居民通过出租房屋和土地经营权等获得财产性收入,进一步健全连队产权市场,规范土地经营权流转行为。积极探索连队集体经济发展模式,发挥好连队农业合作社功能,发展股份合作,通过农产品和土地资源让连队居民获得收益分红。

(四)稳步增加转移性收入

落实各项强农惠农富农政策,继续加大财政支农力度,逐步提高城乡低保标准。继续加大对符合条件的低收入群体实施医疗、住房、教育等专项社会救助。

(五)落实好各项消费促进政策

商务部已将 2024 年定为"消费促进年",届时会采取一系列积极措施来激发市场活力提高消费信心。兵团上下应抓住机遇、因地制宜办好"消费促进年"系列活动,落实好汽车、家电等以旧换新和促进国货"潮品"消费等措施,进一步优化消费环境。

(执笔人:钱永平)

附　录

住户收支与生活状况调查简介

一、调查目的

为全面、准确、及时了解全国和各地区城乡居民收入、消费及其他生活状况，客观监测居民收入分配格局和不同收入层次居民的生活质量，更好地满足研究制定城乡统筹政策和民生政策的需要，为国民经济核算和居民消费价格指数权重制定提供基础数据，依照《中华人民共和国统计法》规定，开展住户收支与生活状况调查（以下简称住户调查）。

二、调查对象

住户调查对象为中华人民共和国境内的住户，既包括城镇住户，也包括农村住户；既包括以家庭形式居住的住户，也包括以集体形式居住的户。无论户口性质和户口登记地，中国公民均以住户为单位，在常住地参加本调查。

三、调查组织

住户调查以省、自治区、直辖市（以下简称省）为总体进行抽样。国家统计局统一领导住户调查，负责制定调查方案，监督调查过程，组织调查实施，审核、处理、汇总调查数据，发布全国和分省城乡居民收入、消费和生活状况数据。国家统计局各调查总队按照方案规定，负责组织本省住户调查工作。

四、调查内容

住户调查主要收集城乡居民的收入和消费情况，同时收集反映居民就业、社会保障参与、住房状况、家庭经营和生产投资以及收入分配影响因素的调查内容。

五、样本抽选

住户调查以省为总体，采用分层、多阶段、与人口规模大小成比例的概率抽样方法，随机抽选调查住宅，确定调查户。全国共抽选出近 2000 个县(市、区)的 1.6 万个调查小区，对抽中小区中的 180 多万户进行全面摸底调查，在此基础上随机等距抽选出约 16 万住户参加调查。在 95%的置信度下，全国居民人均可支配收入和人均消费支出的抽样误差小于 1%。

六、数据采集与处理

住户调查主要采用调查户记日记账的方式采集居民收支数据，同时辅之以统一的调查问卷，收集与收入支出有关的其他调查内容。现场调查工作由国家统计局派驻各地的调查队组织完成。由市县级调查机构使用统一的方法和数据处理程序对原始调查资料进行编码、审核、录入，然后将分户基础数据直接传输至国家统计局进行统一汇总计算。国家统计局以数据库形式保存所有调查户信息、记账资料、问卷调查资料等基础数据和汇总计算结果。

七、数据发布

住户调查结果数据按年度和季度发布。全国和分省数据由国家统计局发布。

八、数据质量控制

住户调查实行全过程质量控制。国家统计局建立全过程质量控制制度，规范方案设计，科学抽选样本，认真组织培训，严格流程管理，加强监督检查。定期随机抽取部分调查户进行电话回访，检查核实各地上报的数据。同时，也采用现场抽查等多种质量控制办法。

脱贫县农村住户监测调查简介

一、调查目的

为全面、准确、及时反映脱贫县农村居民收支状况、变化趋势和帮扶成效，客观衡量居民生活改善情况，掌握脱贫县的宏观经济背景和社会发展状况，为科学制定巩固拓展脱贫攻坚成果、接续推进乡村振兴相关政策提供参考依据，国家统计局根据《中共中央 国务院关于实现巩固拓展脱贫攻坚成果同乡村振兴有效衔接的意见》精神，开展脱贫县农村住户监测调查。

二、调查范围和对象

调查范围为脱贫县的农村地区。开展调查的省（自治区、直辖市）有 22 个，分别是河北、山西、内蒙古、吉林、黑龙江、安徽、江西、河南、湖北、湖南、广西、海南、重庆、四川、贵州、云南、西藏、陕西、甘肃、青海、宁夏、新疆。

调查对象为调查范围内的县以及抽中行政村、农村住户及住户成员。

三、调查内容

脱贫县农村住户监测调查内容主要包括居民现金和实物收支情况、住户成员及劳动力从业情况、居民家庭住房和耐用消费品拥有情况、家庭经营和生产投资情况、社区基本情况、县（市）社会经济基本情况等。

四、调查方法

国家统计局在脱贫县建立抽样调查网点。调查样本的抽选以省为总体，综合采用分层、多阶段、与人口规模大小成比例（PPS）和随机等距抽样相结合的方法抽选村级单位、确定调查小区、抽选样本住户。调查采用日记账和问卷调查相结合的方式采集基础数据。

农民工监测调查简介

为准确反映全国农民工规模、流向、分布等情况，国家统计局 2008 年建立农民工监测调查制度，在农民工输出地开展监测调查。调查范围是全国 31 个省（自治区、直辖市）的农村地域，在 1730 个调查县（区）抽选了 8613 个调查小区作为调查样本。采用入户访问调查的形式，按季度进行调查。

农民工市民化进程动态监测调查简介

为准确反映在新型城镇化建设中农民工在城镇就业生活、居住状况和社会融合等基本情况，国家统计局2015年建立农民工市民化进程动态监测调查制度(简称农民工市民化调查)。调查范围是全国31个省(自治区、直辖市)的城镇地域，随机抽取了4万户进城农民工样本，由调查员使用手持电子采集终端(PAD)，直接入户面访的形式采集数据。

住户调查主要指标解释

一、住户收支与生活状况调查主要指标解释

（一）居民可支配收入

居民可支配收入指居民在调查期内获得的、可用于最终消费支出和储蓄的总和，即居民可用于自由支配的收入。既包括现金收入，也包括实物收入。按照收入的来源，可支配收入包含四项，分别为：工资性收入、经营净收入、财产净收入和转移净收入。

工资性收入 指就业人员通过各种途径得到的全部劳动报酬和各种福利，包括受雇于单位或个人、从事各种自由职业、兼职和零星劳动得到的全部劳动报酬和福利。

经营净收入 指住户或住户成员从事生产经营活动所获得的净收入，是全部经营收入中扣除经营费用、生产性固定资产折旧和生产税之后得到的净收入。计算公式具体为：

经营净收入 = 经营收入 - 经营费用 - 生产性固定资产折旧 - 生产税

财产净收入 指住户或住户成员将其所拥有的金融资产、住房等非金融资产和自然资源交由其他机构单位、住户或个人支配而获得的回报并扣除相关的费用之后得到的净收入。财产净收入包括利息净收入、红利收入、储蓄性保险净收益、转让承包土地经营权租金净收入、出租房屋净收入、出租其他资产净收入和自有住房折算净租金等。财产净收入不包括转让资产所有权的溢价所得。

转移净收入 计算公式为：

转移净收入 = 转移性收入 - 转移性支出

转移性收入 指国家、单位、社会团体对住户的各种经常性转移支付和住户之间的经常性收入转移。包括养老金或退休金、社会救济和补助、政策性生产补贴、政策性生活补贴、经常性捐赠和赔偿、报销医疗费、住户之间的赡养收入，以及本住户非常住成员寄回带回的收入等。转移性收入不包括住户之间的实物馈赠。

转移性支出　指调查户对国家、单位、住户或个人的经常性或义务性转移支付。包括缴纳的税款、各项社会保障支出、赡养支出、经常性捐赠和赔偿支出以及其他经常转移支出等。

(二)居民消费支出

居民消费支出是指居民用于满足家庭日常生活消费需要的全部支出，包括用于消费品的支出和用于服务性消费的支出。根据用途不同，消费支出可划分为食品烟酒、衣着、居住、生活用品及服务、交通通信、教育文化娱乐、医疗保健、其他用品及服务八大类。根据来源不同，消费支出可划分为现金消费支出、实物消费支出(含自产自用、来自单位、来自政府和其他社会组织)。

食品烟酒　指用于各种食品和烟草、酒类的支出。

衣着　指与居民穿着有关的支出，包括服装、服装材料、鞋类、其他衣类及配件、衣着相关加工服务的支出。

居住　指与居住有关的支出，包括房租、水、电、燃料、物业管理等方面的支出，也包括自有住房折算租金。

生活用品及服务　指家庭及个人的各类生活品及家庭服务。包括家具及室内装饰品、家用器具、家用纺织品、家庭日用杂品、个人用品和家庭服务。

交通通信　指用于交通和通信工具及相关的各种服务费、维修费和车辆保险等支出。

教育文化娱乐　指用于教育和文化娱乐方面的支出。

医疗保健　指用于医疗和保健的药品、用品和服务的总费用。包括医疗器具及药品，以及医疗服务。

其他用品及服务　指无法直接归入上述各类支出的其他用品与服务支出。

服务性消费　指住户用于各种生活服务的消费支出，包括餐饮服务、衣着鞋类加工服务、居住服务、家庭服务、交通通信服务、教育文化娱乐服务、医疗服务和其他服务等。

(三)分组等指标

收入五等份分组　指将所有调查户按人均可支配收入水平由低到高排队，按20%、20%、20%、20%、20%的比例依次分成为：低收入组、中间偏下收入组、中间收入组、中间偏上收入组、高收入组五组。

四大经济区域分组　东部地区：包括北京、天津、河北、上海、江苏、浙江、福建、山东、广东、海南10个省(市)。中部地区：包括山西、安徽、江西、河南、湖北、湖南6个省。西部地区:包括内蒙古、广西、重庆、四川、贵州、云南、西藏、陕西、甘肃、青海、宁夏、新疆12个省(区、市)。东北地区:包括辽宁、吉林、黑龙江3个省。

基尼系数 指在全部居民收入中,用于进行不平均分配的那部分收入占总收入的比例。基尼系数最大为“1”,最小为“0”。前者表示居民之间的收入分配绝对不平均,即100%的收入被一个单位的人全部占有;而后者则表示居民之间的收入分配绝对平均,即人与人之间收入完全平等,没有任何差异。通常这两种情况在实际生活中不会出现。因此,基尼系数的实际数值只能介于0～1之间。本书中,基尼系数使用住户收支与生活状况调查的全部样本可支配收入的分户数据计算。

中位数 人均可支配收入中位数,指将所有调查户按人均可支配收入水平从低到高顺序排列,处于最中间位置的调查户的人均可支配收入。

二、农民工调查主要指标解释

农民工 指户籍仍在农村,年内在本地从事非农产业或外出从业6个月及以上的劳动者。

本地农民工 指在户籍所在乡镇地域以内从业的农民工。

外出农民工 指在户籍所在乡镇地域外从业的农民工。

进城农民工 指年末居住在城镇地域内的农民工。城镇地域为根据国家统计局《统计上划分城乡的规定》划分的区域。